I0124323

Leon Gautier

PORTRAITS
du
XIX Siècle

historiens et critiques

SANARD et DERANGEON

PORTRAITS DU XIXe SIÈCLE

8° G
7092

IMPRIMATUR.

F. SURUR, Vic. Gen.

Atrebati, die 23ᵃ Januarii 1891.

GUIZOT

LÉON GAUTIER

MEMBRE DE L'INSTITUT

PORTRAITS

DU

XIX SIÈCLE

II

HISTORIENS ET CRITIQUES

PARIS

SANARD ET DERANGEON, LIBRAIRES-ÉDITEURS

174, rue Saint-Jacques, 174

—

Tous droits réservés.

A MES VIEUX AMIS

ÉDOUARD LE ROY DES BARRES ET GUSTAVE LE MORE

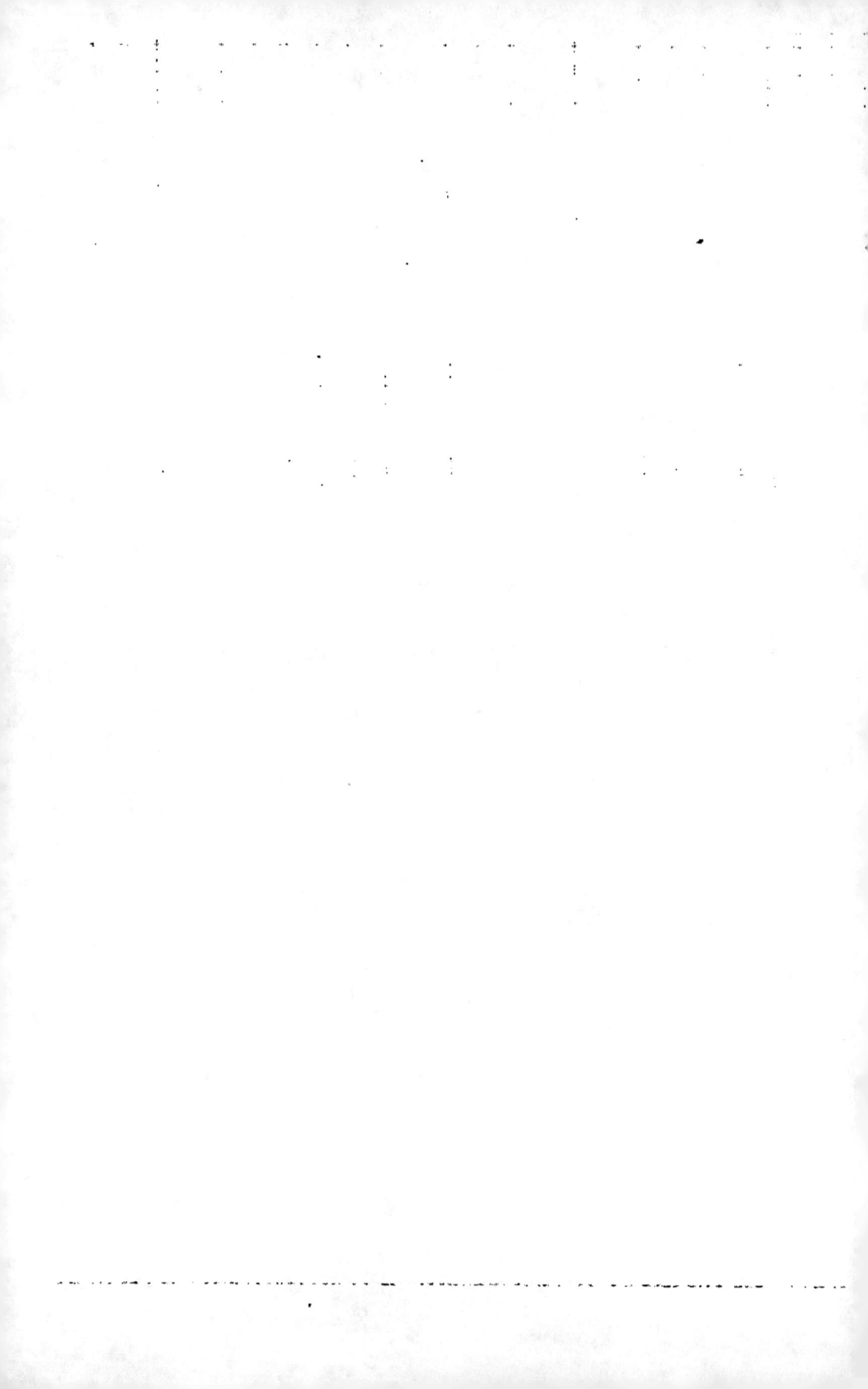

GUIZOT.

I

M. Guizot n'est pas mort comme nous l'aurions souhaité, et ses derniers moments n'ont pas donné raison
au rêve ardent de toute notre vie. Nous étions en effet de
ces « naïfs » qui avaient toujours espéré en sa conversion
finale et qui s'imaginaient par avance voir l'Eucharistie
entrer, victorieuse, dans la chambre de cet illustre mourant. En réalité, les bras maternels de l'Église n'ont pas
soutenu le corps agonisant du vieux calviniste impénitent,
et nous n'avons pas vu à son chevet cette belle et lumineuse consolatrice. C'est une désillusion pour nous et une
douleur de plus pour les catholiques que le salut des âmes
préoccupe avant tout et aux yeux desquels les questions
politiques ne sont que choses secondaires. Et voici
qu'il nous faut aujourd'hui le juger. Nous voudrions le
faire en toute conscience et équité : car nous ne sommes
pas de ceux qui se montrent complaisants pour un grand
talent mal dépensé et pour une gloire que Dieu ne saurait
bénir ; mais grâce au Ciel, nous ne sommes pas de ceux,
non plus, qui se plaisent à refuser tout talent à leurs adversaires et ne tiennent compte ni du milieu dans lequel
ils sont nés, ni de leurs vertus naturelles, ni de leurs soupirs vers la Vérité. Il nous paraît souverainement injuste

d'abstraire ainsi un homme de tout ce qui a pu avoir quelque influence sur ses idées et sur ses actes, de l'isoler de tout ce qui lui peut servir de circonstances atténuantes, de le placer entre ciel et terre, face à face avec l'éternelle et formidable Équité, et de prononcer là-dessus notre jugement suprême sur sa vie et sur ses œuvres. Qui de nous supporterait une telle épreuve? En vérité, il existe ici-bas un contingent, un relatif dont on doit faire quelque estime sans jamais abandonner la cause de l'Absolu, et il y a aussi un ordre naturel que nous devons prendre en quelque considération sans cesser jamais de donner la première place au Surnaturel. C'est à ce point de vue que nous essaierons de juger M. Guizot.

Nous étudierons tour à tour l'historien, le philosophe et l'écrivain, et nous essaierons partout d'éviter ces deux écueils dont il faut également se défier quand on a l'honneur de juger la vie d'un de ses adversaires : la complaisance qui n'y voit que du bien, et la passion qui n'y cherche que du mal.

II

Il serait difficile de ne pas reconnaître que M. Guizot a possédé quelques-unes des plus étonnantes et des plus rares qualités de l'historien. Je vois ce qui lui manque, et il est trop vrai qu'il n'a jamais eu de vaste coup-d'œil, ni de grands horizons. Son regard va loin, mais ne monte pas haut. Il ne tient pas assez compte en histoire de la Vie et de la Béatitude éternelles, qui en vérité sont le but et la clef de toute l'histoire. Il ne s'est jamais dit qu'avant tout Dieu se propose ici-bas de SAUVER LE PLUS

D'AMES POSSIBLE et que c'est là la principale explication
de tous les événements historiques dont il dirige le mouvement sans toucher à notre liberté. « Peupler le ciel, »
c'est l'éternelle occupation de Dieu dans l'histoire, et
M. Guizot n'a pas osé le dire. A coup sûr, il n'a pas fait
de ce principe la dominante de son système historique.
Sans doute il croit à la Providence et à son action sur les
peuples, et même il fait à cet égard les plus claires, les
plus magnifiques professions de foi ; mais trop souvent,
au moment d'écrire, il sous-entend ces choses immenses
et annonce qu'il ne les fera pas entrer comme éléments
dans sa philosophie de l'histoire [1]. C'est petit, et tous
ses livres en souffrent. Il a fait du juste-milieu, ici comme
en tout le reste, et nous aurons lieu de constater plus
d'une fois que le caractère de son talent est partout le
même : « Aller jusqu'ici, et ne pas aller plus loin. » Il
aurait voulu arrêter en 1791 la marche de la Révolution,
et toutes ses idées, en toutes choses, aboutissent à quelque halte au milieu de la route, à quelque 91 religieux,
philosophique, politique ou littéraire. Et c'est pourquoi
son talent a fait halte, lui aussi, et n'est jamais allé jusqu'au génie.

Il faut avouer que, le point de vue restreint de M. Guizot étant une fois admis, on se trouve en présence de très
nobles idées, très noblement exprimées. L'auteur de la

---

[1] Dans sa *Civilisation en Europe*, il se contente à ce sujet de citer quelques paroles superbes de Royer-Collard et d'ajouter : « Je n'entre-
prendrai pas de traiter la question même : *je me contente de la poser.*
Elle se rencontre à la fin de l'histoire de la civilisation. Quand l'histoire
de la civilisation est épuisée, quand il n'y a plus rien à dire de la vie
actuelle, l'homme se demande invinciblement si tout est épuisé, s'il est
à la fin de tout. Ceci est donc le dernier problème. *Il me suffit d'avoir
indiqué sa place et sa grandeur.* » (P. 26 de la 5e édition.)

Civilisation en Europe ne s'est pas élevé sans doute jusqu'à la définition catholique de l'histoire ; mais en se bornant aux vérités de l'ordre naturel et aux limites de cette vie terrestre, personne n'a si bien parlé de la civilisation, et personne, à notre sens, ne l'a mieux définie. Quel ne dut pas être l'étonnement, ou plutôt le ravissement de cet auditoire de 1828, quand il entendit du haut de la chaire tomber cet enseignement si nouveau et ces paroles si éloquentes ! La civilisation, disait le jeune professeur, consiste essentiellement en deux faits : « LE DÉVELOPPEMENT DE L'ACTIVITÉ SOCIALE ET LE DÉVELOPPEMENT DE L'ACTIVITÉ INTELLECTUELLE. Partout, ajoutait-il, partout où la condition *extérieure* de l'homme s'étend, se vivifie, s'améliore ; partout où la nature *intime* de l'homme se montre avec éclat, avec grandeur ; à ces deux signes le genre humain applaudit et proclame la Civilisation[1]. » Certes, ce ne sont pas là des mots seulement ; mais des idées à la fois profondes et originales, et qui s'harmonisent sans peine avec la doctrine catholique. Nous voilà bien loin de cette ridicule histoire-bataille dont nous ne sommes pas encore déshabitués. Ceux qui sont aujourd'hui le plus avancés affirment qu'il faut faire l'histoire des peuples d'après leurs institutions ; mais M. Guizot allait déjà plus loin et signalait l'étude de leur littérature et de leurs mœurs comme un élément nécessaire de la véritable histoire[2]. C'était là de la hardiesse, de la bonne hardiesse, et qui ne pouvait vraiment se produire que dans une intelligence chrétienne et au milieu d'un peuple

---

[1] *Civilisation en Europe*, 1re leçon, l. c. p. 17. Voir aussi la *Civilisation en France*, 3e édition, t. 1er, p. 6.

[2] *Essais sur l'Histoire de France*, 13e édition, p. 37.

encore chrétien. Jamais les anciens n'auraient fait une telle découverte ni pratiqué un tel système.

Quelle que soit la destinée future des œuvres de M. Guizot, il a fait faire, après Châteaubriand, un pas décisif à l'histoire. Le temps n'est pas loin où, dans nos petits Manuels à l'usage des petits enfants, l'histoire de l'intelligence humaine tiendra autant de place que celle de l'épée. Le temps n'est pas loin où l'on n'imposera plus à ces chères mémoires ces milliers de dates niaises, mais où on leur racontera la vie intime de leurs pères du treizième ou du quinzième siècle. Cette heureuse révolution, que nous appelons de tous nos vœux, sera due en partie à l'historien de la civilisation en Europe. On ne saurait lui contester le mérite de l'initiative : encore un coup, il parlait de la sorte en 1828. Châteaubriand n'avait pas encore écrit ses *Études historiques*, et Augustin Thierry venait seulement de réunir en un volume ses *Lettres sur l'Histoire de France* où il ne s'élevait pas à de telles hauteurs. L'heure était vraiment splendide, et rien n'égalera jamais ces trente années lumineuses qui s'écoulèrent entre 1815 et 1845. Au moment où M. Guizot montait en chaire, il y avait sept ou huit ans que les *Soirées de Saint-Pétersbourg* de Joseph de Maistre, et les premières *Méditations* de Lamartine avaient paru : deux chefs-d'œuvre éternels. Il y avait alors des peintres qui s'appelaient Ingres, Delaroche et Delacroix ; il y avait un sculpteur qui s'appelait Rude, et un musicien qui se nommait Rossini. Il y avait des adolescents qui avaient nom Montalembert et Lacordaire, et dans la tête desquels s'élaborait déjà la libre défense de la sainte Église. A la Chambre, vingt orateurs se combattaient en s'estimant, et parfois en s'aimant. Au Ministère, on voyait de véri-

tables hommes d'État, qui ne craignaient pas de se passionner pour la modération sans sacrifier la vérité, et qui
savaient ne pas tendre certaines cordes jusqu'à les faire
éclater. Partout de la vie ; partout de l'espérance. L'É-
glise reconstruisait placidement l'édifice de son enseignement et de sa liberté, et toute une génération s'é-
prenait pour Rome et la Papauté d'un amour qui dure
encore et durera toujours. Tel fut l'instant où Guizot
s'écriait, au milieu des applaudissements de son jeune
et enthousiaste auditoire : « Les deux éléments de la
civilisation (l'élément social et l'élément humain) sont
étroitement liés l'un à l'autre. Un fait extérieur bon, raisonnable, bien réglé, amène tôt ou tard un fait intérieur
de même nature, de même mérite ; un monde mieux réglé, un monde plus juste, rend l'homme lui-même plus
juste, et l'intérieur se réforme par l'extérieur, comme
l'extérieur par l'intérieur. C'est la loi de la nature, le fait
général de l'histoire, la croyance instinctive du genre humain [1]. » Si ce ne sont pas là des idées justes et élevées,
de quel nom les appeler ?

Quant à la méthode de M. Guizot, c'était celle des Bé-
nédictins, et nul n'a donné à son siècle de meilleures leçons de critique. Avant notre École des Chartes, il avait
habitué les historiens à ne faire usage que des vraies
sources, et à remonter sans cesse aux chartes ou aux
chroniques. Sa Collection de Mémoires a rendu d'incon-
testables services que les catholiques ne sauraient jamais
oublier : car ces Mémoires éclairent principalement la
noble époque où l'Église régnait. Néanmoins M. Guizot
manque parfois de précision, et je n'oserais souscrire à

---

[1] *Civilisation en Europe*, l. c. p. 23.

tous les mots de cette double proposition, que je rencontre dans ses *Méditations sur l'essence de la religion chrétienne :* « L'histoire repose sur deux bases : les documents positifs sur les faits et les personnes ; les vraisemblances morales sur l'enchaînement des faits et l'action des personnes [1]. » Je me défie un peu de ce second élément, dont on pourrait facilement abuser ; mais, en revanche, j'aime à voir cet esprit pénétrant et vif se servir déjà des monuments figurés et appeler l'archéologie au secours de l'histoire. Il y a quelque part, dans la septième leçon de son premier Cours, une charmante description d'une maison bourgeoise au douzième siècle, qui fait partie intrinsèque d'une dissertation et d'un récit : « Entrons dans l'intérieur de ces habitations de nos aïeux ; étudions le mode de construction et le genre de vie qu'il révèle [2]. » Nous ne nous étonnerions guère aujourd'hui d'un pareil procédé, et ne lui trouverions rien de hardi ; mais on ne saurait assez rendre justice à ceux qui, les premiers, entrent ainsi dans une voie nouvelle. Par malheur, nous sommes ingrats.

Nous connaissons désormais la philosophie de l'histoire et la méthode de M. Guizot. Pour tout résumer en quelques mots, on peut dire « qu'il se propose, d'après les textes les plus authentiques et les monuments contemporains, de mettre en lumière tout le mouvement social et intellectuel du Moyen-Age. » Nous n'y reviendrons plus ; mais, du moins, il nous faut ajouter que jamais thèses plus nouvelles ne furent présentées en un style plus clair. Les auditeurs devaient sortir de ces leçons radieux et sans

[1] *Méditations sur l'essence de la religion chrétienne,* p. 326.
[2] *Civilisation en Europe,* l. c. p. 213.

fatigue : car ils avaient aisément gravé dans leur mémoire tout l'enseignement de cet étonnant professeur.
Pas n'était besoin de notes : chaque leçon, lumineusement divisée, pouvait se résumer en quelques propositions limpides. M. Guizot est le type le plus parfait du
professeur, et en particulier du professeur français. On
n'a jamais été aussi intelligible, et un Allemand serait
incapable d'une telle lucidité. C'est le type qu'il faut
imiter : car ici la clarté ne fait tort ni à la profondeur
ni à la méthode. Sans doute Villemain est plus vif, plus
pétillant, plus « amusant. » Sans doute aussi M. Guizot
manque de joie et de sourire. Mais cette dignité est à sa
place. Il ne provoque pas l'applaudissement ; il ne cherche
pas le mot ; il ne court pas après le trait final. S'il est solennel jusqu'à la raideur, il ne l'est jamais jusqu'à la sécheresse. Et c'est une parole qui, malgré tout, honore
l'humanité autant que la France.

Mais il est temps d'analyser ses œuvres historiques et
de réfuter tout ce qu'elles renferment d'attaques plus ou
moins vives contre cette Église catholique, maîtresse infaillible du genre humain, dans les bras de laquelle Guizot n'a pas voulu mourir.

III

La civilisation chrétienne ne ressemble aucunement
aux civilisations de l'antiquité, et il semble qu'elle soit
marquée d'un sceau divin. C'est ce que M. Guizot constate tout d'abord sans ambages. Il n'a jamais cessé d'affirmer, durant toute sa vie, la divinité du Christ, et ses
adversaires l'oublient trop. Mais à quel caractère spécial

ce grand esprit reconnaît-il tout d'abord les peuples chrétiens? Au libre mouvement des intelligences, à la lutte, à
la variété des idées. Tandis que chacune des nations antiques était fatalement vouée à un seul mode de gouvernement, les unes à la théocratie, les autres à l'oligar-
chie, les autres à la royauté, on voit que chez les nations
modernes les systèmes théocratique, monarchique, aristocratique et populaire se croisent, se combattent, se li-
mitent et se modifient [1]. Pas d'unité forcée : une variété
indépendante.

Il y a là une grande erreur, singulièrement mêlée à
une vérité lumineuse. Ayant toujours cru en Dieu et en
son Fils, mais n'ayant jamais voulu courber le front devant ce troisième terme de toute vérité qui est l'Église,
M. Guizot en a été puni et a été condamné à n'avoir
plus la notion de l'Unité. N'est-il pas étrange, en effet,
que, sans restriction, il accorde ainsi ce caractère de
l'unité aux civilisations antiques et le refuse à la chrétienne ? Quand Joseph de Maistre choisissait pour épi-
graphe de l'un de ses chefs-d'œuvre, du *Pape,* ces mots
d'Homère : « Εἷς κοίρανος ἔστω, qu'un seul homme ait l'empire; » quand dom Guéranger donnait ce titre significatif:
La Monarchie pontificale, au livre vigoureux et substantiel
où il a vengé l'Infaillibilité de tant d'outrages, ils expri-
maient fort simplement une vieille vérité du catéchisme
catholique : c'est que Dieu étant *un* et l'Église étant calquée sur lui, l'Église est nécessairement *une.* L'unité
éclate partout dans le gouvernement du monde naturel ;
donc, elle doit éclater partout dans le gouvernement du
monde surnaturel : car la simplicité est le caractère de

---

[1] *Civilisation en Europe,* l. c. p. 41, 42.

toutes les lois divines. Il n'y a qu'un Dieu ; il n'y a qu'un
Christ ; il n'y a qu'un Tenant-lieu, qu'un Suppléant du
Christ : c'est le Pape. Cette unité dans le gouvernement
est le premier caractère de la civilisation catholique :
aveugle qui ne le voit pas.

Mais voici maintenant où Guizot a raison. C'est qu'au-
dessous de cette Monarchie religieuse, qui s'impose également à tous les peuples chrétiens, chacun de ces peuples
reste maître de la forme de son gouvernement. Si M. Guizot n'a entendu parler que de cette variété, il a dit vrai.
Ce que le Christianisme a apporté au monde, c'est en effet la libre vie et le libre mouvement des intelligences ;
c'est cette excellente liberté dans toutes les matières que
l'Église ne veut pas préciser et qu'elle abandonne à nos
discussions ; c'est cette *libertas in dubiis* à laquelle nous
ne voulons pas renoncer, quant à nous, et qui est un des
privilèges des enfants de Dieu. Il y a eu, il y a des républiques très chrétiennes, comme il y a eu des monar-
chies très chrétiennes, et plus d'un peuple a passé fort
légitimement par ces différentes formes de gouvernement. Allons plus loin : il y a des milliers d'idées politiques, comme il y a des milliers d'idées littéraires ou
artistiques, entre lesquelles tout catholique a le droit de
choisir. Mais, au-dessus de toutes ces variétés se tient à
Rome l'Unité radieuse, aux genoux de laquelle il faut
tomber. Tel est le plan divin.

IV

C'est la civilisation romaine qui a retenu le plus longtemps les regards de M. Guizot, et il ne faut pas s'en
étonner, puisque tous les peuples modernes ont fait tant

et de si visibles emprunts à la langue, aux lois et à l'administration du vieil empire tombé. Mais, ici, notre historien a commis une grave méprise. Lui, qui d'ordinaire est si modéré, n'a pas su se garder d'une véritable exagération. Le PREMIER caractère du monde romain, c'est, à ses yeux, le caractère municipal. « Examinez, dit-il, le caractère des monuments romains et des routes romaines, tout est uniquement destiné à parer les villes ou à les relier entre elles ; tout est municipal. Les villes seules sont habitées, et l'Empire n'est tombé que parce qu'un jour les citoyens ne voulurent plus être que de leur cité[1]. » Sans doute il y a certains rayons de vérité dans toutes ces affirmations ; mais l'ensemble en est faux. Les routes romaines ont été par-dessus tout un moyen de domination, et les vainqueurs du monde les ont multipliées dans tout leur empire pour y faire librement circuler leurs légions et enlacer tous les peuples dans les rêts d'un despotisme immense. Les théâtres et amphithéâtres, que l'on voit partout, ont été construits pour consoler et distraire les vaincus, autant que pour amuser les vainqueurs. Quant aux campagnes, elles n'ont jamais été délaissées à ce point avant le troisième ou le quatrième siècle de notre ère, et c'est fort heureux : car le grand Empire serait mort de faim. Non, non, le PREMIER caractère du monde romain, c'est le despotisme, et il s'est effroyablement donné carrière dès les premiers temps de la république romaine. Jamais politique plus impudente, plus odieuse et plus habile n'a mieux réussi, ni plus longtemps, ni sur de plus vastes proportions. Que les municipes aient eu leur efflorescence, que ce régime

---

[1] *Civilisation en Europe*, l. c. p. 45, 50, et passim.

ait été poussé à sa perfection, qu'il mérite notre admiration, c'est incontestable et je n'y contredis pas. Mais ce
n'est pas le signe essentiel auquel l'œil perçant d'un historien reconnaît cette prodigieuse puissance romaine,
qui a brutalement et iniquement conquis la terre pour
en faire l'instrument de son ambition sans frein, de ses
jouissances et de ses voluptés. Je ne comprends même
pas qu'un homme de la taille de M. Guizot ait pu attribuer
la décadence de ce très immoral empire à l'excessif développement de sa vie municipale : il est assez connu qu'il
est mort de sa pourriture. Et c'est ici qu'il eût été bon de
faire apparaître Dieu, prenant les Barbares comme un
fouet dans sa terrible main et flagellant Rome à coups
de Germains. Ici, comme ailleurs, le coup-d'œil manque
à Guizot, et il a trouvé le moyen de parler des invasions
sans les considérer avant tout comme le châtiment providentiel d'un Empire qui avait eu le devoir de préparer
l'unité future du monde chrétien, mais qui avait manqué
à sa mission en essayant de noyer l'Église dans le sang
de ses martyrs.

Une fois sur cette pente, M. Guizot y a glissé, et l'on
n'est pas peu surpris de l'entendre professer cette singulière doctrine : « Entre l'ancien régime municipal des
Romains et le régime municipal des communes du Moyen-
Age, le régime municipal ecclésiastique est placé comme
transition. Cette transition eut plusieurs siècles de durée[1]. » Que l'on ait ainsi parlé du cinquième et du sixième siècle, et des évêques considérés comme les défenseurs des cités, c'est fort bien. Mais ensuite! Il est constaté que tous les droits et privilèges de l'antique curie

---

[1] *Essais sur l'histoire de France*, p. 44.

romaine ont été exercés, dès le commencement de l'époque mérovingienne et jusqu'à la période féodale, non pas par des ecclésiastiques, mais par des fonctionnaires royaux, nommés comtes. Le *comes* mérovingien et carolingien remplace les anciens curiales. Si les registres municipaux sont encore signalés dans quelques actes, ce n'est plus guère qu'une formule. La vie municipale n'a plus de vigueur, l'élément ecclésiastique n'y domine pas, et nous arriverons ainsi jusqu'au jour où le Comte rompra insolemment tous ses liens de dépendance avec le pouvoir central, pour devenir un seigneur indépendant. A la place du fonctionnaire, nous aurons alors un baron féodal, contre lequel les bourgeois vont se révolter deux ou trois siècles plus tard. Telle est la vérité, et il n'y a jamais eu, comme on le voit, de transition cléricale entre le municipe romain et nos communes.

V

M. Guizot est plus heureux quand il juge les Barbares et décrit leurs mœurs. Certes, il ne faut pas lui demander ici cette admirable vigueur de coloris qui fait des *Études historiques* de Châteaubriand un vaste tableau de Rubens; mais l'auteur de l'*Histoire de la Civilisation*, pour être plus froid, n'en est pas moins exact. Il s'est rendu compte du caractère grossier de ces tribus, de ces bandes germaines, et c'est lui qui, le premier peut-être, les a ingénieusement comparées aux sauvages de l'Amérique. Rien n'est plus juste. Le Germain est un Peau-Rouge. Il a ses cheveux relevés en aigrette, il se graisse la tête et le corps, il se tatoue. Sa vie, d'ailleurs, est d'accord avec sa phy-

sionomie. Il est nomade et ne veut pas cesser de l'être ;
il boit et mange pendant six mois de l'année et passe les
six autres mois à conquérir de quoi boire et manger pendant l'hiver suivant ; il se saoule pour se battre et se bat
pour se saouler ; il aime les combats sans fin, les têtes
coupées, le sang. Mais que de jeunesse sous cette brutalité, et quels germes de vertus mâles ! Ce sauvage, il
a le sens du sacrifice. Si son chef meurt dans quelque
équipée militaire, il voudra mourir avec lui, et c'est-là
ce patronage militaire dont on a tant exagéré l'influence
sur la formation de la féodalité. Ce sauvage, il a le respect inconscient de la femme et une notion fort élevée de
la famille, qu'il considère comme une association dont
le père est le gérant responsable, l'administrateur et le
mandataire. Ce sauvage, il a par-dessus tout « le sentiment de la personnalité, de la spontanéité humaine dans
son libre développement ; » il a ce que M. Guizot a si bien
appelé « le plaisir de se sentir homme [1]. » Puis, il a de solides épaules et des bras vigoureux : il est fort, bien por-
tant et sain. Il a les fraîcheurs et les énergies d'un sang
superbe, et tout ce qu'il faut enfin pour sauver, avec un
secours supérieur, ce monde romain, tremblottant de
vieillesse, exsangue et gangrené. Le secours supérieur,
ce sera l'Église, et la voici qui se présente, toute radieuse, à la porte du baptistère où elle va, tour à tour,
plonger toutes les bandes germaines. Elles y sont entrées
bandes : elles en sortiront *peuples.*

Et nous voici, nous-mêmes, parvenus avec M. Guizot
jusqu'au sixième siècle de notre histoire nationale. En
quoi consistaient donc à cette époque les principes de la

---

[1] *Civilisation en Europe,* l. c. p. 62.

civilisation? C'est notre historien qui va répondre lui-même à cette question, et nous admirerons une fois de plus sa clairvoyance et sa précision : « Ces éléments, dit-il, c'étaient le besoin d'ordre, les souvenirs de l'Empire romain, l'Église chrétienne et les Barbares [1]. » Rien de mieux, et nous ne voulons nous permettre ici que deux observations. Les Celtes nous paraissent par trop oubliés dans tout le tissu de cette Histoire, et nous ne pouvons voir sans quelque douleur ce rang secondaire que M. Guizot semble donner à l'Église.

Sans l'Église, en effet, « le besoin d'ordre » n'eût jamais reçu de satisfaction ; les « souvenirs de l'Empire romain » se fussent éteints comme un flambeau consumé, et les Barbares auraient continué leur métier de Peau-Rouge sur notre terre ensanglantée et sans repos.

Donc, l'Église méritait d'être nommée la première.

VI

« Formation de la Nation et de la Royauté françaises, » tel serait le titre exact de la plupart des leçons de M. Guizot, et nous allons essayer de présenter ici son système dans tout son développement. Il ne nous suffira pas de l'exposer : nous aurons plus d'une fois l'occasion de le combattre.

Dans le domaine des faits naturels, l'auteur de la *Civilisation* est à l'aise. Il y fait preuve de cette sagacité originale et féconde que personne n'a jamais possédée à un tel degré ; mais il manque presque toujours de ce sens

---

[1] *Civilisation en Europe*, l. c. p. 85-87.

du surnaturel dont le dernier des historiens catholiques
possède si aisément le trésor. Sans doute, il remonte à
toutes nos sources religieuses, sans doute, il consacre une
leçon aux *Vies des Saints* [1], deux autres à la règle de saint
Benoît et à l'institut monastique [2], et d'autres encore aux
Papes, aux Évêques, aux Écoles [3]. Il va plus loin et ne
craint pas d'affirmer l'influence réelle que les Saints ont
exercée sur la société mérovingienne. En parlant des Légendes où leur vie est écrite, il ne craint pas de s'écrier :
« Là se présentait l'image d'un état moral très supérieur
à celui de la société extérieure. On y trouve plus de bonté, plus de tendresse de cœur, une plus large part faite
aux affections que dans tous les autres monuments de cette
époque [4]. » C'est bien, mais ce n'est pas assez. Il fallait
nous faire voir les Saints au travail ; il fallait nous les
montrer occupés à construire la France. Dans une belle
miniature du quinzième siècle, on voit tous les ordres des
saints, Martyrs, Docteurs et Vierges, Évêques, Prêtres et
Moines, travailler matériellement à élever l'édifice de
l'Église : les uns broient le mortier, les autres portent les
pierres, d'autres les mettent en place, et le bel édifice
monte jusqu'au ciel, construit par ces maçons sublimes.
Il en a été ainsi de la France, LITTÉRALEMENT, et je voudrais qu'un érudit nous écrivît une Histoire de la civilisation d'après les seules Vies des saints, un autre d'après le
seul Bullaire, un autre d'après les seuls Conciles. On ne
choisirait, d'ailleurs, que les textes les plus authentiques,
et l'on mettrait particulièrement en relief tel canon de

---

[1] *Civilisation en France,* dix-septième leçon.
[2] Quatorzième et quinzième leçons.
[3] Troisième, douzième et seizième leçons.
[4] *Ibid.* II, pp. 38, 39.

tel concile qui a pratiquement changé l'état du monde
moral, ou les vertus privées de tel saint qui ont donné
naissance à autant de vertus publiques et sociales. C'est
un travail que M. Guizot n'a pas fait.

Mais, partout ailleurs, que d'aperçus nouveaux et pro-
fonds!

VII

Avec une impartialité absolue, M. Guizot résume toutes
les idées de ses devanciers sur nos origines nationales. Il
ne se range, d'ailleurs, à aucune école et ne jure par aucun maître. Il rejette tour à tour le système aristocratique de Boulainvilliers, le système monarchique de Du-
bos, le système démocratique de Mably, et c'est fort
injustement qu'on essaierait de le classer parmi les disciples de ce dernier maître. Il avait véritablement trop de
bon sens pour ne pas se convaincre que chacun de ces
érudits avait raison sur certains points, mais excédait
sur certains autres. Cependant il ne se livra pas à un
vain éclectisme et préféra s'en rapporter aux textes. Il
fit surtout le meilleur emploi de ces lois germaines, qui
étaient si mal connues de son temps, et où il a jeté tant
de lumière. C'est ainsi qu'il a pu établir le caractère de
la royauté mérovingienne, et il y a véritablement fort peu
à reprendre dans tout ce qu'il a dit de l'état des personnes à la même époque. On peut lui reprocher de n'a-
voir pas fait une distinction suffisante entre les temps qui
ont précédé et ceux qui ont suivi le règne de Clovis. Cependant il lui était aisé de s'en rendre compte d'après
les différentes rédactions de la loi salique. Avant le

triomphe définitif des Francs-Saliens et leur établissement dans le centre même de la Gaule, il est certain que
l'Assemblée des hommes libres, au sein de cette petite
tribu qui était appelée à un si grand destin, était le rouage
capital de tout le mécanisme politique. Mais il y eut une
réaction monarchique sous Clovis, et le Roi ne laissa aux
Assemblées qu'une importance secondaire. Il est incontestable, d'ailleurs, que cette réaction fut presque uniquement due au mérite personnel de Clovis, à son énergie
singulière, à son génie politique. Après lui, tout retomba
en je ne sais quelles demi-ténèbres fort difficiles à percer, et il devient malaisé de préciser les attributions de
la royauté. Ici, M. Guizot n'a pas été suffisamment pers-
picace ; mais il convient de ne pas oublier qu'en 1828 un
certain nombre de documents n'avaient pas été publiés
et qu'on ne soupçonnait pas encore l'importance de certains autres.

Somme toute, cette royauté de la première race ne
mérite pas à tous égards le nom de « barbare » que lui
décerne l'historien de la Civilisation. Elle n'est pas absolument et uniquement germaine. Les pauvres rois qui
traînaient à Paris, à Orléans ou à Soissons, une vie si peu
royale, essayaient néanmoins d'imiter, ou plutôt de sin-
ger les empereurs romains. Ils ont même prétendu, à
plusieurs reprises, exercer la plénitude du pouvoir législatif, et leurs constitutions paraissent calquées sur celles
des Césars. Il est vrai qu'il en reste si peu, si peu ! De
telles prétentions n'ont pas été et ne pouvaient pas être de
longue durée. Au point de vue administratif, les rois che-
velus ont encore tenté de reproduire le même modèle :
la magistrature du Comte est, par plus d'un côté, une
conception romaine, et, dans l'administration des do-

maines royaux, on a continué tellement quellement les
traditions impériales. En matière de finances surtout,
Clovis et ses successeurs n'eurent rien tant à cœur que de
conserver intact le réseau de la fiscalité romaine. Ils ont
eu, sous d'autres noms, leurs contributions directes et
leurs contributions indirectes : mais avec quelles irré-
gularités ! mais avec quelles intermittences ! Rien de con-
sistant, rien de net. On *impose* tant qu'on peut, on attire
au fisc le plus d'argent possible ; mais, à côté de ces petites habiletés, on accumule les grandes maladresses, et
le déplorable système des immunités va ouvrir la porte à
mille abus, à mille scandales. Quant à la justice, elle se
rend à la germaine, avec des jurés que le comte préside,
et le service militaire est également d'origine et de complexion germaniques : tous les hommes libres le doivent
et le roi se met à leur tête. Telle est cette royauté mérovingienne, où, comme on le voit, les éléments les plus
opposés sont bizarrement mêlés. M. Guizot n'a peut-être
pas fait ce tri avec assez de netteté ; mais il est permis de
croire que, sans ses leçons, on aurait été bien plus longtemps à le faire.

VIII

Là où il se montre profondément historien, c'est dans
les Études qu'il a consacrées à l'avénement de la seconde
race[1]. Il nous paraît impossible de mieux juger et de
mieux dire. M. Guizot considère avec raison le triomphe
des Carolingiens comme l'effet d'une réaction germa-

---

[1] *Essais*, l. c. p. 66-68, etc.

nique : « Pépin, dit-il, n'est pas un usurpateur ordinaire ;
c'est le chef d'un peuple nouveau qui tient à la Germanie
plus qu'à la Gaule [1]. » Et notre historien n'hésite pas à
ajouter : « Il y eut alors comme une seconde invasion de
la Gaule par les Germains [2]. » Rien n'est plus juste, et la
mollesse neustrienne avait nécessairement amené cette
révolution qui nous sauva. Pépin et Charlemagne sont des
Germains, sans doute, mais des Germains qui ont déterminé la halte définitive des invasions germaines. Charlemagne, en transportant sur le Rhin le siège de l'Empire,
« a mis la Gaule à l'abri de toute invasion nouvelle [3]. » Je
ne sais pas, en vérité, s'il existe une plus belle page que
celle où M. Guizot développe cette thèse si nouvelle et si
vraie : « L'immense empire de Charlemagne ne devait pas
survivre à la main puissante qui l'avait fondé ; mais une
grande œuvre n'en demeura pas moins accomplie : l'invasion des Barbares en Occident fut arrêtée ; la Germanie
elle-même cessa d'être le théâtre de ces continuelles fluctuations de peuplades errantes ; les États qui s'y formèrent
par le démembrement de l'héritage de Charlemagne s'y
consolidèrent peu à peu et devinrent la digue qui mit un
terme à cette inondation d'hommes que l'Europe subissait
depuis quatre siècles. Les peuples et les gouvernements
se fixèrent, et l'ordre social moderne commença à se développer [4]. » Où sont-ils, ceux qui prétendent que l'auteur
d'une telle page n'était pas vraiment historien ? Mais, bien
au contraire, et sauf toutes les réserves qu'un catholique
a le droit et le devoir de formuler, je serais tenté de dire

[1] *Essais*, l. c. p. 67.
[2] *Ibid.*, p. 66.
[3] *Ibid.*, p. 67.
[4] *Ibid.*, p. 68.

de M. Guizot : « Ce n'était pas un historien, c'était l'Historien. » On n'a jamais possédé à ce point ce que j'appellerai le sens naturel de l'histoire.

J'avoue que je ne suis pas aussi satisfait de sa théorie sur l'origine de la féodalité : il y est vague, et c'est un défaut dont il n'est pas coutumier. En une question aussi complexe, on n'arrivera jamais à rien de clair si l'on n'admet pas cette excellente distinction que les anciens feudistes savaient faire entre les fiefs « simples » et les fiefs « de dignité ». Or, il n'y a rien de commun entre ces deux ordres de faits. Il arriva que, vers le milieu du neuvième siècle, les Ducs et les Comtes, qui étaient des fonctionnaires royaux et des espèces de préfets, se rendirent indépendants de l'autorité centrale et gouvernèrent en leur propre nom les provinces ou les cités qu'ils gouvernaient jadis au nom de l'Empereur ou du Roi. Supposez aujourd'hui (par impossible) chacun de nos préfets devenant indépendant, allant jusqu'à la révolte et disant à ses administrés : « C'est à moi que vous paierez désormais les impôts ; c'est pour moi désormais que le général commandera les troupes du département, et elles me devront fidélité ; c'est en mon nom enfin que le président du tribunal rendra désormais ses arrêts ; » faites cette hypothèse, et vous aurez quelque image de ce qui se passa au neuvième siècle. Et tels sont les fiefs de dignité. Mais les fiefs simples ont une tout autre origine. M. Guizot s'en est tenu à la fameuse théorie des bénéfices, que la science a renversée : la vérité est que le fief est né de cette rage de concessions usufruitières qui a caractérisé presque toute l'époque mérovingienne et les commencements de la seconde race. Notre malheureux pays était couvert de jachères immenses, et les bras ne suffisaient pas aux défrichements. C'est alors que l'on voit se multiplier ces fameux contrats de *précaire*, dont Guizot a compris l'importance [1], mais dont il n'a pas assez pénétré l'essence. Il y aurait vraiment un beau livre à écrire sous ce titre : *De l'influence des précaires sur la formation de la féodalité*. Des milliers de gens viennent alors trouver les gros propriétaires et leur tiennent à peu près ce langage : « Donnez-moi en usufruit telle ou telle de vos terres, qui est là-bas, et elle vous fera pleinement retour après ma mort, ou après celle de mon fils. » D'autres systèmes d'usufruits sont également en usage, et l'on arrive à cet acte appelé *commendatio*, par lequel l'usufruitier se recommande à la protection de *son* propriétaire. Cet acte célèbre est commun dans nos Recueils de formules : il est vrai que ce n'est pas encore la vassalité, mais ce n'en est pas aussi loin qu'on pourrait le croire et, dans nos vieux textes un *commandé* ou un *vassal*, c'est tout un. Un second pas, qui est décisif, sera fait à l'époque de Charlemagne, et le capitulaire de 803 nous montrera les *vassi* forcés de suivre à l'armée impériale leur *senior*. Néanmoins, ce n'est pas le fief encore. Pour qu'il y ait fief, il faut que l'obligation du service militaire soit nettement précisée, et que ce service soit dû au seigneur, directement, et non plus à l'Empereur ou au Roi. Le fief, en d'autres termes, c'est la tenure noble, c'est la tenure moyennant le service militaire. Au milieu du neuvième siècle, et dans le temps même où se constituaient les fiefs de dignité, on voit une foule d'hommes à genoux devant d'autres hommes. Ce sont les anciens *commendati*, les anciens *vassi*, ou d'autres à leur imitation, qui se

[1] *Essais,* l. c. p. 117.

mettent sous le patronage des anciens *seniores* en leur
criant : « Je suis votre homme et me battrai pour vous. »
Tels sont les fiefs simples, et il ne semble pas que M. Guizot en ait suffisamment compris l'origine et le caractère[1].

Son jugement sur la féodalité est des plus modérés. Trop
modéré peut-être. Il a raison de constater « que le régime féodal était nécessaire, » et que « c'était alors le
seul état social possible. » Il est en droit d'ajouter qu'une
bonne preuve en faveur de sa nécessité, « c'est l'universalité de son établissement[2]. » D'ailleurs il a vu, avec l'ordinaire acuité de son regard, que ce nouveau régime n'était
pas sans offrir de graves défauts : « Plus d'autorité forte,
plus de pouvoir public, plus d'unité nationale[3]. » On sait
en effet jusqu'à quel point le déplorable enchevêtrement
des fiefs a failli devenir fatal à l'unité de notre France,
qui fut par là retardée de deux ou trois siècles. L'idée de
patrie a été certainement diminuée ou compromise par
l'idée de fief, et c'est à la féodalité que nous devons en
partie les désastres des guerres anglaises. Mais il est
d'autres vices dans ce système, que M. Guizot n'a point
signalés. Je regrette d'y rencontrer presque partout la
possession à la place de la propriété, et j'ai des griefs de
catholique, des griefs qui sont encore plus graves. La
féodalité, en donnant à l'Église ses cadets, nous a fait
don, hélas ! d'une quantité de prêtres médiocres et de
moines sans vocation. Grâce à la malheureuse confusion
qui se fit entre le pouvoir spirituel des évêques et leurs
devoirs féodaux, il arriva aussi que les droits de l'Église
furent lésés. On en vint en Allemagne à la guerre des

---

[1] *Essais*, l. c. p. 101 et ss.
[2] *Ibid.*, p. 102.
[3] C'est le résumé de la quatrième leçon de la *Civilisation en Europe*.

investitures ; on en vint chez nous à la déplorable doctrine de la Régale. Mais voici qui est pire encore : les
mœurs féodales pénétrèrent jusque dans le palais et
jusque dans l'âme de nos évêques, qui étaient en même
temps comtes et les seigneurs de leurs villes ou provinces
épiscopales. Ils crurent qu'ils pouvaient légitimement se
servir de la lance aussi bien que de la crosse, et il s'en
rencontra qui passèrent leur vie, heaume en tête et hau-
bert au corps, « à donner et à recevoir de bons coups. »
Détestable pratique, et mille fois condamnée par l'Église.
M. Guizot, qui n'était pas catholique, en devait être moins
blessé que nous. Que de fois notre cœur en a saigné !

En revanche, M. Guizot fait à la féodalité le reproche
le plus injuste, lorsqu'il s'emporte contre les corvées et
s'écrie : « Rien de moralement commun entre le posses-
seur du fief et les colons ; ils font partie de son domaine,
ils sont sa propriété, etc. [1]. » Il ne faut pas accuser de cet
état de choses la féodalité, qui n'en est aucunement responsable. Je crains bien que M. Guizot ne se soit tout à
fait mépris sur la nature du domaine rural, de la *villa*.
Ce domaine se compose de deux parties : celle qui est cul-
tivée *pour* le seigneur et celle qu'il abandonne à ses
colons, à ses *mansionarii*. De ces deux parties, la première est de beaucoup la plus considérable. Même elle
est immense, et, pour la cultiver, il faut de toute nécessité un très grand nombre de bras. Ces bras, où les pren-
dra-t-on ? Dans le domaine lui-même, et ce seront ceux
des colons. Ils auront l'obligation de venir semer, labou-
rer et moissonner les champs du seigneur, travailler sa
vigne, faire ses foins, réparer ses murs, ébrancher ses

---

[1] *Civilisation en Europe*, l. c. p. 113, etc.

arbres, charroyer ses pierres, etc., etc. Telles sont en effet les principales corvées auxquelles les colons sont soumis. Mais ne l'oublions pas : ils y étaient soumis dès le temps des Romains, et ces corvées n'ont rien de féodal. Étant donné un vaste domaine, il faut le faire cultiver par des hommes *ad hoc*. Ces hommes furent d'abord des esclaves, puis des serfs, puis des hommes libres. Le nombre des *mansionarii ingenuiles*, des paysans libres qui étaient appelés à travailler le domaine du seigneur, ce nombre a toujours été en augmentant depuis le neuvième siècle jusqu'à nos jours. En Normandie, il n'y avait plus de serfs au treizième siècle [1], et les autres provinces suivirent toutes, mais d'un pas inégal, cet admirable mouvement. Telle est la véritable histoire du progrès au Moyen-Age, et personne encore n'a eu l'idée de l'écrire. *Excoriatur aliquis !*

Quoi qu'il en soit, nous voici parvenus au dixième siècle, et si nous voulions résumer en deux lignes tous les faits acquis, tous les résultats obtenus jusqu'ici par les recherches de M. Guizot, nous n'aurions qu'à lui emprunter ses propres conclusions et à nous écrier avec lui : « Les invasions ont fait halte et l'homme s'est attaché à la terre. » Excellent résumé, et que nous vou-

---

[1] Guizot dit quelque part : « Le despotisme féodal a toujours été repoussé et odieux : il a pesé sur les destinées, sans jamais régner sur les âmes. » (*Civilisation en Europe*. l. c. p. 114.) C'est une thèse un peu exagérée, et M. Léopold Delisle nous dit, au contraire, « qu'en Normandie il a vainement cherché les traces de cet antagonisme qui, suivant les auteurs modernes, régnait entre les différentes classes de la société. » Et le même érudit ajoute : « Les rapports des seigneurs avec leurs hommes n'y sont pas entachés de ce caractère de violence et d'arbitraire avec lequel on se plaît trop souvent à les décrire. » (*Études sur la classe agricole en Normandie au Moyen-Age*, pp. XXXVI, XXXVII.)

drions graver profondément dans tous les esprits, en
vulgarisant de notre mieux le plus étonnant des vulgarisateurs.

IX

Cependant la Royauté a disparu de nos regards, et
nos regards, hélas ! n'y ont guère perdu. Le spectacle
qu'elle nous offre depuis la mort de Charlemagne n'est
guère fait que pour nous attrister, et c'est celui d'une décadence que tout précipite. Il arrivera même un jour où,
au milieu de cette grande débâcle et de ce vaste épar-
pillement de la féodalité, la couronne « semblera posée
sur la tête d'une ombre, » et où la taille du roi de France
se rabaissera à celle d'un simple baron. Il ne sera plus
qu'un seigneur semblable à tant d'autres seigneurs, dont
la cour sera féodale, dont le domaine sera féodal, dont la
justice sera féodale. M. Guizot a mis ce fait hors de doute ;
mais il ne nous laisse pas sur cette impression, et nous
montre comment la Royauté, qu'on aurait pu croire
morte, va soudain renaître, se redresser et vivre : « Cette
royauté subsistait toujours. Il est trop vrai qu'elle était
impuissante et nominale ; mais c'était, à tout le moins un
titre, un mot qui était très recherché. » Or, un des chefs
de la féodalité française s'empara certain jour de ce
titre encore populaire : « Placé par la situation de ses domaines plus favorablement qu'un autre pour un tel dessein, Hugues Capet se l'appropria. Il n'y avait pas plus
de droit qu'aucun autre ; il ne fut porté au trône par aucun parti, par aucune intrigue. Il prit le nom de roi : celui qui le possédait ne pouvait s'y opposer, et la plupart

GUIZOT

des grands seigneurs ne s'en inquiétèrent pas. Hugues se fit alors reconnaître par ses propres vassaux, qui n'avaient qu'à gagner à l'élévation de leur suzerain. Peu à peu les principaux feudataires, séduits par ses concessions et ses promesses, avouèrent le titre supérieur qu'il s'était donné. Ce fut toute la révolution capétienne. Nulle révolution n'a été plus insignifiante quand elle s'est faite, et plus féconde en grands résultats [1]. » Ici encore nos lecteurs admireront la délicatesse et la précision du sens historique ; mais ici encore il manque à notre historien je ne sais quel air des hauteurs, je ne sais quel souffle généreux. Cet homme n'a jamais dû se dire *Altius*. Il n'a vu dans l'élévation d'Hugues Capet que les faits matériels et contingents, et il n'y a pas vu deux choses qu'un catholique y découvre tout d'abord : l'action de Dieu, qui se proposait de faire dans le monde de si grandes choses avec les Capétiens, et qui a préparé leur avènement dans la sagesse de ses desseins éternels, et, en second lieu, l'intervention réelle de la nation. Certes, il n'y a pas là de suffrage universel, ni de suffrage restreint, ni même rien qui ressemble à un vote. Mais néanmoins il y a intervention : car les barons et les évêques approuvent et ratifient. Or, ils étaient les seuls qui eussent alors la vie politique en eux. Quand le grand Suarez, reproduisant la doctrine de l'École, pose en principe que « le pouvoir descend de Dieu par l'intermédiaire du peuple, de la communauté parfaite, » il faut entendre, par ces derniers mots, ceux qui, à telle ou telle époque de l'histoire, sont constitués politiquement. Le tiers état n'apparaît pas dans la révolution capétienne, et il y a pour cela une excel-

[1] *Essais*, l. c. p. 72.

lente raison : c'est qu'il n'existait pas encore. Mais enfin
la nation intervient par ceux de ses membres qui sont
alors intelligents et responsables. Donc, ici, comme toujours, la royauté nous apparaît avec le caractère d'un
contrat. Et, en dehors de cette très catholique doctrine,
il n'y a place que pour le césarisme, rouge ou blanc.
Nous sommes de ceux qui ne veulent ni de l'un ni de
l'autre.

X

L'histoire des premiers Capétiens présente le plus constant intérêt. On y voit cette frêle petite royauté grandir,
grandir encore, grandir toujours. Ils ont encore bien
peur, ces rois féodaux, et ne manquent pas à faire sacrer
leurs fils de leur vivant, crainte d'accident. Néanmoins
ils s'affermissent. On se rappelle de plus en plus, autour
d'eux, que ce mot *roi* a jadis signifié quelque chose de
grand, et l'on est de moins en moins éloigné de leur reconnaître je ne sais quelle suprématie vague. Dans le la-
byrinthe de la féodalité, on ressaisit le fil de la tradition
royale : on ne le perdra plus. On n'en est pas encore à
faire des Ordonnances générales, mais on y tend. Le
onzième siècle s'écoulera dans ces essais de reconstitu-
tion. C'était l'époque où les architectes inventaient ce
puissant et noble style roman, qui a pour trait principal
la construction de voûtes en pierre destinées à préserver
tout l'édifice, et c'était l'époque aussi où l'on construisait
la monarchie romane comme une voûte solide destinée à
préserver tout le pays de France. Le monument ne se fit
pas en un jour, et, plus d'une fois, les pierres s'écroulèrent

aux pieds des architectes ; mais ces vaillants recommencèrent et finirent par vaincre tous les obstacles. Avec Louis VI, la royauté triomphe, et c'est ce que M. Guizot a bien fait voir dans son *Histoire de France racontée à mes Petits-Enfants*. J'aurais voulu qu'il se passionnât plus vivement pour ce règne de Louis VII, qui a si bien préparé le règne lumineux de Philippe-Auguste, et qui luimême est resté dans l'ombre. C'est de ce règne que datent en réalité les premiers Arrêts du Parlement et les premières Ordonnances véritablement générales. L'auteur de la *Civilisation* n'a pas vu nettement que l'histoire de la *curia regis* est, en réalité, l'histoire des progrès de la royauté. Ce n'était d'abord qu'une portion du Conseil dont nos rois s'étaient toujours entourés ; c'était, au sein de ce Conseil, la Commission de justice. On en vint à la transformer un jour en un tribunal souverain, où devaient aboutir toutes les causes qu'on pouvait assimiler à des cas royaux, et, par voie d'appel, toutes les sentences rendues par les justices seigneuriales dans les limites du domaine. Cette révolution capitale, commencée sous Philippe-Auguste, ne fut réellement achevée que sous saint Louis. Elle est due à ces instruments dociles et intelligents de la royauté, à ces baillis et sénéchaux dont M. Guizot a si peu parlé. Ils étaient envoyés partout, comme les représentants et les mandataires de cette royauté entreprenante. Ils centralisaient les impôts dûs au roi ; ils présidaient le tribunal féodal au nom du roi ; ils conduisaient au roi le ban et l'arrière-ban ; ils administraient pour le roi. Ce sont de véritables préfets, et leur principale occupation consiste à multiplier les cas royaux et les appels à cette *curia regis* qui prend décidément le nom de Parlement. Ils y réussissent à souhait.

Le roi de France reconquiert peu à peu tous ses droits régaliens, qui lui avaient été volés au neuvième siècle. Voici qu'il reprend la plénitude du pouvoir législatif et rend des ordonnances semblables à cet acte magnifique de 1254 [1], qui peut passer pour une Constitution ou pour un Code ; voici qu'en même temps il ressaisit hardiment l'exercice du pouvoir administratif et que, par sa correspondance journalière avec ses sénéchaux et ses baillis, il gouverne lui-même son royaume ; voici qu'il multiplie les ressources de son trésor central et régularise les impôts ; voici qu'il possède, indépendamment du ban et de l'arrière-ban, ses milices communales, et tout à l'heure ses troupes permanentes. Je ne dis rien de son pouvoir judiciaire : car c'est par là qu'il a commencé de vaincre, et c'est ce premier avantage qui lui a fait conquérir tous les autres.

Je m'arrête : car nous arrivons à Philippe-le-Bel, et la royauté, sous l'influence des légistes, va cesser d'être chrétienne. Ne vaut-il pas mieux rester sur le goût de saint Louis ?

Cette histoire de la royauté, que je viens d'esquisser d'après M. Guizot, et parfois contre lui, cette histoire renferme pour nous plus d'une leçon. Il est aisé de voir que nos rois, sans jamais cesser d'avoir l'esprit tourné vers Dieu, vers Jésus-Christ et vers l'Église, n'ont jamais dédaigné d'employer, pour affermir leur pouvoir, ces moyens naturels, contingents et relatifs, qui sont en harmonie profonde avec l'honnêteté la plus rigoureuse, et cette noble science de la politique, qui n'est pas une

[1] Ordonnance de S. Louis «pour la réformation des mœurs et de la justice. » (Décembre 1254.)

science anti-chrétienne. J'estime qu'il y a toujours eu, entre le roi et la nation, un pacte tacite, qui est attesté par de belles libertés chrétiennes. J'en reviens malgré moi à cette magnifique doctrine, que la presque unanimité des Pères et des Docteurs ont toujours affirmée, que la presque unanimité des théologiens ont toujours soutenue, et qui est l'honneur comme la garantie des races chrétiennes. Non, non, la royauté ne descend pas directement, à un jour donné de l'histoire, sur tel ou tel homme que Dieu a choisi loin du peuple et sans lui. Elle ne s'abat pas, comme un aigle, sur un élu mystérieux. Le noble peuple chrétien vaut mieux que cela : il mérite d'être consulté ; il est digne d'intervenir dans ce contrat : car il est composé d'âmes intelligentes et libres pour lesquelles a coulé le sang de Jésus-Christ.

XI

M. Guizot est philosophe : il n'est pas théologien [1]. On peut même dire qu'il n'a jamais eu le sens théologique. Était-ce orgueil ou étroitesse d'esprit ? Cette puissante intelligence répugnait-elle à accepter et à coordonner les commentaires des Pères et des Docteurs ? Cette besogne lui paraissait-elle indigne de sa grandeur native ? Nous espérons qu'il n'a pas eu cette petitesse de vanité. Quoi qu'il en soit, on ne le voit que fort rarement tenir compte des opinions de ses devanciers. Il juge, et ne cite point.

Je ne suis pas de ceux qui lui reprocheront d'avoir te-

[1] Dans ses *Méditations,* il se laisse même aller à un certain emportement contre les théologiens (pp. 15, 16).

nu en trop grande estime les vérités, les affections et les
vertus de l'ordre naturel. Une des choses qui m'affligent
le plus dans le spectacle des intelligences contemporaines, c'est le peu de cas que nous faisons trop souvent
de cet ordre naturel, auquel la théologie donne une si
belle place dans l'économie de son enseignement. Nous
ne savons pas peut-être assez gré à ce pauvre rationa-
liste, qui est aveugle, mais sincère, de croire très ardemment en Dieu et en la vie éternelle. Cet autre sceptique, là-bas, qui a été mal élevé, et auquel d'indignes
maîtres ont arraché la foi, ce malheureux est bon, secou-
rable aux pauvres, honnête et droit : nous ne rendons
peut-être pas assez justice à ces vertus qui n'ont rien de
surnaturel, mais qui peuvent un jour les conduire au
surnaturel. Les beautés de la création, les splendeurs des
astres, l'harmonie de ces millions de mondes qui gra-
vitent en silence au-dessus de nos têtes, l'idéale perfection
du corps humain, tout ce qu'il y a d'éléments naturels
dans la nature et dans l'art, tout cela ne nous préoccupe
point assez vivement et ne retient pas assez longtemps
notre attention, que le monde surnaturel absorbe tout
entière. C'est un beau défaut, sans doute ; mais nos pères
dans la foi ne le connaissaient point, et je pense que nous
pourrions en guérir sans cesser d'être aussi profondément
catholiques.

M. Guizot a le défaut précisément contraire ; mais les
critiques qui l'ont accusé de ne s'être point occupé de
questions religieuses semblent n'y avoir pas suffisamment
réfléchi. A coup sûr, ils n'ont pas lu les *Méditations sur
l'essence de la religion chrétienne,* qui peuvent passer pour
une profession de foi courageuse et nette. Sans doute,
on ne saurait admirer sans réserve ce livre complexe,

dont un catholique ne doit pas aborder la lecture sans un certain excès de précautions. Mais par cet épouvantable temps d'athées où nous vivons, j'éprouve malgré moi quelque reconnaissance pour l'homme qui ôte son chapeau devant le bon Dieu. Et quand il arrive que cet homme est un illustre politique et un grand historien, je m'en réjouis d'autant plus vivement. Je demeure persuadé qu'en dépit de tous leurs défauts, les *Méditations* ont fait du bien aux âmes, et que même elles ont pu faire monter le niveau de la foi naturelle. Et c'est bien quelque chose.

L'auteur des *Méditations* n'a pas ajouté de nouvelles preuves de l'existence de Dieu à celles que les Pères de l'Église et les philosophes sincèrement chrétiens ont magnifiquement accumulées. En général son argumentation est molle et presque toujours médiocre. Il ne faudrait pas lire Pascal ou Joseph de Maistre avant d'ouvrir ce livre honnête et faible que l'on s'empresserait de fermer. Mais il y a des éclairs de bon sens et de bon style. Personne n'a peut-être parlé plus sainement de la Providence : « Par cela seul qu'il est, Dieu assiste à son œuvre et la maintient. La Providence, c'est le développement naturel et nécessaire de l'existence de Dieu. C'est la présence constante et l'action permanente de Dieu dans la création[1]. » Quarante ans auparavant, il avait, dans sa *Civilisation en Europe*, exprimé en meilleurs termes la même doctrine. Et il ajoutait alors : « La marche de la Providence n'est pas assujettie à d'étroites limites ; elle ne s'inquiète pas de tirer aujourd'hui la conséquence du principe qu'elle a posé hier : elle la tirera dans des siècles,

[1] *Méditations*, p. 30.

quand l'heure sera venue. La Providence a ses aises dans le temps : elle y marche comme les dieux d'Homère dans l'espace. Elle fait un pas, et des siècles se trouvent écoulés[1]. » Ces deux citations permettront au lecteur de constater la différence des deux styles. Les *Méditations* sont l'œuvre un peu lâchée d'un vieillard : la *Civilisation* est l'œuvre serrée et ferme d'une intelligence jeune et virile.

XII

Et maintenant, voici M. Guizot en présence du Surnaturel. On ne saurait sans injustice lui refuser la gloire de l'avoir affirmé à toutes les époques de sa vie. Jeune professeur, il débutait par établir « la régénération de l'homme moral et de l'état social par le christianisme[2]. » Et quoiqu'il ne fût pas, à cette époque de sa vie, plus théologien que nous ne l'avons vu dans sa maturité et dans sa vieillesse, il en était venu à s'écrier : « Le développement moral et intellectuel de l'Europe a été essentiellement théologique[3]. » On n'a pas assez remarqué la force de cet aveu, et de telles paroles supposent une foi réelle en la divinité du Christ. Mais il n'est pas besoin de se livrer ici à l'hypothèse, et l'on sait qu'au milieu des horribles petits déchirements de sa secte, M. Guizot demeura l'avocat déterminé de ce dogme fondamental. Il n'eut jamais là-dessus de défaillance ni d'amoindrissement, et

---

[1] *Civilisation en Europe*, l. c. p. 22.
[2] *Ibid.*, p. 21.
[3] *Ibid.*, p. 179.

c'est dans une œuvre de sa vieillesse, c'est dans ses *Méditations*, que sa foi s'éleva jusqu'à l'enthousiasme. Oui, ce froid visage s'échauffa, ces yeux s'allumèrent, cette roideur s'anima et M. Guizot connut l'indignation. Le livre qui provoqua cette indignation s'appelait la *Vie de Jésus*, et l'auteur de ce livre était Renan. Il faut entendre le vieux doctrinaire tonner contre ce détestable roman : « C'est un Jésus-Christ faux et impossible, fait de main d'homme, qui prétend détrôner le Jésus-Christ réel et vivant, fils de Dieu [1]. » Eh quoi ! nous ne tiendrions aucun compte de ces admirables paroles ! Dieu sera plus juste, et j'ai l'idée que ces quelques mots auront pesé dans les balances éternelles.

Je ne veux pas dire, d'ailleurs, que cette foi sincère ait été toujours appuyée d'arguments très solides : M. Guizot n'était pas de taille à traiter certaines questions, et le péché originel est de ce nombre. Après Joseph de Maistre, il n'aurait point dû y toucher. Il s'est contenté de développer la thèse de l'auteur du *Pape* : « L'hérédité prend place dans l'ordre moral aussi bien que dans l'ordre matériel [2]. » Et ailleurs : « Nous ne sommes pas seulement des êtres faillibles; nous sommes les enfants d'un être qui a failli [3]. » La question du libre arbitre était mieux faite pour la portée et les dimensions de son entendement, et il l'a résumée en une de ces paroles que les hommes devraient retenir comme le résumé de toute une doctrine : « La Providence divine assiste à la liberté humaine, et en tient compte [4]. » Par malheur, il a été absolument

[1] *Méditations*, p. 326.
[2] *Ibid.*, p. 54.
[3] *Ibid.*, p. 53.
[4] *Ibid.*, p. 54.

impuissant à parler de la Grâce. On n'en parle bien que dans l'intérieur de l'Église, et il a voulu rester à la porte.

XIII

Durant toute sa vie, ce protestant a été sollicité par la pensée de l'Église, et il semble qu'une force invisible le contraignait à en parler sans cesse. Il ne s'en pouvait taire, et c'était comme une sorte de remords. Le mot « catholique » lui écorchant les lèvres, il pensait se tirer d'affaire en disant : « L'Église chrétienne. » Petit procédé, et peu digne d'un tel esprit. Ses aveux n'en ont pas moins de prix, et il en est de décisifs : « Je ne crois pas trop dire en affirmant que c'est l'Église *chrétienne* qui a sauvé le christianisme[1]. » Et ailleurs, avec cette naïveté d'inconséquence qui demeurera son caractère particulier, il constate ce grand fait : « La société religieuse une fois née, il lui faut un gouvernement[2]. » Il le dit, et ne conclut pas. Oui, très illustre historien, oui, très médiocre logicien, la société religieuse a besoin d'UN gouvernement, mais non de PLUSIEURS gouvernements. S'il y en a plus d'un, ils se contrediront, ils se dévoreront, et la pauvre humanité sera divisée contre elle-même. Et il y aura de grandes douleurs, des guerres, du sang versé, mille scandales, et la mort enfin au lieu de la vie. Vous n'avez jamais eu la notion, ni l'amour, ni le désir de l'Unité. C'est votre crime intellectuel.

---

[1] *Civilisation en Europe*, l. c. p. 53. Il s'agit des quatrième et cinquièm(e) siècles.

[2] *Civilisation en Europe*, l. c. p. 138.

M. Guizot ne peut nier, et il avoue en effet, que l'Église a été instituée par Dieu lui-même. Or, quel est le raisonnement clair, solide, victorieux, que font ici les catholiques? Ils se disent : « L'Église est avant tout un enseignement. — Cet enseignement est de création divine : — Donc il ne peut être faillible. » L'idée d'un Dieu fondant sur la terre une chaire de vérité soumise aux fluctuations de l'erreur, cette seule idée est révoltante, et c'est ici qu'on peut répéter cette belle parole d'un de nos évêques: « L'humanité A DROIT à l'infaillibilité. » M. Guizot, néanmoins, prétend échapper aux lacs de ce terrible syllogisme dont il a fort inconsciemment senti toute la puissance. Rien n'est plus étrange que l'argument opposé par lui au raisonnement catholique ; il l'a répété vingt fois et sous vingt formes différentes : « Le catholicisme et le protestantisme sont les deux grandes branches issues du tronc chrétien. » — « A l'universalité du christianisme, dans ses croyances essentielles, a dû nécessairement se joindre et s'est jointe en effet la variété dans ses moyens de propagation et dans ses établissements locaux. Cette variété est le résultat inévitable de la diversité des lieux, des temps et des événements qui font la destinée des divers peuples [1]. » Et dans un autre livre : « Je m'adresse à tous les chrétiens, quels que soient leurs dissentiments particuliers et les formes de leur gouvernement ecclésiastique [2]. » — « Les dissidences entre les Églises chrétiennes sur des questions spéciales ou les diversités de leur organisation deviennent ici des intérêts secondaires [3]. » Je pourrais multiplier ces citations ; mais les

[1] *Les Vies de quatre grands chrétiens français*, Introduction, p. IV.
[2] *Méditations*, Introduction, p. X.
[3] *Ibid*, p. XI.

précédentes nous suffisent pour connaître tout l'homme.
Il n'est vraiment pas permis de raisonner aussi faible-
ment. Cette pauvre argumentation porte en réalité sur
ces deux mots : croyances *essentielles* et questions *spéciales*. Au compte de M. Guizot, la croyance en l'Eucharistie ne serait donc pas une croyance essentielle ! la
croyance en l'Infaillibilité de l'Église serait donc une
question *spéciale !* La thèse n'est pas un instant soute-
nable, et, d'ailleurs, les luttes épouvantables qui ont en-
sanglanté le sol de l'Europe pendant plus d'un siècle semblent prouver que les peuples chrétiens attachaient à ces
dogmes une importance considérable. Puis, qui décidera
en dernier ressort que telle question est spéciale, et que
telle autre est essentielle ? Il faudra toujours, pour cette
démarcation nécessaire, il faudra nécessairement l'intervention d'*une* autorité décisive : et nous voilà revenus à
l'Unité. Si cette autorité vient réellement de Dieu, elle
devra être infaillible : et nous voilà revenus à l'Infaillibilité.

Le Verbe de Dieu fait homme, voulant couronner tout
l'édifice de sa doctrine, élève un jour la voix au milieu
de ses apôtres, et s'écrie : « Ma chair est nourriture et
mon sang est breuvage. » Les catholiques, là-dessus, s'a-
genouillent et adorent. Les calvinistes, au contraire, disent : « Ce pain n'est que du pain, et ce vin n'est que du
vin. » Eh bien ! M. Guizot sourit et dit : « Excellente, admirable, délicieuse variété ! » Sur la Pénitence, sur la
Communion des saints, sur le Purgatoire, l'un dit blanc,
l'autre noir, et M. Guizot sourit toujours : « Le catholicisme
et le protestantisme sont les deux grandes branches issues du tronc chrétien. » Mais vous imaginez-vous Dieu
créant l'Église, et lui disant : « Tu seras variée ? » Et ajou-

tant: « Ceci est mon corps; mais je te laisse la liberté de n'en rien croire ? » En vérité, on ne peut s'imaginer une telle absence de logique. Cependant M. Guizot n'a pas eu d'autre argument, et il est mort dans l'étrange scandale de son inconséquence.

XIV

Cette inconséquence a porté malheur à son talent, autant peut-être qu'elle a compromis l'éternelle destinée de son âme. Ses livres d'histoire se ressentent de cette étrange petitesse et mesquinerie de point de vue. Ayant fait de la variété le caractère légitime de l'Église chrétienne, il a cru voir cette variété dans toute l'histoire de l'Église. Encore un coup, l'Unité n'a jamais frappé ses yeux, cette lumineuse Unité que le catholique a la joie de constater partout, et il a ici accumulé erreur sur erreur. Par malheur il a fait école, et sa myopie contagieuse a fait beaucoup de myopes. Il n'a pas craint d'affirmer que le christianisme n'avait pas eu « d'idée arrêtée » avant les premiers siècles; que les magistratures de l'Église primitive n'étaient pas distinctes, mais confuses; qu'on ne possède pas, sur l'autorité ou le magistère des Papes, de documents certains au-delà du neuvième siècle; qu'en réalité, les premiers chrétiens étaient des presbytériens ou des indépendants, et que durant cette période *démocratique* la prépondérance appartenait au corps des fidèles [1]. Ce qu'il y a de plus singulier, c'est que, par un nouveau manque de logique, M. Guizot reproche sans

---

[1] V. notamment la *Civilisation en Europe*, l. c. p. 55 et ss.

cesse à l'Église « d'avoir mutilé la raison en ne permettant pas au peuple de décider les questions de foi. » Mais la variété, l'heureuse et désirable variété, demeure la dominante de tout son système et, ayant médiocrement étudié les textes des Pères apostoliques, il triomphe aisément de ses adversaires. Il est difficile de dire combien ces leçons de la *Civilisation* nous ont fait de mal. Dans les aveugles ou coupables résistances qui ont été faites au Concile du Vatican, dans les arguments et les sophismes qui ont été alors rajeunis contre l'infaillibilité historique des Souverains Pontifes, on retrouve aisément les idées de M. Guizot.

Cependant, une grande leçon avait été donnée à la superbe de cet historien. Certain jour, dans un tout petit village du Bugey, on apprit qu'il y avait un pauvre petit curé travailleur, qui s'était donné pour tâche de réfuter les erreurs de tous les *grands* écrivains de son temps sur le Christ et son Église. Le livre parut, et il était fort nettement intitulé : *Défense de l'Église contre les erreurs historiques de MM. Michelet, Thierry, Guizot.* On ne fut pas longtemps à s'apercevoir que c'était un chef-d'œuvre. L'auteur, tout d'abord, citait *in extenso* les passages incriminés de ses adversaires. Après quoi, il entrait en lice, et les terrassait à coups de textes. Il y en avait par centaines et par milliers, de ces textes lumineusement victorieux, et M. Guizot ne fut pas celui qui reçut alors le moins de blessures. Chacune de ses erreurs fut soumise au creuset le plus délicat et très savamment analysée. Puis, le nouveau chimiste montra ce qu'il en restait : un peu de cendre. Ou plutôt il n'en restait rien. Alors M. Guizot fit voir qu'il avait réellement un grand esprit et une âme généreuse. Il avoua très sincèrement qu'il s'était trompé,

et que ce petit curé de campagne avait eu raison contre
lui. Il le lui écrivit publiquement, et essaya même de le
faire récompenser et pensionner. C'est en réalité une
des plus nobles pages de sa vie ; c'est une de celles qui lui
auront fait plus d'honneur auprès de Dieu, et le nom de
l'abbé Gorini [1] jettera sur celui de M. Guizot une lueur
qui brillera peut-être jusque dans l'éternité.

Après cette leçon, si bien reçue et presque décisive,
vous pensez sans doute que le préjugé protestant va
perdre chez M. Guizot quelque chose de son intensité et
de sa roideur premières. Point. L'entêtement était un des
caractères de ce cerveau, et il s'opiniâtra dans son erreur. Quelques mois, hélas ! avant sa mort, il publiait le
livre le plus bizarre qui se puisse imaginer, et qui donne
la mesure du diamètre de son intelligence. J'ai là, sous
les yeux, ses *Vies de quatre grands chrétiens français,* qui
parurent en 1873. Les quatre grands chrétiens, ce sont
saint Louis et Calvin, saint Vincent de Paul et Duplessis-Mornay ! ! Après quatre-vingt-cinq ans d'existence,
après soixante-dix ans de réflexion, de retraite et d'expé-
riences de toute sorte, ce très illustre vieillard en était
venu, ou plutôt en était resté là. Cela lui parut très naturel d'accoler ensemble Calvin et saint Louis [2] : il ne s'i-
magina même pas que des âmes généreuses et élevées en
pouvaient être scandalisées. Il liait ensemble le saint
plein de lumière et le sectaire plein d'ombre ; il soudait
ensemble la mort et la vie, et croyait faire œuvre de génie. Cependant il était forcé d'avouer que Calvin ne pou-

---

[1] Les pages que l'abbé Gorini a consacrées à M. Guizot sont au tome II
de la 1re édition, pp. 236-280 et 321 et ss.

[2] « Calvin et Duplessis-Mornay ont mérité la même gloire que saint
Louis et saint Vincent de Paul. » Introduction, p. VII.

vait exciter « une tendre sympathie [1] »; il confessait que
cet homme dur avait été « un moraliste incomplet et in-
cohérent [2] », et « qu'il n'avait admis, ni dans l'âme humaine, ni dans les sociétés humaines, les droits de la
liberté. » N'importe : il le met à côté de saint Louis. Et
il va jusqu'à citer avec quelque plaisir les dernières paroles de Calvin à son lit de mort : « Je vous prie de ne
rien innover. Tous changements sont dangereux. » Le
malheureux! il avait bouleversé de ses deux poings le
dogme et la morale, et il veut qu'après lui on n'en approche même pas le petit doigt. « Moi, c'est bien différent »; c'est le mot de tous les égoïstes. Mais il atteint,
sur les lèvres de Calvin, une effroyable profondeur, et
devient ici le résumé de tout le protestantisme. Les Ré-
formés ont cru supprimer l'autorité : ils n'ont fait que
la déplacer et l'attribuer, non plus à l'Église universelle,
mais à M. Calvin, qui les prie « de ne rien changer après
lui. »

Tout au contraire, les catholiques, qui possèdent la
plénitude de la Vérité et qui croient d'une même ardeur
à Dieu, à Jésus-Christ, à l'Église, les catholiques se
tiennent ce raisonnement : « Je suis ; donc il y a un Dieu.
— Je suis pécheur ; donc il y a une Rédemption. — Je
suis ignorant; donc il y a une Infaillibilité. »

M. Guizot a accepté les deux premières propositions;
mais il a repoussé la dernière.

Avez-vous quelquefois éprouvé cette impression pénible de voir un grand chanteur s'arrêter tout net au
milieu d'un morceau splendide? C'est le cas de M. Gui-

[1] *Les Vies de quatre grands chrétiens*, p. 376.
[2] *Ibid.*, p. 375.

zot. Il n'a pu achever le beau cantique de la Vérité éternelle, et s'est arrêté soudain, impuissant et triste.

XV

C'est principalement comme homme politique que M. Guizot a conquis cette certaine célébrité qui n't pas toujours de la gloire. Le philosophe et l'historien méritaient, mille fois mieux que le ministre, de fixer le regard de la postérité ; mais c'est le ministre qui est resté fameux. Il en faut prendre son parti.

Il semble que M. Guizot se soit donné la tâche de ne pas faire dans le monde politique l'application de ses idées philosophiques et religieuses. Il avait hérité des siècles précédents cette déplorable maladie qu'on nomme le Séparatisme et qui consiste à isoler absolument l'un de l'autre, sans rapports possibles, le domaine de la politique et celui de la foi. Le premier ministre de Louis-Philippe fut en réalité un de nos plus obstinés séparatistes, et l'on peut dire de son système de gouvernement ce qu'il a dit lui-même de ses livres historiques : « Je me renferme en des considérations purement humaines, et je mets de côté tout élément étranger aux conséquences naturelles des faits naturels [1]. » A moins d'enlever aux mots leur sévère justesse, on ne pourra jamais dire que ce fut là un homme d'État chrétien.

S'il avait seulement voulu être chrétien à la Chambre et au Ministère comme il l'a été plus tard dans ses *Méditations,* il nous aurait autrement gouvernés et n'aurait pas

[1] *Civilisation en Europe,* l. c. p. 52.

4

« aplati » les âmes. J'estime qu'avec une intelligence élevée, quelque sens pratique et la double croyance au Péché originel et à la Rédemption, on peut être un bon
gouvernant. Le gouvernement doit être, en de certaines
limites, une copie de la Rédemption, et de même que
Dieu s'est toujours proposé de sauver le plus d'âmes possible, un premier ministre doit se proposer d'élever le
plus d'hommes possible à la lumière, au bonheur matériel, à la grandeur morale, à la liberté vraie, à la santé
de l'âme et du corps, à la résurrection et à la vie. Les
Papes, dans leurs bulles qu'on ne connaît pas assez, ont
plusieurs fois donné cette belle définition du gouvernement et de la politique : « C'est la science pratique qui
a pour objet la sécurité des corps et le salut des âmes [1]. »
Je ne pense pas qu'on trouve jamais mieux, et M. Guizot
n'a pas haussé son esprit jusque-là.

Vers la fin de sa vie, il attesta du moins qu'il avait cru
à la théorie de l'Expiation et qu'il savait l'appliquer aux
peuples comme aux individus. Il écrivait en 1872 son
livre sur le duc de Broglie, et cherchait à y établir que
le passé d'un peuple influe sur son état présent et à venir : « Les peuples subissent, comme les rois, cette résurrection de leurs fautes arriérées. » Et il ajoutait avec
une belle noblesse de désirs : « J'ai la confiance que, malgré ses égarements, la France ne méritera pas de succomber définitivement sous le poids de son passé [2]. »
C'est fort bien dit ; mais il aurait fallu développer cette
thèse. Tous les événements rigoureux de l'histoire présentent en effet ce triple caractère d'être à la fois une ex

[1] « *Ad securitatem corporum et salutem animarum.* » Ces mots se trouvent
notamment dans une bulle de Benoît XI.

[2] *Le Duc de Broglie*, pp. 178, 179.

piation, un châtiment et une préparation. M. Guizot n'a
pas considéré sous ce point de vue l'histoire de la Révolution française : c'est pourquoi il ne l'a pas jugée avec
assez de sévérité et n'a jamais pu lui retirer son amour.
C'est un révolutionnaire de 1791, peut-être même de 1790,
et, si vous le voulez, de 1789. Mais c'est un révolutionnaire.

XVI

Les catholiques, qui ont pour la Révolution une si légitime horreur, ne sont pas cependant des hommes d'ancien régime. Ils reconnaissent très volontiers, et avec
une liberté qui se sent très à l'aise, ils reconnaissent
tout ce qu'il y avait avant 1789 d'abus et de scandales
qui criaient vers le ciel. Et quels cris ! Les rois avaient,
pendant plus d'un siècle, scandalisé les petits et les bons
par l'effronté spectacle de leurs maîtresses et de leurs bâ-
tards plus ou moins légitimés. La noblesse s'était jetée
avec fureur dans les débauches de la Régence et dans les
blasphèmes de Voltaire. Même il était arrivé que le sel
de la terre s'était affadi, et le clergé n'était pas sans mériter la foudre : d'immenses abbayes, faites pour cinq
cents moines, étaient parfois habitées par cinq ou six religieux qui y menaient une vie abondante et sans austérité ; le luxe et le bien-être avaient fait déjà un insolent et
redoutable progrès ; Rome était mal écoutée ou ne l'était
plus ; les jansénistes prêchaient un gallicanisme qui tou-
chait à l'hérésie et qui allait aboutir à la Révolution. La
bourgeoisie des grandes villes, rapace et sceptique, suivait clopin-clopant les pas de la noblesse. Que pouvait

penser le peuple, même chrétien, de toutes ces vile-
nies et de cet abandon de tous les principes comme de
tous les devoirs? Évidemment les choses ne pouvaient
pas durer de la sorte, d'autant que l'Église catholique
ne connaît pas, elle, d'ancien ni de nouveau régime,
et que son régime est éternel. Il fallait un renouvellement.

Donc, qu'y avait-il à faire? Il y avait à rentrer dans le
devoir, dans l'ordre, et c'était le meilleur moyen de rentrer dans le droit. La royauté avait à dire très sincèrement : « J'ai péché contre mon peuple, auquel j'ai donné
le mauvais exemple, que j'ai trop chargé, et dont je n'ai
pas assez respecté les libertés chrétiennes. » La noblesse
avait à se frapper la poitrine : « J'ai scandalisé mes frères
par le libertinage de mes mœurs et le libertinage de mon
esprit, et, sans briser ma vieille constitution, qui est
utile à la nation, je vais, en expiation, renoncer à d'anciens privilèges dont elle se prétend accablée. » Et le
clergé eût ajouté : « Je me tournerai vers Rome, et je
rétablirai la pureté de mon antique discipline. » Et le
peuple aurait dû dire : « J'ai la rage et l'envie au cœur,
et ce n'est pas toujours sans sujet ; mais je ne veux désormais manquer à aucun de mes devoirs hiérarchiques,
ni surtout à aucun de mes devoirs chrétiens. Faisons un
pacte, un contrat ; faisons-le tous ensemble et signons-le
joyeusement. *Nova sint omnia !* » Et tous auraient mis
leurs résolutions sous la protection du Dieu très grand et
très bon, dont la pensée aurait dominé tout ce mouvement. Le contrat eût été signé ; il eût commencé par ces
mots : « Au nom de la Sainte Trinité, » et l'on eût peut-
être évité par là des torrents d'iniquité et des flots de
sang.

Les choses se sont passées d'une tout autre façon, et M. Guizot ne s'en est pas assez douloureusement étonné. Ses longs travaux sur l'histoire de l'Angleterre et de ses révolutions lui ont peut-être donné le change et ont troublé sa vue au lieu de l'aiguiser. Sans doute il donne aux Cahiers de 1789 une approbation qui est souvent légitime et méritée ; mais il n'a garde de s'en tenir là. La Déclaration des droits de l'homme le ravit. Il ne s'est pas même aperçu que l'homme y était mis en la place de Dieu, et que c'était le commencement d'un état de choses antichrétien et même contraire aux lois du monde naturel. Dès lors il s'est remis à admirer « la grande Révolution » et « la France de 1789 ». Sans doute les crimes et les sottises l'indignaient, et il prenait la liberté de formuler ses réserves ; mais l'ensemble lui paraissait voisin de l'idéal. Il n'a pas, à notre connaissance, compris le caractère de révolte satanique qui éclate dans les œuvres de cette époque. Il n'a pas vu comment Dieu, qui tire le bien du mal, avait fait servir ces années sanglantes à châtier les mauvais, à éprouver les bons et à préparer une nouvelle phase de notre histoire, où l'Église retrouvera sa vraie place. A un point de vue moins élevé, il ne s'est pas dit que la Révolution de 89 a été une solution de continuité dans notre tradition nationale, et que ces révoltés ont niaisement voulu changer tout en France, les institutions, les idées, les mœurs ; mais qu'une telle prétention est absurde, et qu'il n'est pas plus possible d'improviser une nation en un jour, sans tenir compte de son passé, que de créer à nouveau la chimie et la physique, sans tenir compte des travaux et des découvertes antérieures de l'humanité savante. Bref, toute sa pensée sur la Révolution peut se résumer en ces termes : « Elle est vraiment charmante, mais un peu trop vive, et il ne faut que la calmer un peu. » C'est ce qu'il a tenté de faire durant toute sa vie.

XVII

A ses yeux, le moyen de calmer la Révolution était bien simple : il consistait à donner le pouvoir à la bourgeoisie révolutionnaire. Ce n'était pas plus difficile que cela, et M. Guizot espéra fort naïvement, avant et même après 1848, que l'entreprise réussirait au gré de ses rêves. C'est là qu'il trahit véritablement la petitesse de ses vues et la médiocrité de sa pensée politique. Devant tant de fureurs populaires et tant de noble sang répandu ; devant ces innombrables multitudes d'hommes déshérités et misérables qui aspirent depuis 1789 à devenir riches et puissants ; devant cette soif universelle et inextinguible d'égalité sociale et de jouissances ; devant ce monde de convoitises, de haines et d'envies, M. Guizot a cru qu'il suffirait d'asseoir au pouvoir, tranquillement, bonassement, ses quelques bourgeois payant le cens. Il a été persuadé que cette digue de petits cailloux suffirait à contenir l'Océan. Ce fut la grande erreur de ce politique, et il est trop évident qu'avec une telle conception on manque absolument de génie.

M. Guizot disait : « Tant que le gouvernement représentatif restera debout, on peut, on doit espérer le retour vers une meilleure politique et le progrès de la liberté[1]. » Il condensait en ces quelques mots la pensée-mère de

---

[1] *Le Duc de Broglie*, p. 47.

tout son système, et croyait candidement que ce gouvernement se maintiendrait sans jamais faire appel à la répression. Il avait horreur de la force. « L'essence du gouvernement ne réside nullement dans la réaction, dans l'emploi de la force [1]. » Dans son dernier ouvrage, il condamne sans restriction, et avec autant de vigueur, « la contrainte en matière de conscience. » Il veut la séparation absolue des deux pouvoirs temporel et spirituel, et s'étonne que l'Église ait parfois eu besoin de l'appui des gouvernements. Au milieu de toutes les passions humaines déchatées, au milieu de tant de vices et d'avidités, il isole complètement ces deux choses : l'Église et le Pouvoir. Comment veut-il alors que l'Église, en sa faiblesse, ne soit pas étouffée et anéantie ? Sous des apparences généreuses, c'est une misérable utopie que ce mépris de la force, et il n'y a rien de si grand que la force au service de la Vérité et du Bien. M. Guizot a été au pouvoir, et il a été contraint de faire appel à la force, qu'il détestait en théorie et utilisait en pratique. De même que l'âme a besoin du corps, le Pouvoir a besoin de la force, et il est uniquement nécessaire qu'elle s'exerce toujours conformément aux lois de la miséricorde et de la justice. On pourrait appliquer ces idées à l'Inquisition, que M. Guizot a si violemment attaquée. La légitimité de ce tribunal est incontestable [2], mais sa pénalité aurait dû être toujours miséricordieuse et juste, et ses juges, hélas ! ont été trop souvent iniques, abominables et sanglants. C'est pourquoi nous ne pouvons

[1] *Civilisation en Europe*, l. c. p. 142.
[2] « Les plus hardis esprits du seizième siècle, dit M. Guizot, n'allaient pas jusqu'à dire que l'erreur sincère ne pouvait être un crime. » (*Les Vies de quatre grands chrétiens*, p. 340.)

jamais parler de l'Inquisition sans nous indigner contre
tant d'excès et sans en dégager l'Église.

On peut dire de M. Guizot qu'il n'a pas entrevu la
question sociale, et c'est ici encore que se révèle l'infirmité de son coup d'œil. Derrière les bandes ouvrières qui
s'agitaient déjà au fond de ces usines dont il favorisait le
développement, il n'a pas vu le Démon qui soufflait la haine.
Il ne s'est pas aperçu que les temps étaient proches où ces
millions d'hommes sans foi en Dieu et sans espérance en
l'éternité allaient demander leur part des jouissances de
la terre, et que ces demandes seraient énormes, et qu'ils
ne se contenteraient plus des fictions de la politique, et
que la monarchie même ou la république leur devien-
drait indifférente au prix de ces biens qu'ils convoitaient.
Nous autres catholiques, nous essayons de lutter contre
ce courant en prêchant Dieu, Jésus-Christ, l'Église, la
charité et l'éternelle égalité dans la béatitude du paradis.
Ici encore, M. Guizot nous proposait son petit parlemen-
tarisme à bascule, ses petits collèges électoraux, ses petites habiletés, son petit système censitaire. Et il croyait
très sincèrement que ces hommes barbus et noirs, ces
mineurs ou ces forgerons, allaient bravement se contenter
de ces misérables à-comptes et se reposer dans ce petit
bonheur épicier, comme dans la grande et délicieuse
oasis où l'humanité doit enfin trouver l'idéal de la félicité.
M. Guizot aurait vu plus loin, s'il eût été catholique ; mais
il avait un peu l'entêtement du sectaire. Je ne vois pas
que les événements lui aient ouvert les yeux, et que la
Commune de 1871, avec ses flots de pétrole et de sang,
ait arraché à ce bourgeois de grand talent et de courte
vue les illusions dont il s'est toujours bercé.

XVIII

Petit dans la politique, il reste grand dans la parole. Le ministre manque de clairvoyance ; mais l'historien est pénétrant et profond. L'homme d'État est bourgeois : mais l'éloquence et le style sont d'une magnifique sévérité et d'une haute perfection. Ceux de ses adversaires et de ses amis qui ont eu l'heureuse fortune de l'entendre, assurent que jamais orateur ne fut si accompli. Du haut de sa dignité, qui ressemblait un peu à de l'orgueil et où il essayait peut-être un peu trop de copier le flegme anglais, il dominait assez dédaigneusement cette enceinte parlementaire où grouillaient des courtisans qu'il devait mépriser, et des ennemis qui furent rarement de sa taille. Sa stature, qui était moyenne, paraissait alors immense ; son visage froid s'éclairait ; ses yeux, beaux et fermes, lançaient des éclairs ; quant au corps, sa roideur se transformait alors en je ne sais quelle majesté, et il avait, à quatre-vingt-cinq ans, conservé cette façon noble de marcher qui ne ressemblait à aucune autre. Il n'avait pas la clarté souvent charmante, mais toujours prolixe et un peu bavarde de M. Thiers. Il avait une lucidité concise et fière. Je pense qu'il ne s'est pas défendu de mépriser les hommes, et il en avait, en effet, rencontré de fort méprisables : c'est un accident commun et qui arrive à tous les hommes d'État ; mais ils doivent planer au-dessus. Son geste s'accordait bien avec cette clarté un peu méprisante et roide. Il n'y avait rien de banal en lui. L'orateur, du reste, rappelait le professeur, et avait les mêmes qualités. Jamais de figures hardies, ni d'images fortes. Les mouvements impétueux étaient rares. On ne le vit jamais

chercher dé ces traits violents à la Michelet, et il avait
le tempérament le plus opposé à celui des romantiques :
Hugo devait l'exaspérer. Il n'a jamais été poète, et,
malgré ses travaux sur Corneille et Shakespeare, j'ose
ajouter qu'il n'a pas très profondément aimé la poésie.
Il ne sait guère ce que c'est que la couleur en matière
de style. Le rhythme lui manque, comme aussi le sourire.

Mais, puisqu'il en faut venir à ce style lui-même, ce
qui le distingue, c'est la justesse du mot, c'est l'exactitude
de l'épithète, c'est la sobriété unie à la puissance. Cette
parole n'est pas chaude, mais d'une bonne tiédeur raisonnable, qui finit par vous réchauffer et par faire circuler, avec modération et mesure, tout le sang de votre
intelligence. On pourrait croire qu'avec cette égalité
merveilleuse et ces tableaux un peu ternes il arrive à vous
ennuyer. Nullement. On se sent peu à peu pénétré sans
fatigue, et l'on est tenu en éveil par quelque page splendide, qui apparaît soudain et vous donne la patience d'en
lire cinquante autres. C'est dans l'érudition, d'ailleurs,
qu'il s'est montré le plus admirable. Sauf quelques longueurs, il y est vif, pressant, concluant; et je ne sache
pas de plus merveilleux modèle d'une dissertation historique que le quatrième de ses *Essais* sur l'histoire de
France. Sans doute, la *Civilisation en Europe* demeure
son chef-d'œuvre; mais, à vrai dire, il n'est pas un seul de
ses livres où l'on ne puisse aisément cueillir des beautés
de premier ordre. J'ai là cent extraits de ses œuvres qui
pourraient composer une longue et remarquable Anthologie. Espérons qu'un véritable chrétien réunira quelque
jour les plus belles pages de ce grand historien et de ce
grand philosophe. Les *Lectures pour tous* de Lamartine
seraient ici le type qu'il faudrait imiter. Je n'ose pas

pousser plus loin la comparaison : car je me rappellerais involontairement que Lamartine est mort dans le baiser de l'Église...

On dit que, durant les derniers jours de sa vie, l'ancien ministre est demeuré plongé dans un profond sommeil. Je ne sais pourquoi j'espère en ce sommeil. Je ne veux pas dire que Dieu lui ait alors envoyé un de ses anges; mais enfin je crois à la communion des saints, et je me persuade que tous ceux auxquels M. Guizot a fait du bien auront là-haut prié pour la conversion de cette âme. Nous ne savons pas ce qui se passe au chevet des mourants : ces yeux demi-éteints ont peut-être vu le jour de l'Église, et ces lèvres pâles ont peut-être murmuré le *Credo*.

GUILLAUME DE SCHLEGEL

GUILLAUME DE SCHLEGEL

I

Pour bien juger l'homme immense dont nous allons esquisser le portrait, il convient tout d'abord de se faire une idée exacte de la littérature et de l'art à la fin du dix-huitième siècle. Guillaume de Schlegel étant un de ceux qui ont, à cette époque, jeté le plus courageusement ce grand cri : *Nova sint omnia,* il nous importe de savoir combien il était devenu nécessaire de tout renouveler dans la critique, dans l'histoire littéraire et dans la poésie. Si l'on veut en effet rendre pleinement justice à ceux qui nous ont alors conduits sur les hauteurs, il faut constater la profondeur de l'abîme où nous étions tombés. Personne d'ailleurs n'a peut-être été plus insolemment pillé que Schlegel, et les romantiques français ont jugé bon de s'approprier les idées du grand critique allemand. C'est un devoir de rendre à cet homme illustre la gloire qui lui appartient si légitimement. Il a porté dans son cerveau toute la littérature du dix-neuvième siècle.

Il était temps que notre décadence littéraire fût brusquement arrêtée. Il n'y avait plus parmi nous de poésie digne de ce nom : car il nous est absolument impossible d'appeler ainsi les platitudes, les longueurs et les banalités de Delille. Ce traducteur élégant régnait, et personne ne songeait à lui disputer cette première place trop aisément conquise. Un poëte, un vrai poëte était né, mais il allait mourir dans la première fleur de son génie : encore était-ce un païen, un Grec de l'Attique égaré parmi nous, et l'on sait qu'André Chénier n'a pas fait, qu'il ne pouvait faire école. Au théâtre, c'était le néant. De la poudre et des mouches ; un dialogue vif et creux ; de petites intrigues de salon ou d'antichambre ; des Lisettes et des Frontins qui s'agaçaient d'une façon conventionnelle et bêtisaient suivant la formule ; des marquis et des comtesses qui se donnaient une peine énorme pour paraître amoureux, sans pouvoir se convaincre eux-mêmes ni convaincre personne ; une odeur de musc vraiment désespérante et qui se mêlait à d'autres odeurs sans pouvoir les dissiper : voilà la comédie. Quant à la tragédie, il n'en faut point parler. Il paraissait encore tous les ans quelques dizaines de ces rhapsodies : on y délayait une goutte de Racine en des océans d'eau tiède. L'ennui cependant grandissait et allait faire justice de ces médiocrités de vingtième ordre. Un révolutionnaire passionné et perfide essayait en vain de rajeunir ce vieux théâtre : il allait faire une révolution avec son *Mariage de Figaro,* mais une révolution dans la politique et non pas dans l'art.

La prose résistait mieux à la décomposition. Claire, précise, coulante et fine dans Voltaire, chaude et puissante dans Rousseau, solennelle et correcte dans Buffon, froide et exacte dans Montesquieu, colorée et large dans Bernardin de Saint-Pierre, elle était demeurée tout à fait charmante dans les lettres intimes, et surtout dans celles des femmes. Charmante, mais non pas à la manière de Mme de Sévigné. Il y avait partout moins d'ampleur et d'élévation. Partout, même chez les maîtres, on constatait je ne sais quel relâchement, quelle mollesse. La phrase avait perdu de sa vigueur : elle pouvait marcher plus vite, mais non pas aussi solidement. On voyait bien que tout allait sombrer. La plus incontestable pauvreté était celle de la critique, de la notion de l'art. On en était resté aux étroitesses de Boileau, qu'on avait encore rétrécies. Rousseau avait réagi contre cette école qui ne savait pas aimer la nature ; mais sa réaction avait été au-delà de toutes les limites de la raison. Boileau n'avait jamais été aussi roi qu'en 1780. On le citait partout, et la France avait imposé sa doctrine sèche à tous les autres peuples. L'Allemagne elle-même subissait les lois du « Parnasse françois; » elle avait enfin oublié ce Moyen-Age auquel elle était si longtemps demeurée fidèle ; elle était devenue sottement classique et se délectait en des tragédies à la française. Chez toutes les nations, germaines ou latines, la décadence était généralement la même. On ne détestait pas la poésie primitive et populaire, mais c'est parce qu'on n'en soupçonnait même pas l'existence. D'ailleurs, on s'écriait partout que l'Antiquité seule est faite pour nous servir de type immortel, et qu'il n'y a eu dans toute l'histoire de l'humanité que deux ou trois périodes véritablement littéraires. Tout était mesquin et chétif. Je me figure volontiers le dix-huitième siècle sous les traits d'un berger enrubanné, lisant les tragédies de Crébillon ou les vers de M. de Bernis. Il devenait urgent d'imposer silence à ce faux berger et de rétablir dans le monde la véritable notion de l'Art.

C'est ce que fit Guillaume de Schlegel, aidé de son frère Frédéric et de quelques vaillants.

II

Auguste-Guillaume était né à Hanovre, en 1767. Son père, qu'il perdit en 1793, ne dut pas sans doute lui communiquer l'amour des réformes littéraires : cet honnête homme, en effet, s'était fait connaître par une traduction de Le Batteux. On voit encore ici triompher cette influence française à laquelle les formidables guerres de la Révolution et de l'Empire allaient porter le dernier coup. Mais sans ces guerres, où l'amour de la patrie devait nécessairement donner naissance à une poésie intime et populaire, sans ces guerres même, une nouvelle école devait naître. On était fatigué de ces imitateurs germaniques de Racine, et l'on peut difficilement, en effet, se figurer l'ennui que doit exhaler une tragédie allemande. Puis, il était resté, au fond de la nation, une couche profonde qui n'avait pas été atteinte par le « classicisme » français. Le peuple avait gardé ses chants populaires, ses *Lieder*. Il n'avait pas perdu le souvenir de son Wolfram d'Eschenbach et de ses *Minnesinger*. Bref, il n'y avait pas eu là, comme en France, cette grande solution de continuité entre le passé et le présent, qu'on a désignée sous le nom menteur de Renaissance. Donc, les réformateurs littéraires avaient beau jeu là-bas. Ils avaient, même avant d'ouvrir les lèvres, un vaste parti, déjà persuadé de tout ce qu'ils allaient dire et très dévoué à tout ce qu'ils allaient faire.

Ce qu'on admire le plus en lisant les différentes biographies de Guillaume de Schlegel, c'est cette activité d'un esprit presque universel, et qui se laisse en même

temps attirer par vingt aimants. Il étudie à fond l'antiquité et se fait d'abord connaître par de beaux travaux
sur Homère et sur Virgile. Il pousse les esprits de son
temps vers la science, vers l'amour de la poésie orien-
tale : il publie le texte sanscrit du *Bhagavad-Gîtâ* et en-
treprend une traduction latine de l'*Hipotadesa* et du
Râmâyana. Il révèle à ses compatriotes les beautés trop
longtemps méconnues de ces deux grands poètes sincères,
Calderon et Shakespeare. Il se plaît tout particulièrement
dans les littératures des nations néo-latines : avec la
souplesse et le coloris de sa belle langue poétique, il en
traduit cent textes différents dans son *Anthologie italo-
hispano-portugaise*, et apprend à ses contemporains qu'au
sud de notre Loire, il a jadis existé une grande littérature
et une langue splendide. Son *Essai sur la Langue et la
Littérature provençales* ne le détourne pas de l'étude de
ses antiquités nationales, et les *Nibelungen* ne l'occupent pas moins que nos Troubadours. Ce savant, d'ailleurs, a l'esprit trop bien fait et l'âme trop haute pour
dédaigner la poésie. Entre deux livres d'érudition, il
publie un recueil de vers. Et personne ne se scandalise,
et personne ne l'en trouve amoindri. Cependant, ce n'est
pas à tant d'œuvres accumulées qu'il doit sa popularité
la plus profonde. Il a compris que de son temps il existait
deux forces fécondes qu'il importait tout d'abord de
mettre au service de la Vérité : la chaire et la presse.
Donc il fonde l'*Athenæum* avec son frère, et, pendant que
l'Europe tout entière est en feu, il y établit placidement
les règles de la Critique nouvelle. Depuis longtemps il est
monté en chaire, et a formé d'illustres élèves. C'est là
que son influence fut peut-être la plus vivante, et nulle
part il n'a mieux exposé l'ensemble de son système que

dans ce *Cours de littérature dramatique* dont nous aurons lieu de résumer tout à l'heure les plus importantes leçons. La vie de son frère Frédéric n'est pas moins occupée ni moins ardente. Frédéric, lui aussi, est un érudit, un orientaliste, un helléniste, un professeur, un journaliste, un théologien, un philosophe, un poète. Il écrit son *Essai sur la Langue et la Littérature des Indiens*, où il fonde une science nouvelle, et en même temps il excite, il relève par des chants populaires sa patrie envahie et vaincue. Ces existences sont véritablement admirables, et l'on voudrait ressembler à ces hommes universels. Voilà qui s'appelle vivre.

III

Les deux Schlegel ont créé le romantisme allemand. C'est leur œuvre commune ; mais surtout celle d'Auguste-Guillaume.

Et il faut ajouter que, malgré certains caractères distincts, le romantisme français est sorti du romantisme allemand. Ceci a produit cela.

Mais ici ne nous payons pas de mots, et demandons-nous quels ont été les éléments du romantisme de Schlegel : « Une nouvelle école, dit-il, vient de naître en Allemagne, qui essaie de concilier l'amour des modernes avec celui des anciens. C'est l'école romantique, *dont le nom vient de la langue romance.* » Laissons cette étymologie pour ce qu'elle vaut, et allons au fond des choses. Le premier caractère de la nouvelle école, c'est de regarder la poésie, non plus comme une amusette à l'usage de quelques délicats et de quelques oisifs, mais comme une manifestation nécessaire et adéquate de la vie d'un peuple ou de la vie d'une âme. On s'est beaucoup moqué de ceux qui ont répété : « Le poète a charge d'âmes ; il est fait pour convertir, élever, sauver les autres hommes. » Il m'est absolument impossible de découvrir ce qu'une telle doctrine peut renfermer de ridicule. Que quelques olympiens de notre temps aient ajouté à l'expression de cette vérité incontestable le scandale de leur prodigieuse et insupportable vanité : j'y consens. Mais la doctrine reste vraie, et elle est légitimement applicable à tous ceux qui parlent comme à tous ceux qui chantent. Ce n'est pas seulement la loi de la poésie : c'est la loi de la parole. Tous, nous sommes ou devons être des convertisseurs ; tous, nous devons élever et sauver des âmes ; tous, nous avons cette responsabilité sublime, et le poète est celui qui remplit ce devoir d'une façon plus auguste, en mettant au service du Vrai et du Bien la noblesse des idées, le charme des couleurs et la beauté des sons. Si Boileau n'a pas dit ces choses, tans pis pour Boileau !

Dans la première leçon de son *Cours de littérature dramatique* (leçon immortelle et qui a presque changé le monde), Schlegel ne craint pas de séparer très nettement l'Art et les arts. Ce mot avait subi des dégradations abominables, comme l'a si bien montré Ernest Hello ; et Bossuet, si grand par tant de côtés, avait été quelque part jusqu'à placer « l'art du sellier » à côté de l'art du peintre. « Chaque branche de l'art a sa théorie particulière, dit Auguste-Guillaume ; mais il y a une théorie philosophique, une théorie générale de l'Art, qui est commune à tous les arts. » Et il ajoute : « L'esthétique n'est qu'un chapitre de la métaphysique. » Et ailleurs : « La poésie doit refléter les idées éternellement vraies. »

En ce moment, l'illustre critique nous emporte avec lui sur des sommets ignorés de tout notre dix-septième siècle : « Trois sciences, dit-il, s'occupent de l'Art. La Métaphysique étudie le Beau dans son principe ; l'Histoire littéraire raconte les efforts que l'homme a faits jusqu'à ce jour pour atteindre le Beau ; la Critique enfin est l'art de juger les œuvres du génie humain. » Tels sont les principes posés dans le livre de Schlegel : ils sont presque populaires aujourd'hui. Ils ont permis à ses élèves d'aller plus loin que l'auteur même du *Cours sur la littérature dramatique*. On n'hésite plus à reconnaître l'égalité de toutes les formes de l'Art, de la Peinture, de la Poésie et de la Musique. On n'hésite plus surtout à voir uniquement dans l'Art l'expression sensible du Beau. Quelle joie d'entendre ces magnifiques doctrines ! Et comme on respire !

Schlegel ne s'arrête pas en si bon chemin. Il trouve devant lui ce préjugé de trois siècles, cette sotte erreur que nous flétrissions tout à l'heure : « Il n'y a eu, dans toute l'histoire littéraire, que deux ou trois petites périodes où l'humanité se soit vraiment élevée à la notion du Beau. » Je ne puis, moi aussi, je ne puis citer une telle ineptie, que je combats depuis plus de trente ans, sans que je sente tout aussitôt l'indignation me courir dans les veines. Il faut voir avec quelle noble et tranquille fermeté Auguste-Guillaume réfute cette formule usée de la Renaissance, qui n'a plus cours aujourd'hui en Allemagne, mais dont la France ne se défera peut-être pas avant un siècle : « Non, non, s'écrie-t-il, il n'y a pas eu seulement ces deux ou trois oasis dont on parle ; mais la Poésie, mais le Beau ont été sans cesse répandus sur l'humanité tout entière. Les peuples primitifs eux-mêmes ont pos-

sédé une poésie et un art qui méritent une étude atten-
tive. » Il établit ailleurs que, pour être un vrai critique,
il faut avant tout posséder cette belle faculté mentale
qu'il appelle « l'universalité de l'esprit. » Et, à ce sujet,
ce placide génie n'est pas loin d'entrer en un légitime
courroux : « En vérité, dit-il, rien n'est plus injuste que
de ramener les œuvres intellectuelles de tous les temps à
celui où nous vivons. Il faut savoir tenir compte à tous
les peuples de l'époque où ils ont vécu, de leurs mœurs,
de leurs usages. » Notez que Schlegel ne tombe pas ici,
par anticipation, dans l'erreur haïssable de Taine, lequel fait tout dépendre, en histoire et en art, du climat, du temps, de la race et du tempérament. L'auteur
du *Cours de littérature dramatique* admet une Vérité, une
Morale, une Esthétique absolues ; mais, moins étroit que
notre dix-septième siècle, il constate, il salue le Beau
dans les *Nibelungen* comme dans Homère, et dans une
église gothique autant que dans le Parthénon. Ce n'est
pas lui, ce n'est pas cette vaste intelligence qui se serait
indignée de nous voir comparer la *Chanson de Roland* à
l'*Iliade*, et il était fait pour comprendre tous les aspects
de la Beauté.

Un caractère très distinct de l'école romantique c'est
de faire une large part à notre Moyen-Age. Schlegel ré-
pare ici les dédains de Boileau et de Fénelon. Il ne
hausse pas les épaules toutes les fois qu'il passe devant un
monument du douzième ou du quinzième siècle. Il ne
s'écrie pas : « O barbarie ! » quand il entre sous le portail
ombreux de nos cathédrales. Mais il se munit tout d'a-
bord de cette arme nécessaire, le bon sens, et se dit
qu'une architecture doit répondre toujours à la nature et
aux besoins d'un peuple. Voilà qui le tranquillise, et il se

sent déjà tout porté à ne pas mépriser les gothiques. Mais
son admiration éclate quand il contemple la magnifique
élévation de ces voûtes, la parfaite convenance de ce plan,
la clarté tempérée de ces vitraux. Un tel édifice n'est pas
seulement dans un rapport exact avec le climat d'un
peuple, mais avec toutes ses idées et avec toute sa foi. Et
il en est de même des meilleures parties de la littérature
du Moyen-Age, où nous devons chercher, où nous devons
aussi trouver le Beau. Serait-il possible, en effet, que
Dieu eût sevré de l'Art les nations qui ont été baignées
dans le sang libérateur de son Fils et qui ont cru joyeusement à cette délivrance ? Parce que le Moyen-Age n'est
point païen, s'ensuit-il qu'il ait été barbare ? La Renaissance l'a prétendu : la Renaissance s'est trompée.

Schlegel est le grand adversaire de la Renaissance. Ce
n'est pas, il est vrai, un de ces adversaires étroits et
myopes qui ne voient dans les littératures antiques que la
corruption, le mal et la nuit. Personne n'a peut-être
mieux parlé de cet art grec, auquel un grand chrétien de
notre temps, M. Rio, a si noblement rendu justice. Je ne
connais peut-être rien de plus beau que ce jugement
du critique allemand : « La religion grecque est l'apo-
théose de la vie terrestre, et l'art grec a le caractère
d'une sensualité épurée et ennoblie. » On ne saurait
mieux dire, et l'on se croit soudain transporté au temps
de Périclès, sur quelque belle place d'Athènes... Le soleil
ruisselle sur les marbres qu'il dore. Les frontons de cent
temples divers se profilent doucement dans un admirable
azur. La beauté sévère de l'ordre dorique fait ressortir la
beauté élégante de l'ionique. Une polychromie très simple,
et non sans vigueur, donne à certaines parties de ces
monuments incomparables la teinte qui doit le mieux

s'harmoniser avec tant de soleil. Au-dessus des portiques éclatent de nobles sculptures où la vie matérielle est presque divinisée : on y voit se développer des *théories* de jeunes filles et de jeunes hommes aux corps splendides ; de beaux chevaux sont domptés par des cavaliers aux muscles puissants ; c'est le triomphe du corps. Partout, d'ailleurs, ce ne sont que statues, dont la nudité est le plus souvent austère ou dont les draperies sont harmonieuses. Peuple de marbre, aux pieds duquel circule un peuple de chair qui n'est pas moins beau. On voit que c'est là une race habituée à vivre en plein air, et dont la vie politique elle-même n'est jamais enfermée entre quatre murs. Ils sont beaux parleurs, fins, charmants, aimables... C'est bien, et l'on peut, après avoir lu Schlegel, se livrer à ces imaginations et ressusciter ainsi le peuple d'Athènes. Mais en doit-on conclure qu'il nous faut, nous, gens du Nord, calquer servilement notre poésie et notre art sur la poésie et sur l'art de ces gens du Midi? Et nous, chrétiens, qui possédons la plénitude de la Vérité, devrons-nous juger du plus ou moins de perfection de nos œuvres littéraires par leur plus ou moins de ressemblance avec les œuvres de ces peuples païens, qui n'ont connu ni la beauté du vrai Dieu, ni la grandeur de l'âme humaine ? Ce serait un double non-sens, et Schlegel le fait bien voir. Donc, étudions les anciens : ne les copions pas. Aimons la nature avant tout, mais principalement la nature surnaturalisée par le Christ et par l'Église. Si les anciens sont arrivés à l'idéale beauté de la forme, il nous appartient de conquérir l'idéale beauté de la pensée. Les statues païennes ne vivaient guère que d'une vie magnifiquement corporelle : donnons-leur une âme, et que cette âme transluise sur leurs visages embellis. Dans notre poésie, dans notre éloquence, dans notre musique, faisons pénétrer cette certaine douleur, cet amour et ces soupirs que les païens n'ont pas connus. « Le tourment de l'Infini dévore les modernes ; ils ont un idéal impossible à réaliser, et ils n'y arriveront jamais ici-bas. De là l'imperfection de leur art et cette sorte de mélancolie qui distingue leurs œuvres de celles des anciens. » Ces admirables paroles sont de notre Schlegel, et on n'en a peut-être pas prononcé de plus profondes. Elles résument toute sa doctrine et valent mieux, à elles seules, que tant de volumes jadis consacrés à la fameuse querelle des anciens et des modernes.

IV

Cette doctrine, comme nous l'avons dit, fut rapidement populaire en Allemagne ; mais il n'en devait pas être de même en notre pauvre France, qui est à la fois le pays de la Révolution et celui de la Routine. C'est ici que Mᵐᵉ de Staël fut le trait-d'union entre l'Allemagne et la France. Il ne faut pas oublier que Guillaume de Schlegel a vécu de longues années auprès d'elle et qu'il l'a suivie à Coppet, en Italie, en France, à Vienne, à Stockholm. Le *Cours de littérature dramatique* fut traduit en français par Mᵐᵉ Necker de Saussure, et cette traduction parut en 1804. La date est caractéristique, et elle signale l'invasion lumineuse du romantisme en France. Cependant, deux années auparavant, un jeune homme avait déjà, dans un livre à jamais célèbre, exprimé les mêmes idées avec moins de science et d'élévation, mais avec plus de charme et de poésie. Le jeune homme s'appelait Châteaubriand, et le livre avait pour titre : *Le Génie du Christianisme*. Quelle a été exactement l'influence de Schlegel sur Châteaubriand ? C'est ce qu'il serait assez difficile de préciser. Mais, après l'apparition de ces deux grands esprits, il nous est du moins permis d'affirmer qu'une ère nouvelle a commencé pour la Poésie et pour l'Art. Nous nous tournerons donc vers le dix-neuvième siècle, et lui dirons avec le poète : « Printemps, tu peux venir ! »

TAINE

TAINE

De grandes clameurs ont été tout récemment enten-
dues dans le camp des ennemis de la Vérité, manifestation bruyante d'un enthousiasme qu'on ne cherchait pas
à comprimer. Et dans cet ouragan de bravos, on entendait distinctement retentir ces cris : « Elle est trouvée,
elle est enfin trou' 'e. » Qui le croirait? ces mots s'ap-
pliquaient à la philosophie de l'histoire dont M. Taine
serait l'heureux et définitif inventeur. Oui, M. Taine aurait dit le premier et en même temps le dernier mot de
cette science difficile : tel est du moins l'avis d'écrivains
élégants, qui ne connaissent saint Augustin et Bossuet que
de réputation, qui méprisent la *Cité de Dieu* et le *Discours sur l'histoire universelle,* mais qui ont prononcé un
triomphant Εὔρηκα à la lecture de l'*Histoire de la littérature anglaise,* et qui ont salué dans l'*Introduction* de ce
livre un peu long une sorte de Bible nouvelle, dépourvue
de mystères et pleine de clartés.

Eh bien ! après avoir lu et relu cette *Introduction*
si vantée, nous déclarons nettement qu'il nous est impossible de partager l'enthousiasme de nos adversaires.
Rien ne nous a paru nouveau dans cette philosophie scan-
daleuse : nous y avons trouvé tous les vieux arguments de

l'école sensualiste du dernier siècle, singulièrement mêlés avec les vieilles théories de notre critique moderne.
Du Condillac, du Michelet et du Renan, à doses inégales,
avec quelques globules de Sainte-Beuve ! De telle sorte
que les cinquante ou soixante pages de ce fameux Traité
peuvent se résumer en ces vieilles, très vieilles, trop
vieilles propositions : « Il n'y a pas de Dieu personnel. —
Toutes les idées de l'homme viennent de ses sens. — La
race, le climat, le tempérament, le moment, telles sont
les causes primordiales de tous les événements historiques. »

Toutefois, puisqu'un tel livre n'a pas été puni par l'o-
pinion publique ; puisqu'il a fallu de nobles et d'obsti-
nées résistances pour empêcher que cette œuvre du plus
matérialiste de nos athées fût honorée d'une couronne
nationale ; puisque le scandale d'une telle doctrine a été
plus que doublé par le scandale d'un tel succès, il ne
sera peut-être pas inutile d'étudier l'objet de tant de
tumultes. C'est ce que nous allons essayer de faire.
Notre plan sera des plus simples : nous exposerons d'a-
bord avec impartialité les doctrines de M. Taine ; puis,
nous entreprendrons de les réfuter ; et enfin, dans une
troisième et dernière partie de ce travail, nous oppose-
rons les doctrines catholiques à celles de nos ennemis.
Puissions-nous inspirer quelque amour pour cette philosophie de l'histoire, science noble entre toutes, fille de
l'Église, et qui n'a jamais su vivre de sa vraie vie que
dans la maison de sa mère !

I

L'historien de la littérature anglaise ne professe pas brutalement un athéisme dogmatique, et, en général, il a trop de dédain pour s'abaisser à réfuter directement aucune des croyances catholiques. Il est complètement en dehors. Ce n'est pas un ennemi qui plante militairement sa tente contre la tente de l'Église ; non, c'est un voyageur qui braque élégamment sa lunette sur l'œuvre de Jésus-Christ avec autant d'intérêt et de curiosité que sur l'œuvre de Bouddha ou sur celle de Mahomet. La croyance à un Dieu personnel, cette croyance pour laquelle nous mourrions, ne lui paraît pas digne d'un haussement d'épaules. Le mot *Dieu* n'est pas écrit une fois dans son *Introduction :* il n'a pas eu besoin du mot, parce qu'il n'a pas l'idée. Il contemple en souriant les chrétiens comme on contemple certains animaux étranges derrière les barreaux d'une ménagerie, et c'est à lui qu'il faut appliquer les brûlantes paroles de Donoso Cortès : « Si par hasard quelqu'un regarde le catholicisme et se détourne en souriant, les hommes, plus étonnés encore de cette indifférence que de cette grandeur prodigieuse de l'Église, élèvent la voix et s'écrient : Laissons passer cet insensé ! »

Quoi qu'il en soit (et nous voulons ici commander à notre légitime indignation), l'histoire, telle que la comprend M. Taine, est une histoire sans Dieu. L'humanité, sorte de végétation immense, n'a pas d'autre soleil que ce triste soleil matériel dont les animaux et les plantes savent se contenter. Tout le mouvement historique est un mouvement qui n'a pas de Dieu pour moteur, qui n'a pas de Dieu pour témoin, qui n'a pas de Dieu pour sanction. Les révolutions des empires, les grandeurs et les décadences des peuples, les guerres et les fléaux sont des phénomènes *purement et absolument humains*, provenant de causes uniquement humaines et produisant des résultats uniquement humains. Les générations se poussent l'une l'autre ; les peuples se détruisent et se mangent ; les grands dévorent les petits : ce sont les accidents de la végétation humaine, qui ne sont pas autrement étonnants que les accidents de l'autre végétation. Pas de Dieu qui montre de temps en temps à une indigne humanité la majesté terrible de sa face. Notre globe tourne sur lui-même et est emporté autour du soleil : et sur ce globe grouillent les nations, les familles et les hommes abandonnés à eux-mêmes, fractions d'un Dieu impersonnel et inconscient, fragments d'un Dieu sans Dieu.

Et maintenant, puisque M. Taine concentre sur l'homme tout l'effort de son regard, puisqu'il ne croit qu'à l'homme, demandons-nous ce qu'il pense de cet homme qu'il jette sur la terre sans Dieu pour le conduire et sans Dieu pour l'aimer. Ah ! sans doute, parce qu'il a rabaissé Dieu au point de le supprimer, il va singulièrement élever l'humanité qu'il divinise. Il va donner à l'homme toutes les énergies qu'il retire à Dieu. Et en effet, rien de plus magnifique en apparence que le langage de M. Taine. Il prodigue les mots « âme » et « psychologie » : on croirait lire un livre de Cousin. Mais défiez-vous de ces magnificences de la parole. Voici que notre athée prend un homme en particulier, et l'examine d'une façon abstraite : il le place au milieu de la nature toute riche, toute belle, toute inondée de lumière, il nous montre ce grand spectacle, il va nous faire assister à la formation de nos idées. Mais, hélas ! ces idées, aux yeux de notre philosophe, ne peuvent descendre d'un ciel qui n'existe pas, de la région des principes éternels que les athées ne reconnaissent pas. Ces idées ne peuvent naître que des sens et, en effet, les vieux systèmes sensualistes sont reproduits ici sous un nom quelque peu nouveau. C'est ici que M. Taine expose sa théorie de la *représentation*.

L'homme jette les yeux autour de lui, saisit des images et se les représente longtemps encore, une fois l'objet disparu de son regard. « Qu'y a-t-il au point de départ dans l'homme ? Des images ou représentations des objets, c'est-à-dire ce qui flotte intérieurement devant lui, subsiste quelque temps, s'efface et revient, lorsqu'il a contemplé tel arbre, tel animal. Bref, une chose sensible. Ceci est la matière de tout le reste. Ces représentations aboutissent à une conception générale, ou à une résolution active. Voilà tout l'homme en raccourci [1]. » Essayons de traduire un peu clairement ce pathos. Il signifie que l'homme découvrant, par exemple, un animal robuste, arrive par cette seule vue à la « conception générale » de la force et de la puissance, et peut arriver, toujours par cette seule vue, à la « résolution active » de devenir lui-même fort et puissant. D'où il suit que tout dogme et toute morale découlent de la vue physique, du toucher matériel, de l'ouïe, du goût et de l'odorat corporels, en un mot de nos sens, et uniquement de nos sens. Avions-nous tort de proclamer tout à l'heure que ces prétendues nouveautés sont fort vieilles ?

Ainsi, voilà sur les deux termes de l'histoire, Dieu et

[1] *Introduction*, p. xviii.

l'homme, voilà, disons-nous, la pensée de notre auteur :
« Pas de Dieu ; — un homme qui doit tout à ses sens ! »
M. Taine nous ayant de la sorte édifiés sur les origines
historiques, va nous faire assister aux vicissitudes de
l'histoire. Cette humanité qui, suivant lui, a le privilège
étonnant de s'élever, en partant seulement de ses sens,
jusqu'à des conceptions générales et à des résolutions
actives, cette humanité n'est pas partout la même. Elle
ne doit pas uniformément arriver en tous lieux, en tout
temps, aux mêmes conceptions, aux mêmes résolutions.
L'homme, tel que se le représente l'historien de la littérature anglaise, n'est pas un être noble et libre qui foule
d'un pied superbe une terre esclave, qui respire à pleins
poumons un air dont il est le maître, comme il est le do-
minateur intelligent de tout l'univers matériel. Non,
l'homme est le triste esclave de toutes les circonstances,
de tous les phénomènes qui l'entourent : il dépend presque
absolument du climat auquel il est soumis, de la race
dont il est descendu, du moment où il vit, et du tempérament qu'il a reçu de la nature. Quatre esclavages, grand
Dieu ! Et ne croyez pas que nous exagérions : « LES TROIS
FORCES PRIMORDIALES, dit M. Taine, SONT LA RACE, LE MI-
LIEU, LE MOMENT [1]. » Et plus loin il complète cette nomenclature en parlant « des nationalités, des climats ET
DES TEMPÉRAMENTS. » Qui ne tient pas compte avant tout
de ces énergies originelles ne comprendra rien à l'histoire. Tous les événements historiques, d'après M. Taine,
relèvent de ces forces, et ne sont explicables que par
elles. Or, ces forces se partagent, se disséminent à travers
l'histoire : elles produisent toutes les vicissitudes histo-

---

[1] *Introduction*, pp. XXII, XXV, XXVIII.

riques, mais à degrés inégaux. Dans tel fait, la race a eu plus d'influence que le *moment ;* dans tel au're, le climat a presque tout produit ; dans tel autre enfin, c'est le tempérament qui est principalement coupable. De quoi donc s'agit-il désormais dans l'histoire ? Il s'agit de savoir dans quelles proportions exactes chacune de ces quatre puissances a influé sur tel ou tel événement : il s'agit de pondérer exactement ces forces. En un mot, comme le dit brutalement notre prétendu philosophe, l'histoire n'est « qu'un *problème de mécanique psychologique.* » Il aurait pu mieux dire encore : ce n'est qu'un problème de chimie. Il y a quatre éléments historiques principaux : mettons dans notre alambic chaque fait des annales de l'humanité, et, par une analyse des plus subtiles, déterminons nettement les proportions de chaque élément. Il n'y a pas de différence essentielle entre la vie d'une plante et la vie de l'humanité : la plante, elle aussi, subit les influences du climat, de l'espèce, du moment, du tempérament. L'humanité n'est qu'une certaine espèce de végétaux dont il faut faire la flore : la flore de l'humanité, c'est l'histoire.

Encore une fois, nous n'exagérons point les doctrines de M. Taine. Tout à l'heure nous étions dans les ténèbres de Condillac : nous voici maintenant dans la fausse lumière de Michelet et de Renan. Sortons-en rapidement, et essayons de réfuter tous ces sophismes qu'un enthousiasme irréfléchi vient de transformer en une nouvelle et décisive philosophie de l'histoire.

II

On n'attend pas de nous que nous entreprenions d'établir ici les preuves du premier, du plus nécessaire de tous nos dogmes. L'existence d'un Dieu personnel et indépendant a été l'objet des plus universelles, des plus victorieuses démonstrations. Les athées, depuis six mille ans, forment au sein de l'humanité un petit groupe infime, que l'on se montre du doigt, non sans mépris ni sans effroi. Nous ne croyons pas que sur un million d'hommes, on puisse compter plus d'un athée ; et c'est mille fois trop. D'où vient que cette minorité, qui passait jadis sous les yeux des autres hommes avec l'air honteux des criminels, en soit venue aujourd'hui à se pavaner jusque dans nos Académies ? Un athée s'imagine aujourd'hui être un homme comme un autre !

Nous disons donc à M. Taine : « En vérité, il y a un Dieu, » et nous lui rappelons fièrement les vieilles preuves de ce vieux dogme. Nous le mettons en demeure de se prononcer nettement sur l'argument des causes secondes ; sur la preuve tirée de la nécessité d'un premier moteur ; sur la démonstration de Dieu par l'idée que nous en avons. Il ne s'agit pas de faire la moue devant cette antique sagesse de toute l'humanité : il s'agit de répondre. il s'agit de démontrer que cet admirable univers s'est bâti tout seul ; il s'agit de démontrer que ces astres se sont d'eux-mêmes mis en mouvement ; il s'agit de démontrer que cette idée de l'infini, qui est en nous. est une idée sans fondement et sans objet. Voyons donc enfin les jeunes dents de M. Taine s'attaquer à la pierre de ces antiques arguments !

Mais il est une preuve qui sera peut-être mieux comprise de l'intelligence de M. Taine. Puisque ce philosophe fait tant d'estime de la race, du climat, du moment et du tempérament, nous lui affirmons que *toutes les races, tous les climats, tous les siècles, tous les tempéraments* ont cru à l'existence de ce Dieu personnel que son silence insulte. Vous exaltez, non sans cause, la race indo-européenne à laquelle vous appartenez. Eh bien ! dans cette race splendide, les Hindous eux-mêmes, avant de se laisser aller aux rêves de leur absurde panthéisme, ont vu dans Brahma ce que les Persans ont vu dans Ormuzd, les Grecs et les Romains dans Jupiter, les Germains dans Wodan. Les Sémites, que vous prenez plaisir à humilier, les Sémites, vous le savez, ont possédé, avec les Hébreux, le peuple le plus monothéiste de l'ancien monde. Les Égyptiens reconnaissent dans leur dieu Ra cet être souverain que les Chinois, représentants de la troisième grande race, ont reconnu et salué sous le nom de Tao. Je parcours tous les pays, je me transporte en tous les siècles, sous tous les climats, et j'ai l'âme ravie en apercevant partout, en apercevant toujours le délicieux spectacle de l'homme à genoux devant un Dieu suprême. Sous l'ardeur implacable du soleil de l'équateur, sous le froid implacable des zones boréales, il y a soixante siècles, il y a un jour, l'humanité s'est prosternée, elle se prosterne encore devant Celui que M. Taine refuse d'adorer. Si je descends dans une foule immense, si M. Taine y veut descendre avec moi, nous interrogerons les hommes de tous les tempéraments, nous leur ferons subir un examen sur Dieu. Quelle que soit la vivacité de leur système nerveux, quelle que soit la rapidité ou l'épaisseur de leur sang, quelle que soit la nature intime de leur complexion corporelle, ils me crieront tous d'une seule voix : « Nous croyons en Dieu. » Nous sommes de ceux qui pensent qu'en tous lieux et en tous temps, même au sein des ténèbres du polythéisme, la croyance en un Dieu unique a énergiquement survécu. Et d'ailleurs, le polythéiste lui-même peut nous servir de preuve contre l'athée.

Pour en arriver à l'homme que nous avons tout à l'heure appelé « le second terme de l'histoire, » est-il vrai que le seul spectacle de la nature matérielle ait pu lui fournir toutes ses idées ? Essayons de nous mettre à la place de l'homme primitif ; promenons comme lui nos regards sur cet univers visible. Je comprends parfaitement que la vue d'un arbre élevé me donne l'idée générale de la hauteur ; que la vue d'un animal vigoureux me donne l'idée de la force. J'admets encore que l'homme ait pu, grâce à ses sens, concevoir l'idée de la force morale d'après le spectacle de la force physique, l'idée de l'élévation de l'âme d'après la vue d'un corps élevé. Mais je ne saurais faire au-delà une seule concession ; je me refuse énergiquement à croire que le spectacle de toutes les énergies naturelles ait pu me conduire à la notion de la Justice, pour prendre ici un exemple décisif. Je vous somme de me prendre par la main et de me faire faire avec vous le tour de l'univers entier. Montrez-moi l'objet visible, tangible, matériel, qui, perçu par mes sens, me donnera l'idée de la Justice. Vous admettez pourtant que cette idée existe : eh bien ! prouvez-moi, je l'exige, prouvez-moi qu'elle vient de l'odorat, du tact, de l'ouïe, du goût ou de la vue. Si vous ne pouvez pas le faire, je suis en droit de proclamer contre vous que « toutes les idées de l'homme ne viennent pas de ses sens. »

Il faut maintenant nous demander si l'homme auquel

vous accordez tant de facultés matérielles et dont la psychologie consiste, suivant vous, dans la seule étude des sens ; si cet homme, lancé dans le domaine de l'histoire, y est véritablement l'esclave de son tempérament, de sa race, de son climat et de son siècle ; si ce sont là, décidément, les éléments constitutifs de tous les événements historiques, et, comme vous le dites, « les forces primordiales, » les grands « ressorts » de cette mécanique qui s'appelle l'histoire. La question vaut la peine d'être vidée.

Nous ne nierons jamais que la race, le climat, le moment et le tempérament aient été des éléments appréciables dans la formation des événements historiques. Mais autant nous sommes disposé à leur accorder une valeur secondaire, autant nous protestons contre ceux qui leur donnent insolemment la première place dans l'histoire. C'est une usurpation véritablement insupportable. Et il y a contre ces nouveaux et téméraires philosophes une formidable argumentation qui met à leur place ces prétendues « forces primordiales » dont ils exagèrent l'importance. Prenons toutes les idées qui sont *nécessaires*, qui sont le plus nécessaires à l'humanité : la croyance à l'existence d'un principe supérieur, le dogme d'une vie future, la distinction du juste et de l'injuste, la pratique des sacrifices, les premières notions de la morale, la connaissance de certains êtres intermédiaires entre la terre et le ciel, génies ou anges, etc., etc. Nous attestons que toutes ces idées, sans exception, et d'autres encore, sont COMMUNES A TOUTES LES RACES, A TOUS LES CLIMATS, A TOUS LES TEMPÉRAMENTS, A TOUS LES SIÈCLES. La démonstration a été faite cent fois, et nous sommes prêt à la reprendre, si M. Taine le juge nécessaire. Nous citions plus haut les différents noms que les différentes races ont donnés au Dieu souverain. Certes, voilà la plus haute croyance de l'humanité, *et elle se trouve chez tous les peuples*. Brahma, Tao, Ra, Jupiter, Ormuzd, Wodan, sont les noms divers d'un même être, les habits divers d'une même idée. M. Taine essaiera-t-il de le nier ? Niera-t-il cette évidente parenté de nos Anges « qui sont d'origine sémitique » avec les Génies des Grecs, avec les Amschaspands de la Perse, avec les Esprits de la Chine ? Niera-t-il la mention très nette de l'Enfer dans la doctrine de Lao-Tseu, dans les Védas, dans les livres égyptiens, et par conséquent l'accord des trois grandes races dans cette universelle croyance ? Niera-t-il qu'il y ait eu des sacrifices chez les Hébreux et chez les Grecs, en Égypte et en Chine ? Et enfin, si ce prétendu savant veut prendre entre ses mains les législations de tous les temps, niera-t-il, osera-t-il nier qu'il y ait eu certains crimes unanimement prévus, unanimement punis par toutes ces législations, d'ailleurs si diverses et même si opposées ? Et maintenant que M. Taine veuille bien être logique : nous allons lui imposer un syllogisme à l'étreinte duquel il ne pourra se soustraire. Puisque, entre toutes les races, entre tous les climats, entre tous les tempéraments, entre tous les siècles, nous pouvons constater scientifiquement une communauté d'idées, un accord étonnant en tout ce qui concerne les principaux objets de la pensée humaine, il suit de là rigoureusement que la race, le tempérament, le siècle et le climat ne sont pas les causes primordiales des événements historiques, mais seulement de petites causes secondaires, d'une importance relative. Et il nous est encore permis de conclure qu'au-dessus de la race et au-dessus du tempérament, il y a un élément supérieur, une sorte de grand Soleil moral qui éclaire à la fois tous les temps et tous les peuples. Ce Soleil, les philosophes l'appellent la « Loi universelle » ; les catholiques, ou plutôt tous les peuples, lui ont donné et lui donnent un nom plus juste et plus doux : « Dieu ! »

Ajouterons-nous que la doctrine de M. Taine ne nous paraît pas faite pour séduire un seul esprit généreux, et cela non seulement à cause de sa fausseté absolue, mais encore à cause des immenses dangers qu'elle présente et de sa déplorable petitesse? Rien n'est plus dangereux qu'une doctrine qui retire Dieu du ciel, qui accorde à l'homme de magnifiques facultés, mais purement passives, qui l'assimile entièrement à l'animal et à la plante, et qui en fait une sorte de ridicule esclave que la race, le climat, l'époque et le tempérament modifient à leur gré, sans qu'il puisse efficacement résister et se défendre. Il est singulier que les bravos de l'école libérale aient été prodigués à celle de toutes les doctrines qui favorise le mieux les prétentions de l'absolutisme et qui enlève toute sanction aux faits de l'ordre politique comme aux faits de l'ordre moral. Une fois Dieu supprimé, une fois l'espoir de la vie future arraché à la misérable humanité, tous les *faits accomplis* conquièrent ici-bas une épouvantable légitimité. S'il n'y a pas un Dieu penché sur notre monde et s'occupant à le gouverner ; s'il n'y a pas au fond de l'âme humaine une entière et vigoureuse liberté; si les phénomènes matériels ont sur notre nature une aussi tyrannique influence, c'en est fait, il faut nous résigner à tous les despotismes, à tous les crimes politiques et sociaux : la raison du plus fort est le seul gouvernement de notre monde. Ingénieux observateur, aimable philosophe, vous comparez l'humanité à une végétation puissante où chaque plante est inexorablement soumise aux habitudes de son espèce, aux caprices de son climat, aux vicissitudes de son temps et aux bizarreries de son tempérament. S'il en est ainsi, pourquoi punit-on l'empoisonneur, le meurtrier, le parricide ? Ce n'est pas lui, c'est son tempérament qui est coupable. Le voleur peut s'écrier qu'il subit les habitudes d'une race voleuse et d'un climat dont les ardeurs sont fatales à son cerveau. Il n'y a plus ici-bas qu'une morale possible : celle dont le gendarme est la sanction visible. Soyons les plus forts, ou sachons nous cacher, et tout nous sera permis. Entassons iniquité sur iniquité, mensonge sur mensonge, barbarie sur barbarie, soyons traîtres, soyons sans entrailles, soyons vainqueurs surtout : car il n'y a pas de Dieu là-haut et pas de vie future là-bas ; car le libre arbitre de l'homme n'est lui-même qu'un vain mot. Ce n'est pas à Paris, décidément, c'est dans la Rome des Césars qu'il eût fallu couronner l'œuvre de M. Taine.

Nous parlions de petitesse tout à l'heure : oui, ce livre abaisse l'homme : il lui enlève toute sa noblesse en lui enlevant toutes ses libres allures. Je ne sais si M. Taine souffre de toutes ces servitudes qu'il impose à l'homme ; mais nous nous indignons, nous, à la seule pensée que l'âme humaine pourrait être soumise à un soleil plus ou moins chaud, à une race plus ou moins noble, à un sang plus ou moins épais, à un siècle même plus ou moins brillant. L'âme humaine est faite pour régner, et quand elle veut se rendre digne de cette royauté, elle règne en effet. Que nous parlez-vous de sang ? je puis étouffer ces cris mauvais de mon sang, je puis l'empêcher de parler. Que nous parlez-vous de soleil et de climat? mon libre arbitre triomphe de l'insupportable âpreté de ces rayons et dompte ces ardeurs funestes. Que nous parlez-vous de race ? je puis, *si je le veux*, sortir de ma race par un élan de ma libre volonté, je puis appartenir spirituellement à telle ou à telle race que je choisirai librement. Et je déclare ici que je choisis non la race d'Adam, mais celle de Jésus-Christ.

III

Il sera bon de ne pas rester plus longtemps devant le triste spectacle qui nous est offert par l'humanité telle que la conçoit M. Taine : consolons-nous par le spectacle de l'humanité véritable, de celle qui croit en Dieu et que Dieu conduit. Il ne suffit pas d'inspirer l'horreur des ténèbres ; il faut faire connaître et aimer la lumière.

Or, l'Église a, depuis dix-huit siècles, résolu en quelques mots le problème de l'histoire. Elle a posé dans le monde cette grande vérité : « Dieu s'est réservé de diriger ici-bas le libre arbitre de l'homme, et de le diriger en particulier dans les événements de l'histoire. » C'est par l'effet d'une miséricorde toute gratuite que Dieu a créé l'univers et l'homme ; mais, dès qu'il les eut créés, il ne put pas ne pas les gouverner. Il lui eût été impossible de ne pas être père. La miséricorde de Dieu s'est, en quelque manière, précipitée sur l'homme, dès qu'elle eut achevé de le former ; elle s'est emparée de lui et s'est offerte à conduire cet être faible. Dieu étant la Justice et la Sainteté souveraines, a dû se dire : « Je veux que l'homme, mon fils, ait quelque ressemblance avec son père. » Dieu étant la Beauté, la Bonté, la Vérité suprême, s'est dit : « Je veux que l'homme me connaisse et m'imite. » Enfin, Dieu étant la Toute-Puissance, s'est proposé de la dépenser en quelque sorte, sans qu'elle pût jamais s'épuiser, au service de sa créature intelligente et libre.

Dieu, d'ailleurs, connaissait le but vers lequel il voulait entraîner l'humanité tout entière, et ce but n'est autre que l'éternelle béatitude. Voulez-vous savoir le programme de Dieu, qui explique toutes ses interventions dans l'histoire ; le voici en deux mots, tel que nous avons eu maintes fois l'occasion de le proclamer : « SAUVER LE PLUS D'AMES POSSIBLE. » Par là, tout est clarté dans l'histoire : tout s'illumine, tout se comprend. Mais, sans ce but de l'éternelle Providence, tout serait nuit. Depuis l'origine du monde, Dieu est dévoré du désir de sauver, s'il se peut, tous les hommes. Il court après eux, si je puis ainsi parler. Par Adam, par Moïse, par son fils Jésus, il leur livre à trois reprises le trésor de ses révélations. Il les lave dans son sang libérateur. Il leur communique ainsi les deux conditions de la béatitude, qui sont l'exemption du péché et la connaissance de la Vérité. Il les pousse au ciel.

« Sauver le plus d'âmes possible. » Par là s'expliquent toutes les opérations divines parmi nous. C'est pour en arriver à cet admirable but que les empires s'élèvent et tombent, que les peuples sont châtiés, que les trônes sont précipités, qu'il y a des révolutions et des ruines, que l'injustice semble quelquefois triompher, que le bien paraît vaincu, qu'il y a des châtiments, des épreuves, des préparations mystérieuses. Cependant, le libre arbitre de l'homme subsiste tout entier ; mais Dieu se fait son compagnon de route, l'incline vers le bien par sa grâce et le détourne du mal. Si ce grand Dieu veut la ruine d'un établissement humain, il se contente de l'abandonner. Il ne le renverse pas, il retire sa main. En d'autres termes, tout ce qui se fait de bon ici-bas se fait librement sans doute, mais par l'inspiration de Dieu ; tout ce qui se fait de mal, c'est l'œuvre de l'homme que Dieu *tolère* pour produire un plus grand bien, pour sauver un plus grand nombre d'âmes. *Omnia propter electos.*

« Sauver le plus d'âmes possible. » Par là, l'histoire prend aussitôt un caractère imposant. A la seule pensée de cette grande lutte entre la miséricorde de Dieu qui veut nous sauver et notre libre arbitre qui ne veut pas se laisser sauver, à cette seule pensée l'homme se sent plus grand en se désirant plus humble. Il lira désormais l'histoire avec une nouvelle avidité ; derrière le plus petit fait il verra Dieu préparant son ciel aux élus ; il assistera aux terribles exécutions de la Justice divine, et il fera le bien par tremblement ; il assistera aux plus étonnantes manifestations de la miséricorde de Dieu, et il fera le bien par amour. Il n'oubliera pas enfin que la doctrine catholique a une double sanction : la première sur la terre, et la seconde au ciel.

Et qu'importent ici les races, les climats, les siècles et les tempéraments ? Ce sont uniquement les instruments dont Dieu se sert pour parvenir à l'exécution de ses desseins. Il a voulu que cette variété existât sur notre terre pour en tirer ici-bas et là-haut la grande unité de son Église. Il combine en effet ces éléments divers, il les sépare, il les réunit, il les fond, il les sépare de nouveau, suivant qu'il en a besoin, pour réaliser la miséricorde de ses plans. Mais, d'ailleurs, il a donné aux doctrines de son Église une telle complexion, qu'elles conviennent parfaitement à toutes les races, à tous les climats, à tous les siècles, à tous les tempéraments. Lisez les *Annales de la Propagation de la Foi*, et voyez le Christianisme débarquer en Chine, dans la Nouvelle-Zélande, aux Indes, en Afrique ; lisez l'*Histoire des Missions*, et voyez-le opérer ces débarquements providentiels à toutes les époques de l'histoire. Le spectacle sera le même. Le Christianisme, sous tous les cieux, dans tous les temps, est compris par toutes les intelligences, aimé par tous les cœurs, adopté par toutes les libres volontés. Pour protester par avance contre toutes les erreurs de notre temps, Dieu a voulu que les héros de son Église, que les saints appartinssent à toutes les races, à tous les climats, à tous les tempéraments, à tous les siècles. Toutefois, leur physionomie est partout la même, ou plutôt une merveilleuse unité éclate dans la variété de leurs visages et de leurs âmes. Ici, comme partout, la variété est le moyen, mais l'Unité est le but.

Et telle est, à nos yeux, la philosophie de l'histoire.

TAINE

Dans son *Introduction à l'Histoire de la littérature anglaise*, M. Taine nous exposait hier une nouvelle philosophie de l'histoire. Aujourd'hui, dans le résumé de ses leçons professées à l'École des beaux-arts, il expose une nouvelle Philosophie de l'art qu'il nous a semblé nécessaire de faire connaître à nos lecteurs et surtout de critiquer devant eux. Ce sera l'objet des pages qui vont suivre.

I

M. Taine est logique : on ne saurait lui refuser cette rare et précieuse qualité. Mais il est logique dans l'erreur. Beaucoup partent comme lui d'un principe faux : peu ont comme lui le courage de tirer de ce faux principe toutes les conclusions qu'il renferme. Il ne cherche jamais à rien pallier, ni à rien amoindrir. Implacable, il va devant lui, déduisant inexorablement toutes les conséquences de son idée mère. Et quelle est cette idée mère? C'est que TOUS les faits historiques (TOUS, vous entendez bien) s'expliquent « par le climat, par le tempérament et par le moment. » Nulle intervention de la Providence, dont la nouvelle école ne veut plus ; nulle intervention de l'âme humaine, que la nouvelle école pétrit et confond avec le corps. Étant donné tel sol géologique, avec une atmosphère de tant de degrés centigrades, avec des hommes plus sanguins que bilieux, et à telle époque de l'histoire, vous aurez nécessairement tel *produit*, c'est-à-dire tels événements, telles révolutions, que la nouvelle philosophie est parfaitement capable de déterminer mille ans à l'avance. L'histoire (comme nous le disions tout à l'heure d'après M. Taine lui-même), l'histoire n'est que de la chimie. Mettez dans un alambic les quatre éléments matériels que nous venons d'énumérer, remuez le tout, opérez le mélange ; et, suivant les doses, vous obtiendrez telle ou telle civilisation et telle ou telle barbarie. Rien n'est plus simple.

C'est ce système que M. Taine vient d'appliquer à la philosophie de l'art. Et c'est ce que j'appellerai, si vous le voulez bien, la « théorie des milieux ».

L'ART DÉPEND DU MILIEU DANS LEQUEL IL SE PRODUIT, tel est, à vraiment parler, le résumé de tout le système. Il est vrai que chaque artiste possède un style, et M. Taine ne songe pas à le nier ; mais « cet artiste lui-même n'est pas isolé. Il y a un ensemble dans lequel il est compris, ensemble plus grand que lui-même et qui est l'école ou la famille d'artistes du même pays et du même temps à laquelle il appartient[1]. »

Ce n'est pas tout : « Cette famille d'artistes elle-même est comprise dans un ensemble plus vaste, qui est le monde qui l'entoure, et dont le goût est conforme au sien[2]. » L'artiste, quoi qu'il fasse, dépend très étroite-

[1] *Philosophie de l'art en Italie*, I, p. 7.
[2] *Ibid.*, p. 9.

ment de ce *milieu* dont son génie ne saurait l'affranchir.
En d'autres termes, « l'œuvre d'art est déterminée par
un ensemble qui est l'état général de l'esprit et des
mœurs environnantes[1]. » Comme vous le voyez, nous
empruntons les paroles mêmes de M. Taine pour exposer
ses théories. Dieu nous préserve de dénaturer jamais la
pensée d'un adversaire : la sincérité à l'égard de ses
ennemis est une des formes de l'honneur.

L'auteur de la *Philosophie de l'art* ayant ainsi, en termes
clairs, posé sa règle générale et établi son principe,
en vient tout aussitôt, pour plus de lucidité, à donner
des exemples. Il les a choisis très éclatants. Il a tour à
tour attiré l'attention de ses auditeurs sur l'art grec au
temps de Phidias[2], sur l'art espagnol au temps de Murillo[3], sur l'art italien au temps de Michel-Ange[4]. Je dois
avouer qu'il a trouvé dans cet incomparable sujet les plus
belles pages de son livre, les plus belles qu'il ait peut-
être jamais écrites.

Pourquoi l'art grec est-il si correct, si lumineux, si
chaud? Pourquoi met-il dans un si beau jour les merveilleuses proportions du corps humain? Pourquoi tant
de nudités taillées dans la blancheur des marbres? Pourquoi ces torses admirables, ces jambes si sûrement mo-
delées, ces épaules si bien emmanchées, ces muscles
rendus avec une énergie si modérée et si parfaite? Rien
n'est plus facile à expliquer aux yeux de M. Taine. C'est
que ce peuple vivait au soleil, à moitié nu quand il ne
l'était point tout à fait, amoureux de la gymnastique,

[1] *Philosophie de l'art en Italie*, 1, p. 77.
[2] *Ibid.*, p. 9.
[3] *Ibid.*, p. 11.
[4] II, p. 73 et suivantes.

amoureux du corps, du « bel animal humain ». — Et
dans l'Italie du seizième siècle, pourquoi ce mouvement
de la Renaissance? C'est que ce peuple a le sang chaud,
c'est qu'il est dévoré d'ardeurs lubriques que le Moyen-
Age a mal étouffées, c'est que sous une telle température
et avec un tel sang une réhabilitation de la chair est inévitable, c'est que tous les princes de ce temps sont des
libertins et des assassins, c'est qu'on aime le sang répandu,
l'orgie, le vin ; et que de telles mœurs doivent nécessairement aboutir à un tel art. Et de même encore pour
l'art espagnol : « Dans cette monarchie d'inquisiteurs et
de croisés qui gardent les sentiments chevaleresques, les
passions sombres, la férocité (!), l'intolérance et le mysticisme du Moyen-Age, les plus grands artistes sont les
hommes qui ont possédé au plus haut degré les facultés,
le sentiment et les passions de ce public qui les en-
tourait [1]. »

En résumé, la philosophie de l'histoire de l'art n'est
également qu'une chimie. Quel que soit l'art dont vous
fassiez l'objet de vos études, vous pouvez conclure avec
certitude « que pour amener de nouveau sur la scène du
monde un art semblable, il faudra que le courant des
siècles y établisse d'abord un pareil milieu [2]. » Question
d'alambic. Comme vous le voyez, l'exposition est complète, et l'on ne peut se méprendre sur la pensée de
M. Taine. Lui-même, reculant devant le mot « chimie »,
n'a cessé d'employer cette autre comparaison, qui lui est
chère, de l'art avec la botanique. Si vous jetez les yeux
sur la carte du monde, vous verrez que depuis la zone
torride jusqu'aux glaces de la mer du Nord s'étagent les

[1] *Philosophie de l'art en Italie*, I, p. 12.
[2] II, p. 178.

familles de plantes appropriées aux différents climats :
les aloès, d'abord ; puis les oliviers ; puis les chênes, et
enfin les lichens ou les mousses. Eh bien ! suivant la
nouvelle école, les œuvres d'art fleurissent ainsi, par climats, par zones. Et la science qui les étudie « n'est
qu'une sorte de botanique appliquée non pas aux plantes,
mais aux œuvres humaines. » Telle est la théorie que
nous allons essayer de réfuter, après l'avoir exposée sans
lui rien faire perdre de sa valeur.

II

Que le climat, la race, le tempérament et le siècle
aient une influence profonde sur la production et la nature de l'œuvre d'art, c'est un fait incontestable, c'est un
axiome. M. Taine s'est vraiment donné beaucoup de peine
pour enfoncer des portes ouvertes. Il est par trop évident
qu'un peintre norvégien, tapi au fond de son atelier bien
chauffé, couvert de fourrures et les yeux perdus sur des
campagnes couvertes de neige, n'aura pas la conception
de la vie ardente, de l'âme chaude, des passions, des
mœurs, des vêtements, des paysages de l'Italie ou de
l'Espagne. Il est certain qu'un miniaturiste de couvent,
au treizième ou au quatorzième siècle, nourri de la Bible,
de la liturgie et des Pères, n'avait pas les aptitudes
nécessaires pour peindre au naturel les grosses fêtes
flamandes, les danses épaisses, les grosses ivresses, les
trognes rouges, les tonneaux défoncés, et ces troupeaux
de créatures humaines se débattant sur un sol trempé de
sang et de vin. Donc (et qui pourrait se refuser à l'éblouis-

sement d'une telle évidence?), donc les milieux ont une
puissance réelle, incontestable. C'est ce que nous avons
également accordé à M. Taine quand nous avons jugé sa
philosophie de l'histoire. Nous lui disions alors, nous lui
concédons aujourd'hui, que le climat et le moment, le
tempérament et la race ont sur tous les événements historiques et sur toutes les œuvres artistiques une influence
considérable, qu'un illustre savant, M. de la Palisse, avait
d'ailleurs reconnue avant nous... et avant lui.

Où donc alors est le point faux, le point noir, dans la
doctrine de M. Taine?

C'est qu'il a donné aux milieux la première place dans
la production de l'œuvre d'art, tandis qu'ils ont seulement
droit à la deuxième. Et de même il a donné au sang, au
soleil, à la paternité et au siècle, la première place dans
la production des événements historiques, quand ils ne
méritent que la seconde.

La première appartient à Dieu, à la Providence, à la
loi morale, à l'âme, que M. Taine dédaigne absolument,
et dont il ne tient aucun compte.

Oui, dans toute œuvre d'art, il y a nécessairement deux
éléments. L'un est variable et mobile; il revêt mille formes,
il pourrait en revêtir dix mille, suivant les climats, suivant
les civilisations, suivant les natures. L'autre, au contraire,
est essentiellement un, éternel, immobile, immuable, s'a-
daptant aisément à toutes les époques comme à toutes
les zones, restant toujours et devant toujours rester le
même, sans subir le plus léger changement, sans dépendre
aucunement de ces différents milieux auxquels il est aussi
supérieur que l'âme est supérieure au corps. Prenons un
exemple qui fasse saisir vivement notre pensée. Voici, je
suppose, un sujet de tableau que l'on confie le même jour

à plusieurs peintres. L'un est Hollandais, l'autre Espagnol, le troisième Italien. Il s'agit de représenter une vierge qui en même temps a été une martyre. Grâce à Dieu, l'Église en compte des milliers. Ce sera, si vous le voulez, sainte Cécile ou sainte Agnès. Le peintre hollandais, fidèle aux meilleures traditions de son école, représentera son héroïne dans une chambre proprette, mignarde, à jolis carreaux ornés de vitraux mignons. Peut-être même peindra-t-il un poêle dans un coin du logis. Il vêtira la sainte très chaudement, et je ne voudrais pas jurer qu'il ne jettera point de bonnes et fortes fourrures sur ses épaules délicates. L'Italien, tout au contraire. Il mettra sa Cécile, ou son Agnès, au grand air, en prenant tout au plus la précaution de suspendre un dais élégant au-dessus de sa tête charmante. La lumière circulera à flots dans la toile radieuse, et l'on verra dans le lointain quelques-uns de ces délicieux paysages raphaéliques, avec de petits arbres élancés et de belles eaux bleues bien courantes. La jeune fille sera vêtue de vêtements amples, légers et de couleurs éclatantes. Le Hollandais n'aurait pas imaginé ce sourire, cette tête joyeuse et souriante, ce type jeune, ces yeux vivants, cette pensée fière. L'Espagnol, lui, trempera davantage son pinceau dans le noir, et heurtera plus terriblement ses couleurs. Sa sainte remplira son tableau, où le paysage n'aura point de place ; il lui donnera des yeux et des cheveux noirs, un vêtement à moitié brillant et à moitié sombre, un regard presque dédaigneux à force de fierté ; il accumulera des ombres, et fera venir toute sa lumière de la tête de sa bienheureuse qu'il éclairera de je ne sais quel jour farouche et étonnant. Voilà comment chacun de ces trois artistes comprendra son œuvre, et voilà ce qui donne jusqu'à présent raison à

la fameuse théorie des milieux, à cette théorie que je
combats.

Mais, quel que soit le tempérament de ces hommes,
quelle que soit leur race, quels que soient l'école à laquelle
ils appartiennent, le siècle ou ils vivent et le climat dans
lequel ils sont plongés, il est un élément qui est commun
à leurs trois tableaux, à leurs trois œuvres : c'est l'élément immatériel, c'est l'idée morale. Notez que je ne dis
pas l'idée catholique. Ils sont forcés, s'ils veulent peindre
une sainte Cécile, une vierge, une martyre, ils sont forcés
de faire exprimer à leur héroïne ces trois idées que l'on
retrouve (l'histoire l'atteste) sous tous les cieux et à toutes
les époques, chez tous les peuples et dans toutes les races :
l'idée de la Prière, l'idée de la Chasteté, l'idée du Dévouement. L'Espagnol, l'Italien, le Hollandais auront pu
habiller à leur guise la sainte dont l'image leur était
confiée : ils auront pu à volonté varier les costumes, le
paysage, le corps même, la physionomie matérielle, le
sang, les couleurs, les lumières, les ombres, les accessoires
enfin. Mais, pour produire une œuvre qui fût vraiment
digne de notre admiration, il a fallu que les trois peintres
fissent éclater sur le visage de la sainte ces trois sentiments que nous nommions tout à l'heure, qui ont la double
universalité du temps et de l'espace, qui partout, qui
toujours sont glorieusement immuables, et qui forment,
dans tous les arts et pour tous les artistes, un fonds commun supérieur à tous les *milieux* de M. Taine.

Ce fonds commun, en trois mots que je répète à dessein,
c'est Dieu, c'est l'âme, c'est la loi morale.

M. Taine, avec ses théories attiques, avec la délicatesse de sa plume, avec les élégances de sa parole, est
peut-être de tous les écrivains modernes celui qui a porté,

qui porte encore à la morale les plus dangereuses atteintes.
Il ne l'insulte pas ; il fait pis : il déclare qu'elle n'existe
point. Cet homme charmant hausse les épaules à ce mot
qui n'a pas de sens pour lui. Les mains gantées de frais,
d'un air en vérité fort distingué, du bout de ses lèvres
très aristocratiques, et avec une voix très douce, il dit :
« Il n'y a de place pour la morale ni dans l'histoire,
ni dans l'art. » Rien n'étonne ce philosophe. Il raconte
sans s'indigner les plus avilissantes turpitudes qui aient
déshonoré la nature humaine. Il raconte la polygamie et
les adultères des Spartiates, les meurtres et les débauches
du seizième siècle, les crimes d'un Benvenuto Cellini et
tant d'autres horreurs ; il se noie avec une certaine volupté dans ces récits, dont il faut que nous subissions les
plus minces, les plus rebutants détails. Mais jamais, jamais, jamais un mot d'indignation. Un crime, à ses yeux,
c'est une plante qui fleurit dans telle ou telle zone, à tel
moment donné, avec telle ou telle physionomie plus ou
moins curieuse, plus ou moins bizarre. Il s'approche d'un
meurtre, d'une orgie, d'un adultère : « Tiens, dit-il, à
quelle flore appartient ce *sujet?* Il est intéressant. » Il le
lorgne, le cueille, le met dans son herbier, et le fait
passer sous les yeux de ses élèves : *Orgie, genre italien ;*
variété, seizième siècle ; sous-variété, Benvenuto Cellini.
Messieurs, dit ce professeur, mon seul désir est de vous
exposer des faits et de vous montrer comment ces faits se
sont produits. En voici un que nous allons étudier ensemble ; il n'est pas commun, et même il est assez diver-
tissant.....

M. Taine s'est condamné par ses propres paroles. Il
est trop vrai qu'il n'étudie que des faits, jamais des
lois.

III

Par quel aveuglement ce philosophe en est-il venu à assimiler des œuvres d'art, fruit de notre intelligence et de notre liberté, à des êtres qui, comme les plantes, n'ont, de son propre aveu, aucune espèce de liberté ? Un houx, un aloès croissent et verdissent ; leurs épines nous déchirent et nous mettent en sang : c'est bien, et nous ne pouvons accuser que notre imprudence. Une ciguë s'élève et prospère : si elle nous empoisonne, nous ne pouvons accuser que notre ignorance. Mais moi, sculpteur, très libre dans ma pensée, dans mon imagination, dans ma volonté, je veux un jour faire sortir du marbre une statue lubrique, impure, ignoble. Faudra-t-il assimiler cette œuvre, qui est mienne et dont je suis responsable, faudra-t-il l'assimiler à cette fleur stupide, brute et sans âme qui est là, dans mon jardin, épanouissant bêtement sa beauté qu'elle ne connaît point, sous un soleil qu'elle ne sait pas nommer ? Non, non ! pour mon malheur en ce monde et en l'autre, je suis responsable de toutes les âmes que ma statue jettera en tentation, de toutes les infamies qu'elle fera commettre, de tous les crimes auxquels elle pourra conduire. Ce sont choses par trop évidentes, et la comparaison de l'art avec la botanique n'est qu'un sophisme dont il est temps de faire justice. M. Taine a complètement oublié la liberté humaine, comme il a complètement renié la morale. Il ne définit point l'Art comme nous voudrions le définir : « L'Art est l'expression sensible du Beau. » Mais surtout il n'ajoute pas : « L'artiste est un être libre et responsable de ses œuvres.

Ainsi, la liberté et la morale sont biffées de deux traits de plume. Que reste-t-il ? La matière, l'animal humain, le corps ; puis, le corps, et toujours le corps. Cette école matérialiste, en vérité, nous fatigue et nous donne des nausées. Quand on achève la lecture d'un livre de M. Taine, on ne rêve que de muscles, de tendons, de torses, d'articulations, d'épaules, de reins, de « troncs solidement assis sur les hanches », de « jarret nerveux qui lance agilement le corps », de « superbe volupté animale », de sang, de nerfs, de veines, de chair enfin, et encore de chair. Nous avons assez de cet art anatomique et de cet idéal d'amphithéâtre. Il nous est très dur de penser que cet amour vivant, enthousiaste, ardent de la matière, de la seule matière, est ainsi communiqué par une parole habile et presque éloquente aux jeunes esprits qui se proposent de continuer ou de renouveler en France les traditions de l'art. Ces intelligences de vingt ans, elles ont besoin d'un *sursum* énergique, elles ont besoin de connaître les Lois. Vous leur jetez des faits en pâture, et encore quels faits ! Vous expliquez par exemple, toute la splendeur de l'école italienne par les mœurs sauvages, sanglantes et libertines du seizième siècle. Voilà, dites-vous, le milieu qui était nécessaire à la production de tant de chefs-d'œuvre. Il fallait, pour arriver au *Moïse* de Michel-Ange et à la *Transfiguration* de Raphaël, il fallait, suivant vous, une vie comme celle que vous prêtez à votre Benvenuto, des meurtres, beaucoup de meurtres, sans cause sérieuse, « pour voir », et pour le plaisir de plonger du fer dans la chair vive ; il fallait des adultères, des frémissements animaux, des bestialités ; il fallait marcher aviné dans des ruisseaux de vin et de sanie. Et, sans tout cela, nous aurions été privés des chefs-d'œuvre de Cellini et de beaucoup d'autres chefs-d'œuvre. Tout d'abord, s'il en était ainsi, nous aurions fait, nous ferions très volontiers le sacrifice de chefs-d'œuvre achetés à un tel prix. Mais encore, sur quels documents s'appuie M. Taine? Sur les Mémoires de Benvenuto qui fut un hâbleur. Et j'ai là, sous les yeux, les *Vies* de Vasari, parmi lesquelles j'en trouve un très grand nombre qui me présentent un type tout à fait différent. En regard des quelques textes que vous citez, et où les « on dit », les « on prétend », les « on raconte », fourmillent plus que de raison[1], je placerai cent textes qui nous montrent des artistes, sinon irréprochables, du moins paisibles et presque purs ; je placerai Raphaël dont un écrivain célèbre prépare en ce moment une justification éclatante ; je placerai Michel-Ange lui-même. Et je respire enfin, et je suis joyeux de penser que, contrairement à vos doctrines déplorables, le meurtre et l'orgie n'ont pas été capables de produire ici-bas un seul coup de pinceau sublime, un seul coup de crayon ou de ciseau véritablement artistique. Il en devait être ainsi, et le Bien seul engendre le Beau.

Je ne veux pas terminer sans avoir protesté contre certaine peinture du Moyen-Age que M. Taine, j'en suis convaincu, voudrait aujourd'hui effacer de son livre[2]. « On était arrivé, dit-il en parlant des siècles chrétiens, on était arrivé aux mœurs des anthropophages de la Nouvelle-Zélande, à l'abrutissement ignoble des Calédoniens et des Papous, au plus bas fond du cloaque humain. » Je voulais réfuter cela ; mais, par un raffinement de représailles, je me contente de le citer. A l'époque dont parle M. Taine certains rois s'appelaient saint Henri,

[1] Voir la lettre de Pauluzo, II, p. 86, 87.
[2] I, p. 121, 122.

saint Ferdinand, saint Louis ; certains artistes s'appelaient Cimabué, Giotto, fra Angelico ; certaines œuvres s'élevaient dans les cieux et s'appelaient les cathédrales de Bourges, de Beauvais, de Strasbourg et d'Amiens ; certain poète s'appelait Dante ; certain chef-d'œuvre anonyme s'appelait *la Chanson de Roland ;* certains philosophes s'appelaient saint Anselme, saint Thomas d'Aquin, saint Bonaventure ;.... et certain livre, enfin, eût excité l'indignation générale. C'est ce livre contre lequel je viens de m'indigner.

TAINE

M. Taine a publié naguère [1] un plaidoyer cynique en
faveur du paganisme. Jamais le Moyen-Age n'a été à
ce point traîné dans la boue ; jamais glorification de la
Renaissance n'a effrayé à ce point les oreilles et les intelligences chrétiennes. Nous nous imaginions lire quelques
pages de l'ancienne *Liberté de penser ;* nous croyions assister aux débuts de M. Renan, quand pour la première fois
il s'attaqua directement à la personne de Notre-Seigneur
Jésus-Christ et à celle de sa Mère. M. Taine est un élève
de M. Renan ; mais l'élève s'est permis d'être plus logique
que le maître, et s'est franchement déclaré épicurien.
M. Taine est l'avocat de la chair, l'avocat des sens, l'a-
vocat des voluptés antiques. C'est ce qui fait qu'il plaide
pour la Renaissance. Il est logique.

« C'est au xv° siècle, dit-il, que, peu à peu, par un re-
« dressement insensible, l'homme s'est relevé jusqu'à la
« hauteur des grands et sains esprits qui avaient manié
« sans contrainte toutes les idées il y a quinze siècles. »

D'où il est facile de conclure que pendant tout le Moyen-

---

[1] *Histoire de la littérature anglaise,* tome I.

Age il n'y a eu « ni grands, ni sains esprits qui aient manié sans contrainte *toutes les idées.* » On peut tout d'abord se demander s'il y a véritablement quelque avantage pour l'humanité à *manier* toutes les idées, même les fausses, même les dangereuses, même celles de M. Taine. Ensuite, nous pouvons affirmer au savant élève de l'École Normale que, pour notre malheur, on a réellement manié *toutes* les idées au Moyen-Age. Si M. Taine veut se donner la peine de lire quelque résumé de l'histoire des hérésies, il se convaincra qu'il y a eu, à cette époque comme de nos jours, un grand luxe d'erreurs de toute nature. Cette conviction est bien faite pour le consoler. L'historien de la *Littérature anglaise* se trouvera facilement des ancêtres. Il est vrai qu'ils ne pouvaient manier *sans contrainte* tous leurs poisons, tandis que M. Taine distille en toute liberté le venin de son incrédulité et de son sensualisme ultrapaïen. Nous sommes moins intolérant que M. Taine ne se l'imagine, et ne prétendons pas lui arracher cette liberté ; mais nous ne pensons pas qu'elle tourne au salut des âmes, ni à la gloire de l'humanité.

Quant à l'absence de grands et de sains esprits pendant toute la durée du Moyen-Age, nous pensons que M. Taine exagère un peu. Il nous semble qu'on pourrait, sans se passionner pour le Moyen-Age, accorder que saint Irénée, Clément d'Alexandrie, Tertullien, Origène, saint Cyprien, saint Athanase, saint Jean Chrysostome, saint Grégoire de Nazianze, saint Basile, saint Jérôme, saint Léon, et surtout saint Augustin, ont peut-être été « de grands et de sains esprits ». Nous citons ces noms illustres des premiers siècles de l'Église, parce qu'évidemment, dans la pensée de M. Taine, le Moyen-Age a duré « quinze cents ans » et a commencé à Jésus-Christ. Et en faisant

seulement commencer le Moyen-Age au vi° siècle, nous
ne nous croyons pas téméraire en affirmant que c'étaient
aussi de *grands et sains esprits* que saint Grégoire le
Grand, saint Jean Damascène, Alcuin, Gerbert, saint
Pierre Damien, saint Anselme, Hugues et Richard de
Saint-Victor, Pierre le Vénérable, saint Bernard, saint
Bonaventure et saint Thomas d'Aquin. Cette énumération
fatiguera peut-être les oreilles délicates de M. Taine ;
mais il devra nous savoir gré de ne pas la prolonger davantage. Si nous nommions ici tous les grands esprits que
l'Église a fait jaillir du sol chrétien, en vérité nous n'en
finirions pas et devrions nommer tous les Pères de l'É-
glise, armée immense et lumineuse, qui, du haut des
cieux intellectuels, éclaire l'humanité assise dans les ténèbres, comme l'armée des astres, du haut des cieux visibles, éclaire nos corps et les conduit. Nous portons à
M. Taine le défi de trouver en philosophie, en théologie,
en politique, en littérature et en art, une seule question
que n'aient pas abordée, que n'aient pas résolue les vastes
intelligences dont nous nous étonnons d'être forcés d'entreprendre l'éloge. Il est vrai que les solutions des Pères
ne sont pas celles de M. Taine. Mais, ou nous nous trompons profondément, ou l'humanité n'a pas réservé les
épithètes de *grand* et de *sain* aux seuls esprits qui sont
amoureux de la matière et ennemis de l'âme.

M. Taine continue son panégyrique de la Renaissance :
« Ce ne sont plus des ergoteurs d'école, des compila-
« teurs misérables, des cuistres rébarbatifs comme les
« professeurs de jargon que le Moyen-Age imposait à
« l'humanité. »

Évidemment, M. Taine n'a pas ouvert un livre du Moyen-
Age. A-t-il au moins « parcouru » les deux *Sommes* de

saint Thomas ? Ce grand homme a vraiment quelque mérite et n'est point rébarbatif, quoiqu'il ne soit pas épicurien ni *tainiste*. Nous pouvons même assurer que, s'il
se sert avec humilité d'Aristote, il y a dans ses livres de
nombreuses parties tout à fait originales. Sa doctrine
sur l'Incarnation n'a pas été compilée dans les anciens :
M. Taine peut en être persuadé. Nous en dirons autant
de tous les Pères qui parlent une langue pure, harmo-
nieuse, élégante, une langue tout à fait à eux, *sui generis*,
pour exprimer des idées fort nouvelles et très fécondes.
M. Taine doit avoir tous les courages : il a bien eu celui
d'attaquer Jésus-Christ et la Vierge. S'il voulait avoir le
courage de lire un traité de saint Augustin, ou de saint
Anselme, ou de saint Bonaventure, il finirait peut-être
par être ravi. J'avoue qu'il y a eu des compilateurs au
Moyen-Age : aucun temps n'est parfait. Eh bien ! ces compilateurs eux-mêmes ne sont pas à dédaigner. L'Académie des Inscriptions, dont M. Taine suit sans doute les
travaux avec une vive attention, a naguère mis au con-
cours une étude sur le plus célèbre des compilateurs du
Moyen-Age, Vincent de Beauvais. Véritablement ce Vincent de Beauvais n'est pas un cuistre : il ne méprise pas
l'antiquité comme M. Taine méprise le Moyen-Age ; il a
l'esprit élevé, libéral, plein d'ampleur. Il compile avec
originalité, et ajoute beaucoup de choses de son cru qui
valent bien les articles les mieux réussis de toutes les troi-
sièmes pages de nos journaux.

« Ils ont (les hommes de la Renaissance) tiré leurs idées
« non des livres, mais des choses, idées vivantes, et qui
« d'elles-mêmes entrent dans les âmes vivantes. »

Voilà une pierre jetée dans le jardin des scolastiques
et de tous les théologiens. Il est honteux, aux yeux de

M. Taine, de tirer ses idées d'un livre, quel qu'il soit, et surtout de la Bible, dont le nom est habilement sous-entendu. « Il vaut mieux tirer ses idées des choses, idées vivantes, » comme M. Taine. En d'autres termes, le procédé de l'induction est seul admissible, et c'est celui de la philosophie ; celui de la déduction est méprisable, et c'est celui de la théologie.

Nous nous étonnons de comprendre aussi clairement M. Taine. Faut-il lui apprendre que le procédé de l'induction n'a pas été inconnu au Moyen-Age ? Nous n'avons besoin que de citer, après saint Augustin, le *Proslogium* de saint Anselme. M. Taine a-t-il entendu parler de cet ouvrage obscur ? Quoi qu'il en soit, il serait facile de tirer des Pères de l'Église un cours complet de psychologie, *d'après les seuls procédés de l'observation, de l'expérience.* Il ne serait pas plus difficile de démontrer, par des citations multiples, que la Renaissance n'a pas fait, en psychologie, une seule découverte véritablement digne de ce nom. Que M. Taine cherche les mots *anima*, *spiritus*, *mens* et *ratio* dans les tables de nos patrologies, et il se convaincra de la vérité de nos dires.

Mais il faut en venir à ce pauvre syllogisme, qui est si malmené par les amis les plus déclarés de la logique, à cause de l'usage qu'en ont fait les théologiens du Moyen-Age.

Nous autres chrétiens, nous croyons avant tout à la bonté de Dieu. Nous croyons que Dieu, PARCE QU'IL EST PÈRE, n'a pas voulu laisser sans secours la pauvre humanité dans ces ombres terribles de l'incertitude, qu'épaississent tous les jours autour de nous les doctrines de M. Taine et de ses amis. Dieu a donc fait descendre, comme une rosée, sur nos intelligences et sur nos cœurs, les livres de la sainte Écriture. L'Écriture, pour nous, c'est la parole de Dieu.

Une fois cette Parole reçue dans le monde, nous avons cru que c'était le devoir et l'honneur de notre intelligence de déduire, par la voie d'un raisonnement inattaquable, toutes les conclusions que renferme chacun des versets, chacun des mots, chacune des syllabes des saints Livres. Or, Dieu avait suscité dans l'ancien monde un grand génie qui avait trouvé ou tout au moins régularisé l'instrument du raisonnement, le syllogisme. Les scolastiques ont donc suivi la *méthode* de cet Aristote, dont les *doctrines* leur étaient si souvent odieuses. Les conclusions qu'ils ont tirées de l'Écriture et de la Tradition sont d'ailleurs bien connues : elles forment le corps de la théologie catholique. Et Bossuet lui-même n'a pas procédé autrement que les scolastiques. Cependant Bossuet était « une âme vivante ».

« Par-dessus la procession des scolastiques encapu- « chonnés, des disputeurs crasseux, ces DEUX AGES ADULTES « ET PENSANTS (l'Antiquité et la Renaissance) SE RE- « JOIGNENT, et l'homme moderne, faisant taire les voix « enfantines ou nasillardes du Moyen-Age, ne daigne plus « s'entretenir qu'avec la noble antiquité. IL ACCEPTE SES « DIEUX; il les comprend du moins, et s'en entoure. »

Ici s'épanouit toute la doctrine de l'école dont Michelet est le chef : « Le christianisme est l'Antinature, et, pendant quinze siècles, l'humanité a fait halte dans la barbarie : la Renaissance a été un retour à la nature, à la lumière, au mouvement, à la vie. »

Cette doctrine est au fond la négation de Dieu, parce que c'est la négation de la Bonté et de la Paternité divines. Comment ! Dieu aurait permis que, pendant quinze cents ans, l'homme retournât à la barbarie et vécut en pleine ombre, en pleine paralysie, en pleine mort ? Ces doctrines sont athées.

Quant à nous, nous croyons que le Progrès consiste dans les conclusions que chaque siècle tire à son tour de la doctrine immuable de l'Église. Pendant quinze cents ans, le monde a MARCHÉ, par l'Église, après l'Église, dans l'Église. Il marchera toujours de même, tirant sans cesse de la même doctrine des déductions nouvelles et appropriées au besoin de tous les temps.

Nous croyons que Dieu n'a pas voulu, pendant quinze siècles, « se croiser les bras » devant l'abaissement de l'espèce humaine. Nous croyons, au contraire, que le règne du soleil des intelligences et des sociétés ne date précisément que de quinze cents ans; nous croyons qu'auparavant, il y avait seulement une aurore, dont la Providence a eu soin de ne jamais éteindre les salutaires clartés. Nous croyons enfin que Dieu est, a été et sera sans cesse penché sur l'humanité malade pour la guérir, sur l'humanité ignorante pour l'instruire, sur l'humanité pécheresse pour la laver dans le sang de son Fils.

Et vous, vous osez prétendre que, pendant trois fois cinq cents ans, l'humanité a reculé ! Ah! vous ne savez plus l'histoire, vous l'avez oubliée.

Considérez, cinquante ans avant Jésus-Christ, à Rome ou à Athènes, considérez l'état de l'esclave, l'état de la femme, l'état du pauvre, l'état de l'enfant ; oui, considérez-les d'après les textes les plus authentiques, d'après vos chers écrivains latins ou grecs ; et comparez-les ensuite à l'état de la femme, du serf, de l'enfant et du pauvre au ixe, au xe, au xiiie siècle. Faites cette étude consciencieusement, et le résultat n'en sera pas douteux : autant vous serez épouvanté de l'horrible misère que recouvrait chez les nations païennes je ne sais quel vernis d'élégance, autant vous serez stupéfait du progrès opéré par l'Église. Quand vous voudrez commencer cette polémique, nous sommes tout disposé, malgré notre faiblesse, à la poursuivre avec ou contre vous.

Non, non, mille fois non, le Moyen-Age n'est pas un âge dont on puisse dire qu'il n'a été *ni adulte, ni pensant*. Il lui a été départi une tâche dont M. Taine ne paraît pas comprendre toute la grandeur ni toutes les difficultés. Il a eu à lutter contre la luxure, contre l'orgueil, contre la cruauté des prétendues civilisations païennes. Il a eu à comprimer les révoltes abjectes du sang brutal qui menaçaient de renverser la famille ; il a eu à combattre les prétentions des Césars, qui voulaient dominer les âmes et les corps ; il s'est trouvé entre le paganisme sanglant des Germains et le paganisme corrompu des Romains. Entre ces deux ennemis, l'Église s'est avancée, et elle a tout pacifié, tout changé, tout transfiguré. Elle a pris par la main tous les petits, tous les ignorants, tous les faibles : elle les a élevés, enseignés et raffermis. Elle a rappelé l'homme à sa dignité, lui montrant de son doigt divin qu'il avait une âme. Enfin, elle est l'auteur de toutes ces dissemblances que le premier écolier aperçoit sans peine entre l'état de l'humanité sous Néron, et l'état de l'humanité sous saint Louis.

Mais nous parlons ici bien inutilement : M. Taine continuera à croire que Charlemagne, saint Grégoire VII et Godefroy de Bouillon n'ont pas été adultes ; que saint Augustin, saint Anselme et saint Thomas n'ont pas été pensants. Pour être adulte aux yeux de M. Taine, il faut aimer les bouillonnements de la chair et ne pas même chercher à combattre les révoltes des passions ; pour être pensant, il faut penser comme lui.

« Après *l'affreuse nuit* du Moyen-Age et les doulou-
« reuses légendes des revenants et des damnés, c'est un
« charme que de revoir l'Olympe rayonnant de la Grèce.
« Ses dieux héroïques et beaux *ravissent encore une fois le*
« *cœur des hommes*. Ils soulèvent et instruisent ce jeune
« monde en lui parlant la langue de ses passions et de
« son génie ; et ce siècle de fortes actions, DE LIBRE SEN-
« SUALITÉ, n'a qu'à suivre sa pente pour reconnaître en
« eux ses maîtres et les éternels promoteurs *de la liberté*
« et de la beauté. »

Le mot le plus fort de cette tirade est sans aucun doute
le dernier que nous venions de souligner. Le paganisme
promoteur de la liberté, grand Dieu ! quand il est prouvé
qu'à Athènes les esclaves formaient les neuf dixièmes de
la population, qu'à Rome ils étaient innombrables et traités comme les plus vils des animaux ; quand, enfin, on
constate l'esclavage *partout où triomphe le paganisme*.
Toutes ces doctrines de M. Taine sont déplorablement
aristocratiques : il oublie, il dédaigne toutes les classes
inférieures, pour ne s'occuper que des puissants et des
riches, auxquels la liberté appartenait par monopole, et
qui, seuls, avaient le loisir de s'occuper de la beauté.
Mais c'est ici que vont s'étaler les blasphèmes :

« Le Christ maigre du Moyen Age, le misérable ver de
« terre déformé et sanglant, la Vierge livide et laide, la
« pauvre et vieille paysanne évanouie à côté du gibet de
« son enfant, les martyrs hâves et desséchés par le jeûne,
« les *touchantes* et lamentables visions du Moyen-Age, se
« sont évanouies. Le cortège DIVIN qui se développe n'é-
« tale plus que des corps florissants, de nobles figures

« régulières et de beaux gestes aisés. Les noms sont chré-
« tiens, mais il n'y a plus de chrétien que le nom. »

Il ne reste plus à M. Taine qu'à brûler un cierge devant
le *divin* Jupiter ou devant *la divine* Vénus. Ici l'indignation qui court violemment dans nos veines ne nous per-
met plus de juger froidement le sophiste transformé en
sacrilège. Ce philosophe altier ne comprend rien à la
douleur du Christ, et croit l'insulter en employant contre
lui le mot qui peint le mieux, dans toute l'Écriture, les
abaissements de ce Dieu, ces abaissements qui nous ont
élevés si haut. Le mystère d'un Dieu qui se substitue à
nous pour le châtiment de tous nos crimes ne parle pas
au cœur de celui qui a sans doute tant de blasphèmes à
expier. Il reproche à la Vierge, fille de David, d'être
paysanne et d'être *pauvre*. C'est toujours le même système égoïste et aristocratique. Ah ! comme vous méprisez
tout ce qui est laid, tout ce qui est petit, tout ce qui est
pauvre, superbes écrivains qui nous qualifiez d'obscuran-
tistes et qui vous intitulez libéraux !

Toutes ces phrases d'ailleurs, peuvent se résumer en
cette proposition : « Le christianisme a méprisé et ravalé
le corps. » Rien n'est plus faux, et l'on peut au contraire
affirmer que le christianisme est, de toutes les doctrines,
celle qui fait au corps la plus belle, la plus noble place.
L'Église enseigne que l'âme est la *forme* du corps; que le
corps et l'âme ne sont pas deux êtres séparés, mais un
seul être, plein d'unité et de vie; que c'est grâce à son
corps que l'homme est un être unique, placé sur les
confins des deux mondes spirituel et temporel; qu'il est
chargé d'en être le trait d'union, et qu'il est enfin le représentant, le pontife et le roi de tout l'univers visible.
L'Église enseigne de plus que Jésus-Christ, Fils de Dieu,

a fait à notre corps l'honneur de le revêtir et de le transporter, glorieux, à la droite de Dieu. Oui, en ce moment
même, la chair humaine transfigurée est au ciel, aussi
élevée, aussi voisine de Dieu, aussi confondue en Dieu
qu'elle peut l'être. Enfin l'Église, et l'Église seule, nous
apprend que nos corps ne doivent pas périr à tout jamais,
qu'ils ressusciteront dans la lumière et dans la gloire, et
que durant toute l'éternité le corps de l'homme se tiendra sous le regard de Dieu dans toute la splendeur de sa
beauté reconquise !

Quant aux descriptions lascives que M. Taine nous in-
flige en plus d'une page de son livre, nous ne prétendons
pas lui en ôter le goût. Mais, puisqu'il a mis une certaine
complaisance à peindre les divinités de l'antique Olympe,
il nous permettra de lui dire qu'au point de vue de l'idéale
Beauté, il y a quelque chose ici-bas plus digne d'emporter notre admiration : c'est le chrétien, et le chrétien qui
lutte contre les sens, contre ce corps que la théologie
dogmatique nous apprend à estimer, mais que la théologie morale nous enseigne à combattre. Le chrétien, vainqueur de la matière, offre un spectacle plus beau que votre
Apollon du Belvédère, ou votre Vénus sortant de la mer.
L'œil tourné au ciel, le visage levé en haut, il passe en
foulant dédaigneusement la terre : il est né pour les hauteurs. Toute son âme s'est peinte et concentrée sur son
visage : il a en face de lui un invisible ennemi qu'il défie
et qu'il terrasse. Il aspire à Dieu, et tout son être semble
se détacher de ce qui n'est pas Dieu. Il entrevoit le ciel,
il en respire les senteurs divines, il s'y achemine avec une
humilité victorieuse. Dès ici-bas, son corps est glorieux.
La statue du chrétien, c'est celle de la chair transfigurée
par l'amour de Dieu.

M. Taine cite quelque part avec complaisance ces gros-
sières paroles du poète Pulci : « Qu'est-ce que l'autre
monde ? Certaines gens croient y trouver des becfigues,
des ortolans tout plumés, d'excellents vins, de bons lits ;
et, à cause de cela, ils suivent les moines. Pour nous,
mon cher ami, nous irons dans la vallée noire, où nous
n'entendrons pas chanter *Alleluia !* » Cette *vallée noire*
porte dans le catéchisme un nom connu : l'Enfer. Puisse
le plaisant auteur de tous les blasphèmes que nous venons de combattre, puisse-t-il ne pas mériter de connaître
un jour la privation terrible de l'Alleluia et le châtiment
de ceux dont il est dit : *Non mortui laudabunt te, Domine* [1] *!*

[1] M. Taine a honoré les dernières années de sa vie par une œuvre qui
ne rappelle en rien les doctrines contre lesquelles tous les catholiques
se sont naguère indignés avec nous. Avec une sincérité et une vaillance
qu'on ne saurait assez louer, ce philosophe devenu historien a consacré
un long et pénible labeur à nous faire connaître la vraie physionomie
de l'ancien régime et à mettre en lumière les caractères essentiels de la
Révolution. On sait quelles colères a soulevées contre lui cette publication consciencieuse et forte, qui est assurément son chef-d'œuvre et qui
fera oublier ses premiers livres. Nous regardons comme un devoir de
rendre ici cet hommage à l'illustre écrivain que nous avons dû, il y a
trente ans, combattre avec quelque vivacité.

OZANAM

OZANAM

I

La vie d'Ozanam a été courte, et il avait à peine quarante ans quand il rendit à Dieu sa fraîche et vive intelligence. Mais quelle activité, quelle fécondité, que d'œuvres!
Dans la biographie que son frère lui a consacrée, il est
un mot que je voudrais effacer : « Ozanam n'a jamais eu
de jeunesse. » Après avoir fait une longue étude de sa
vie si bien remplie et de sa merveilleuse correspondance,
je suis arrivé à une conclusion toute différente. Toutes les
œuvres d'Ozanam sont jeunes : elles étincellent de jeunesse. La jeunesse a habité jusqu'à la fin ce corps délicat
et frêle : hôtesse charmante et que la douleur même n'a
pu déloger. Nos jeunes gens d'aujourd'hui sont plus vieux
à vingt ans que l'auteur des *Poètes franciscains* ne l'était
sur son lit de mort, à l'Antignano ou à Marseille.

Ozanam reçut une éducation solidement chrétienne et
dut s'en estimer heureux entre tous : car c'était une âme
vivement impressionnable et qui, vers l'âge de dix-huit
ans, fut livrée à ces épouvantables tortures auxquelles
échappent si peu d'âmes de jeunes gens : le doute. Mus-
set y avait succombé. Ozanam y résista, mais ce ne
fut pas sans de longues angoisses : « Je connus, dit-il,
toute l'horreur de ces doutes qui rongent le cœur pen-

dant le jour et qu'on retrouve la nuit sur son chevet mouillé de larmes. » Un saint prêtre le sauva, qui était en même temps un excellent philosophe. C'était ce bon abbé Noirot, qui s'est éteint naguère, à Paris, au milieu du respect universel, plus de vingt-cinq ans après son brillant élève. En toute sa carrière, il n'a pas eu de disciple qui lui ait fait plus d'honneur, et je me rappelle encore avec quelle espèce de mélancolie résignée ce vieillard me disait quelques années avant sa mort : « Les études philosophiques sont en décadence. La philosophie se meurt, la philosophie est morte. »

Ozanam n'était pas philosophe : il était poète, il était historien. Il avait à la fois ces deux vocations, et ces deux ardeurs le consumèrent durant toute sa vie. C'est là, en définitive, c'est là qu'est la dominante de cette âme si bien douée, et Ozanam doit être considéré comme un poète qui a écrit d'excellentes pages d'histoire, comme un historien qui a revêtu d'une riche poésie l'exactitude de ses récits et l'autorité de ses jugements. Il existe, paraît-il, une certaine école où l'on prétend que ces deux choses sont incompatibles : je plains fort sincèrement ces infortunés qui haussent les épaules en passant devant le grand Châteaubriand, devant le Michelet du bon temps, devant Augustin Thierry et devant notre Ozanam.

« Démontrer la religion catholique par l'antiquité des croyances historiques, religieuses et morales » : tel est le plan que s'imposait ce jeune homme de vingt ans, dans e même temps qu'il écrivait de très beaux vers et frappait de bonnes strophes sonores. Il ne faut pas désespérer d'un jeune homme qui se livre à ce loisir, et je me défie de ceux qui le dédaignent. Mais ce que j'admire dans Ozanam, c'est cette passion pour l'Apologétique, qui

fut le constant honneur de sa vie et la plus vive préoccu-
pation de son esprit. C'est par là qu'il a été de son siècle.
Les catholiques qui n'ont pas ce souci ne me paraissent
pas aujourd'hui dignes du nom de catholiques. Cette « Société d'apologétique » à laquelle je songe depuis si longtemps et que je ne puis parvenir à fonder, Ozanam fût
aisément arrivé à l'établir. Il y avait tant d'obstination
dans sa générosité et tant de puissance dans son obstination ! Je crois le voir à cette époque de sa vie, je le re-
constitue tel qu'il était à vingt ans : vif, rayonnant de
courage et d'espoir, jetant sur l'Église un regard aimant
qui voulait dire : « Je te défendrai contre le monde, » et
jetant sur le monde un regard fier qui signifiait : « Je te
veux réconcilier avec l'Église. » Il est là tout entier.

II

On a dit d'un grand écrivain de ce temps « qu'il changeait tous les jours d'idée fixe. » Rien ne serait plus injuste que d'appliquer ce mot à Ozanam. Il a eu en même
temps plusieurs idées fixes ; mais il a eu l'heureuse fortune de n'avoir jamais à renoncer à aucune d'elles. Lorsqu'il débarquait à Paris, à vingt ans, tout plein de vives
aspirations vers un meilleur avenir ; lorsque, vingt ans
après, il contemplait de ses yeux mourants les flots bleus
de la Méditerranée, il pensait à trois choses. Et ces trois
choses étaient : la poésie des races chrétiennes, les origines
de la patrie française... et les pauvres. Je dirai même
que cette dernière pensée a été, grâce à Dieu, la plus
pressante et la plus obstinée de toutes les préoccupations
d'une aussi noble vie. Il avait compris que le premier de-

voir des catholiques de ce temps-ci, plus encore que de tous les autres siècles, est de mettre leurs actes en accord avec leurs théories. Il avait compris aussi que la charité est la plus solide forteresse où la jeunesse puisse se défendre contre les assauts redoublés de la Tentation et du Doute. Il s'était rappelé sans doute (lui qui savait tant de choses) que la visite des pauvres avait été le caractère de la charité catholique pendant les trois premiers siècles de l'histoire de l'Église. D'un bond il s'élança jusque dans ces siècles et résolut d'appliquer à notre société ce qui fit jadis l'honneur de la société chrétienne à son aurore. Quoi qu'il en soit, il résolut d'escalader les mansardes et d'apporter aux plus délaissés de tous les pauvres le pain qui leur manquait, avec un bon sourire ami et une bonne main tendue, et, pour ainsi parler, avec un rayon de soleil.

Or il se trouva que, vers le même temps, plusieurs autres chrétiens eurent cette même pensée d'où est sortie la Société de Saint-Vincent-de-Paul. J'imiterai ici la réserve de l'historien d'Ozanam, et ne descendrai pas à épiloguer mesquinement sur la part qu'il convient de faire à chacun de ces fondateurs. C'est avec le même respect, c'est avec la même reconnaissance que je prononcerai ici les deux noms de l'excellent M. Bailly et de Frédéric Ozanam. On me permettra seulement d'observer que le rôle de celui-ci a été considérable et décisif : « Ne parlons pas tant de charité, faisons-la » : cette parole si simple a fait des merveilles.

La première Conférence fut fondée à Paris en 1833, et c'est avec une profonde émotion que j'ai lu toutes les pages de la nouvelle biographie d'Ozanam qui sont consacrées à ce lever du soleil. Je compare en moi-même

ces commencements si humbles et si charmants, avec
ceux de l'OEuvre des Cercles auxquels il m'a été donné
d'assister. Quelle fraîcheur, quelle rosée, quelle vivacité
de zèle ! Ozanam l'a gardée toute sa vie, cette belle ardeur du premier jour, et l'œuvre elle-même n'a pas
vieilli. On l'a vu, comme un *missus dominicus* de la charité catholique, parcourir les Conférences de France et
d'Italie ; on l'a vu réveiller partout le zèle antique et
maintenir partout l'esprit primitif et les véritables traditions de l'OEuvre. Il fut pendant longtemps le centre
vivant, l'âme de la Société, qui, en vérité, garde encore
aujourd'hui l'empreinte de sa pensée et la chaleur de
son cœur.

Après les pauvres, le travail. C'était un vaillant travailleur, et qui ne sut jamais s'épargner. Il se livrait surtout
à l'études des langues, qu'il considérait comme un excellent outil. Philologue pour être historien. Deux époques
attiraient déjà l'attention de cet esprit si éveillé : l'époque
germanique, d'une part, et, de l'autre, ce que je me per-
mettrai d'appeler l'époque dantesque : la France des vi°
et vii° siècles, l'Italie du xiii° et du xiv°. Il se proposait
de combler un jour, par de nouveaux travaux, la lacune
qui sépare ces deux périodes où il voyait avec raison
l'aurore et le crépuscule du Moyen-Age. On sut ce qu'il
était capable de faire, le jour où il soutint sa thèse de
docteur. Il s'y révéla dans un sujet aride, eut le secret
de s'y montrer grand orateur, et M. Cousin put s'é-
crier sans exagération : « Monsieur Ozanam, il est impossible d'être plus éloquent que vous. » Ces mots feront
sourire plus d'un érudit de la petite école et, pour dire le
vrai mot, plus d'un pédant. Ces rhéteurs de la science écri-
raient volontiers sur la porte de nos écoles : » Défense,

ici, d'être éloquent. » Ils nous défendent également d'être chaud, d'être coloré, d'être vivant. « L'impassibilité dans la pédagogie », tel est le rêve de ces cerveaux étroits, et ils s'imaginent que nous conquerrons ainsi des intelligences de vingt ans. En Allemagne, soit ; mais en France, jamais. Ozanam est ici un modèle qu'il faut nous entêter à suivre. Il a profondément étudié la matière de ses leçons ; il les a préparées avec les meilleurs procédés scientifiques ; puis il s'est donné carrière, et n'a pas craint, vive Dieu ! de rencontrer l'éloquence en chemin.

Trois ans après ce coup d'éclat, Ozanam était nommé suppléant de Fauriel. C'était là son but, c'était là sa place. Il y gagna bien vite l'affection d'un public essentiellement mobile et qui était alors plus passionné que jamais. On n'avait pas encore inventé le mot « clérical » ; mais la haine de 1840, pour se servir d'un autre vocabulaire, n'en était guère moins enragée ni moins féroce. Cependant, ce jeune professeur de vingt-huit ans fut favorablement accueilli. Faut-il attribuer ce succès à son savoir ou à son éloquence ? Je ne le pense pas, et j'aurai dit toute ma pensée en disant qu'Ozanam était généreux, et que cette générosité est peut-être la meilleure explication d'un triomphe presque inattendu et si bien mérité. Toutes les nobles causes le tentaient. Peut-être aujourd'hui ne parlerait-il pas de la liberté comme il en parlait alors ; mais il me suffira d'ajouter que sa belle sincérité n'a jamais pu être mise en doute, Il avait un cœur de cristal, où tout le monde pouvait lire, et possédait le don de l'enthousiasme spontané et presque naïf. C'est là ce qui plaît aux jeunes gens ; c'est là ce qui fait la popularité d'un professeur. Personne, à ce point de vue, n'a été aussi populaire qu'Ozanam.

J'ai interrogé, avant d'écrire cette étude, plus d'un de ceux qui ont assisté jadis aux leçons de ce professeur aimé. Le début de chacune de ses leçons avait quelque chose de laborieux et de pénible. Il luttait contre sa propre parole, qui ne suffisait pas à contenir sa pensée. Le visage n'était pas encore assuré, ni le regard fixe ; le poing frappait la table, comme pour en faire jaillir de la lumière et du feu. Cependant les idées se succédaient, rapides et pressées. Puis tout à coup, *Deus, ecce Deus :* Ozanam avait trouvé le trait qu'il ne cherchait pas et dont il avait besoin. C'en était fait, et il était dès lors éloquent jusqu'à la fin de sa leçon. Les allusions animaient l'exposé de sa doctrine ; mais ce n'étaient pas des allusions perfides, comme celles auxquelles nous ont habitués des intelligences moins généreuses. Les applaudissements éclataient ; la bataille était gagnée. Mais on s'épuise, hélas ! à remporter de ces victoires.

Il pensait toujours à ses Germains ; il pensait toujours à son Dante. C'est à peine s'il interrompit ces nobles études pour cette grande fête de sa vie, pour ce mariage dont le P. Lacordaire a jadis parlé en termes si étranges. Suivant l'illustre Dominicain, les savants devraient, à tout le moins, se vouer au célibat « laïque ». Le P. Lacordaire n'était pas sans avoir pour les gens mariés je ne sais quelle pointe de pitié, et j'ai retrouvé ce sentiment chez plus d'un théologien, chez plus d'un prêtre. On nous pardonne, on daigne nous pardonner ce sacrement que saint Paul appelle « grand », et les généreux descendent jusqu'à nous accorder des circonstances atténuantes. Je pourrais citer un livre excellent où l'on va jusqu'à dire que « l'Église ne fait guère que tolérer le mariage ». Pour tout dire, le mot « tolérer » me paraît empreint de quelque sévérité. A coup sûr, Ozanam ne l'entendait pas de la sorte, et il trouva dans sa femme cette consolatrice des jours de lutte et d'angoisse, ce collaborateur intelligent des jours de travail, cet appui, ce sourire dont aucun travailleur, en dehors du cloître, ne saurait se passer. Cette âme d'Ozanam, si tendre et si délicate, en avait peut-être plus besoin qu'aucune autre, et je doute qu'il fût arrivé, dans le célibat, à produire ces admirables livres sur les Barbares et sur saint François, dont nous aurons bientôt à parler. On a trop abusé de ces mots « Muse » et « Ange » pour que je les applique ici aux femmes des savants chrétiens; mais la vérité est que ce sont des inspiratrices silencieuses, modestes... et nécessaires. Ozanam l'a bien éprouvé. Je me persuade qu'il soumettait tous ses livres à sa femme, et qu'elle lui a suggéré plus d'une utile et heureuse correction.

Malgré tout, il n'était toujours que « suppléant », et le jeune ménage se préoccupait étrangement de cette situation provisoire, dont l'humble budget avait parfois à souffrir. Rien n'est intéressant comme ces premières luttes d'un homme intelligent et lettré, pour conquérir, avec sa parole ou avec sa plume, cette *mediocritas aurea* qu'il souhaiterait offrir à sa jeune femme. On fait des plans de livre ; on vise aux Académies ; on refuse certains travaux qui sont lucratifs, mais indignes de vous ; on s'ingénie de mille sortes. Ozanam ne fut titulaire qu'en 1845, et ce ne fut point sans peine. On peut dire que ses élèves lui furent, en cette occasion, plus utiles que ses supérieurs et ses maîtres, et l'affection qu'ils lui portaient fut son meilleur titre à un aussi légitime avancement. A peine installé dans sa chaire, il eut à y soutenir des combats auxquels il ne pouvait guère s'attendre. C'est peu de temps après qu'éclata à la Sorbonne la tempête dont le très courageux M. Lenormant devait être la victime. Un professeur qui se permettait d'être catholique, et de l'être avec une absolue sincérité : c'est ce que ne purent tolérer les étudiants de 1845 et de 1846. Les jeunes disciples de Michelet firent tous leurs efforts pour bâillonner, au nom de la liberté, les lèvres de ce vaillant, et ils réussirent à étouffer cette parole qui les gênait. Il va sans dire que le Gouvernement donna tort au professeur. Mais quelles leçons, quel tapage ! Un groupe d'étudiants catholiques s'étaient généreusement rangés autour de leur maître menacé. Le jeune frère d'Ozanam, Charles, et Raymond Brucker étaient à la tête de l'intrépide petite bande. Brucker était homérique, pindarique, sublime, et sa voix puissante dominait le tumulte. Quant à notre Ozanam, il fit alors le plus grand sacrifice et le plus méritoire qu'un honnête homme puisse faire à la vertu et au droit : pour défendre M. Lenormant et l'Église, il compromit sa popularité. Qu'on m'en cite·beaucoup qui soient capables d'en faire autant.

La Révolution de 1848, annoncée par tous ces tapages, ne surprit pas Ozanam. On sait, d'ailleurs, qu'elle parut d'abord favorable aux catholiques. Pour bénir les arbres de la liberté, on convoquait volontiers les « curés », et le *Domine salvam* n'était pas chanté sans quelque entrain. La jeunesse catholique, est-il besoin de le dire, était emportée vers les idées nouvelles, et je n'ai aucune peine à confesser qu'Ozanam ne fut pas des plus tièdes. Il faut se reporter à cette époque pour avoir l'intelligence de ces choses. J'étais alors en troisième, et composai sur le 24 février un superbe dithyrambe en deux cents vers.... que j'ai brûlés depuis. Au milieu de toute cette mêlée

d'opinions, d'espérances, d'illusions, de regrets et d'u-
topies apparaissait la robe blanche du P. Lacordaire, qui
continuait tranquillement ses conférences à Notre-Dame.
Ozanam se faisait un devoir d'y assister. Même il voulut
les faire entendre et goûter d'un public véritablement
populaire, et on le vit un jour, en costume de garde national, enlever prestement les barrières qui fermaient la
nef et la réservaient au public payant. Ce dernier fait m'a
été plusieurs fois raconté par le Dʳ Faivre, qui est mort
tout récemment doyen de la Faculté des sciences à Lyon,
et qui avait ce jour-là, aidé l'excellent Ozanam à faire
cette besogne un tantinet révolutionnaire. Je dois ajouter, pour être sincère, qu'ils s'étaient mis d'accord avec
le P. Lacordaire, et que le grand orateur leur sourit du
haut de sa chaire. Ah! si la révolution de 1848 n'avait
pas laissé de pires souvenirs!

La collaboration d'Ozanam à l'*Ère nouvelle* n'est pas
faite pour nous étonner, et il y avait alors des espérances
auxquelles on pouvait reprocher d'être plus généreuses
que rationnelles. Je ne suis pas de ceux qui ont été
atteints par l'illusion libérale; mais je ne suis pas de ceux
non plus qui englobent sévèrement les personnes dans la
juste condamnation des doctrines. Ozanam, d'ailleurs,
n'était là qu'à titre de littérateur et d'historien, et il ne
serait pas équitable de lui faire, à ce propos, un procès
de tendance. Presque toute cette génération avait été en-
fiévrée par le grand souffle d'O'Connell; mais elle était
d'une éclatante bonne foi, profondément pieuse, et sus-
pendue au jugement de l'Église. Les désillusions, au reste,
ne se firent pas attendre, et Ozanam, sans doute, en
connut la douleur. Il se consolait avec la science.

En 1845 et 1846, ses *Études germaniques* avaient enfin

paru, et en 1847 ses *Poètes franciscains*. Le grand historien se disait, non sans quelque tristesse, que c'était seulement le prologue et l'épilogue de la grande œuvre qu'il rêvait; mais en définitive, au regard de Dieu et de la postérité, c'était une œuvre complète, lumineuse et décisive. Il avait élevé son monument. Sa santé, cependant, déclinait de jour en jour, et de jour en jour sa piété se dilatait. Il savait l'*Imitation* par cœur et se la récitait intérieurement. L'arbre qu'il avait planté, la Société de Saint-Vincent-de-Paul, avait, comme le catalpa, dispersé dans le monde entier ses graines voyageuses, ses graines ailées, et ses Conférences, qui se comptaient déjà par centaines, allaient bientôt se compter par milliers.

L'œil déjà mourant d'Ozanam contemplait modestement ce spectacle, dont il doit aujourd'hui jouir avec délices dans le ciel. En 1851, il alla prendre quelque repos aux environs de Paris, dans une maison de Sceaux que j'ai eu l'honneur d'habiter dix ans après lui et que j'ai retrouvée toute pleine encore de son souvenir. Son regard allait de sa femme à sa fille, et l'œil de son intelligence contemplait tour à tour ce cher Moyen-Age dont il avait si bien fait connaître les origines et la poésie, et ces mansardes de notre temps où il avait conduit tant de milliers de visiteurs. Parfois encore, la voix de ce professeur incomparable essayait de se faire entendre : mais les forces trahissaient la volonté. Il fallut l'emmener au Midi, dans cette Italie qui lui doit, parmi nous, un si vif renouvellement de sa gloire. Grave, pieux, résigné, offrant sans doute à Dieu l'horrible douleur de cette interruption de sa grande œuvre intellectuelle, lui offrant aussi les angoisses plus dures de sa séparation d'avec tant d'êtres si chers, il mourut en laissant à une génération moins virile le type achevé, le type nécessaire du chrétien militant.

III

Tel fut l'homme. Il nous reste à dire quelques mots de son œuvre et à répondre à cette question qu'il faut se poser le jour où disparaît un homme de haute valeur intellectuelle : « Que nous est-il resté de lui ? »

Grâce à Ozanam, la Poésie chrétienne a été remise en honneur dans une société qui jusque-là était uniquement éprise de la Poésie antique.

Grâce à Ozanam, les origines de la France ont été décidément élucidées, et il a été démontré, en une belle langue scientifique et imagée, que nous avons dans nos veines du sang de Germain, mais de Germain christianisé.

Grâce à Ozanam, des milliers de pauvres sont encore assistés sur toute la surface du monde et reçoivent, comme des rois, la visite de ces milliers de chrétiens qui sont les adulateurs obstinés de leur misère.

Ce sont là les trois œuvres d'Ozanam et je n'en connais pas de plus glorieuses, ni de plus belles.

Il faut se transporter par l'esprit en 1840 pour se rendre un compte exact du prodigieux dédain dont la poésie des siècles catholiques était l'objet. Entre Virgile et Racine, les meilleurs esprits faisaient un bond ; entre ces deux soleils, c'était la nuit. La puissante initiative de Chateaubriand en son *Génie du Christianisme,* de Victor Hugo en sa *Notre-Dame de Paris* et de Montalembert en sa *Sainte Élisabeth,* ce triple effort du génie n'avait pas suffi à détruire la vieille, la stupide, l'indestructible routine. On avait gagné la cause de l'art gothique, mais non pas celle de la littérature chrétienne.

Ozanam fut à la fois habile et sincère : il transporta son public dans un pays qui avait toutes les sympathies des classiques les plus austères, dans un pays où l'on s'imaginait volontiers qu'il n'y avait pas eu de solution de continuité entre l'Antiquité et la Renaissance. Puis il choisit le plus pur, le plus charmant de tous les ruisseaux qui aient jamais coulé du haut des montagnes ou des collines italiennes. Il prit pour type de la poésie chrétienne le plus poétique de tous les saints, et celui qui a été, pour ainsi parler, le professeur de poésie le plus écouté du Moyen-Age. Que parlais-je de ruisseau tout à l'heure ? Saint François d'Assise et son Ordre sont un large fleuve aux eaux superbes et claires. Ozanam le fit bien voir.

Les *Poëtes franciscains* sont, entre toutes ses œuvres, celle qui vivra le plus longtemps, celle qui fera le plus d'enthousiastes. Ce petit livre conquit sur-le-champ une popularité étendue et profonde. On se mit à lire, à relire les *Fioretti*. On répéta partout : « L'amour m'a mis dans le feu de l'amour. » Les puristes daignèrent consentir à trouver ces vers corrects et beaux : les vieux universitaires se rendirent ; les jeunes n'avaient pas eu besoin de se convertir. La cause était gagnée : il fut admis que les races chrétiennes, réduites à leurs seules forces, avaient pu concevoir et réaliser une poésie vraiment grande. Ah ! nous avons eu plus de peine à convertir les intelligences à la beauté de la vieille poésie française, et nous nous sommes mis en fort mauvais point pour avoir osé (*proh pudor !*) comparer un jour la *Chanson de Roland* à l'*Iliade*. Si nous avons, à notre tour, remporté cette victoire sur l'opinion publique, c'est qu'Ozanam nous avait frayé le chemin, et nous voulons lui exprimer ici toute la vivacité de notre reconnaissance.

Au sujet des origines germaniques, même combat, même triomphe. Il y a des Français qui pensent faire preuve de patriotisme en affirmant hautement que les Germains ont passé parmi nous sans y laisser de traces. « Ils étaient si peu, dit-on, et si barbares ! » De notre droit coutumier qui porte si visiblement l'empreinte du vieux droit germanique, des institutions nationales de nos deux premières races, de la grande figure et des solides fondations de Charlemagne, de l'origine et du mécanisme de la féodalité, de ce millier de mots germains qui sont restés dans notre langue, de cet esprit germain qui souffle dans nos anciens poëmes, de ces localités sans nombre qui portent les noms des tribus barbares ou des hommes de ces tribus, de tous ces éléments nécessaires de la discussion, de toutes ces preuves éloquentes, on ne sonne pas mot. On hoche volontiers la tête en lisant les *Études germaniques* d'Ozanam, et l'on dit : « Il est trop germaniste. » Mais, somme toute, on commence à revenir de ces idées étranges auxquelles la guerre de 1870 a donné une intensité regrettable. Il y a quelques années, on a agité cette question à l'Académie des sciences morales, et ce fut un *tolle* général quand Henri Martin jeta, comme un défi, cette singulière parole : « Nous sommes des Celtes pour le « fond ; des Romains pour la forme ; des Germains pour « le nom, et pour le nom seulement. » M. Giraud se chargea de réfuter ce paradoxe, et le fit magistralement. Mais il ne faisait, en somme, que résumer ces idées auxquelles Ozanam avait jadis donné une forme si décisive. Ozanam, ici encore, est demeuré vainqueur.

Quant aux pauvres, j'aurai tout dit en rappelant qu'il y a aujourd'hui TROIS MILLE conférences de Saint-Vincent-de-Paul, et que cette Œuvre incomparable a déjà distribué plus de cent millions aux déshérités de ce monde. Or, ces trois mille Conférences sont sorties de cette humble petite mansarde d'étudiant où Ozanam avait rassemblé quelques jeunes chrétiens. Et ces cent millions sont sortis, véritablement sortis, de cette pauvre petite bourse où Ozanam avait cherché la première obole qu'il offrit à la première quête pour la Société naissante. Est-il une gloire que l'on puisse comparer à cette gloire ?

En relisant sa Vie écrite par son frère, je me disais qu'il avait été vraiment plus heureux que nous ne le sommes. Il a assisté d'un cœur joyeux à la reconstruction de ce grand édifice de la société catholique, à cette reconstruction qui était alors entreprise par tant de jeunes bras et par tant de cœurs généreux. C'était l'aurore : le ciel était bleu. C'était le printemps : les petits bourgeons s'ouvraient sur les arbres bouillonnants de sève. Il semblait que l'on assistait alors au spectacle de cette construction de nos cathédrales au xii° ou au xiii° siècle : tous les chrétiens s'y occupaient, au chant des cantiques, et les femmes mêmes y travaillaient avec les petits enfants. C'est ainsi qu'à la voix des Montalembert, des Ozanam, des Lacordaire et des Louis Veuillot, les catholiques rebâtissaient leurs temples détruits et en faisaient monter les assises jusqu'au ciel. Mais nous, nous, les catholiques de la fin du xix° siècle ! Tout ce que nos pères et nos frères ont si péniblement reconstruit, on l'abat de nouveau sous notre regard révolté et impuissant. Hier, tout semblait achevé ; aujourd'hui, tout est à refaire. Hier, notre édifice se dressait, vigoureux et splendide : ce n'est plus aujourd'hui qu'un tas de débris informes. Autour de nous je ne sais quoi qui ressemble au commencement d'une nuit d'orage : des ténèbres tristes, une obscurité décourageante. Eh bien ! ne désespérons pas, et puisons dans l'exemple d'Ozanam un courage nouveau. Imitons ces architectes du xi⁰ siècle qui cherchaient à couvrir d'une voûte énorme, d'une voûte de pierre, les murailles trop faibles de leurs églises transformées. Les murailles tombaient, tombaient toujours. Et les architectes entêtés recommençaient, recommençaient toujours en donnant moins de poids à leur voûte et plus de force à leurs murs. Un jour enfin, à force d'obstination et de génie, ils trouvèrent cet équilibre tant cherché. L'art du Moyen-Age fut fondé, et d'immenses églises abritèrent tout un peuple sous leurs voûtes qui ne tombaient plus. Soyons aussi entêtés, et avec les ruines que font nos adversaires, nous reconstruirons les portiques du Temple et les murs de Jérusalem.

RENAN

ERNEST RENAN.

L'ART GOTHIQUE [1].

I

M. Renan n'a pas dédaigné de s'occuper de l'art du Moyen-Age. Il était facile de prévoir ce qu'il en penserait. C'est chose assez connue qu'il commence volontiers par encenser ce qu'il veut anéantir. Ayant fait quelques saluts à l'architecture gothique, on pouvait croire qu'il s'efforcerait un jour de la mettre en discrédit. Il était d'ailleurs impossible que M. Renan eût une affection réelle pour ces voûtes qui ont si longtemps couvert de leurs ombres le tabernacle où repose véritablement le corps de Jésus-Christ. Il est de ceux qui se sentent mal à l'aise dans une cathédrale.

M. Renan, du reste, a été fidèle à ses habitudes : il n'a pas attaqué résolûment, nettement, l'art des xiiie, xive et xve siècles. Cette vieille méthode est usée. On ne dit plus, comme jadis, en passant devant une doctrine qu'on croit fausse : « Voilà le faux, et je le hais. » On est trop habile pour se laisser emporter à ces ardeurs trop juvéniles. Il y a maintenant toute une école dont M. Renan est le chef, et qui peut s'appeler l'école de la nuance. La nuance est l'art de reconnaître du bon, du meilleur, du médiocre,

[1] Écrit en 1862.

du passable, du mauvais et du pire en toutes choses, et
même en Dieu, qui est la Bonté suprême. Cette école, en
définitive, blasphème et renverse tout, puisqu'elle blasphème et renverse l'Absolu. C'est un système qui conduit
aisément à l'athéisme, et il ne faut pas s'étonner que
M. Renan, qui s'est permis de l'appliquer à Dieu, ait eu la
prétention de l'appliquer à notre art national.

Pendant que d'autres chrétiens ont la fierté très légitime de ne point laisser passer sans réponse une seule
des attaques philosophiques de M. Renan, il conviendra
peut-être de constater également les erreurs de cet écrivain en matière d'archéologie. Nous ne sommes pas,
d'ailleurs, le premier à le faire. M. F. de Verneilh a déjà
prononcé un plaidoyer aussi éloquent qu'érudit en faveur
de cet art gothique qu'un second Beulé avait attaqué
avec une modération calculée et d'habiles détours. Il est
à désirer que ce plaidoyer soit connu de nos lecteurs ;
mais il reste peut-être quelque chose à dire après M. de
Verneilh, et nous tenons à le dire.

II

M. Renan était-il préparé à ces études sur notre archéologie nationale? Il aurait, nous n'en doutons pas, la
modestie d'avouer que sa compétence est de très fraîche
date. Mais il a un esprit d'une extrême vivacité, et il
est surtout un artiste, dans toute la force *naturelle* de ce
mot. Il étudie finement et promptement : à peine a-t-il
contemplé un objet, que des millions de nuances viennent
soudain papilloter sous ses yeux. Aussi avions-nous tort
de parler tout à l'heure de ses systèmes. Dans les idées

de M. Renan, rien ne se tient. La nuance est l'opposé du
système.

En ce qui touche à l'architecture gothique, M. Renan
a eu, du moins, la prudence de s'entourer d'excellents
conseils. Il serait facile, quand il n'en eût pas fait l'aveu,
de reconnaître dans ses doctrines celles du savant professeur d'archéologie à l'École des Chartes, de notre
maître Jules Quicherat. Exposons d'abord ces doctrines
que M. Renan n'a pas eu l'occasion de présenter à ses
lecteurs dans leur imposant ensemble, et qui ne sont
connues que d'un très petit nombre d'élus....

D'après Jules Quicherat, le grand mouvement archéo-
logique a commencé avec le xi° siècle, aussi bien dans
notre France que dans toute l'Europe occidentale. Les
malheurs inouïs du x° siècle produisirent cette noble évolution qui devait durer quelques centaines d'années. Avant
l'an mil, les églises étaient voûtées en bois : les incendies
éclataient partout et terrifiaient les peuples. Les Nor-
mands jetaient leurs torches enflammées sur la toiture
de nos basiliques ; les poutres, à moitié consumées, étaient
précipitées sur le sol ; les tapisseries, qui étaient alors le
luxe des églises, s'embrasaient subitement ; tout l'édifice
était en feu. Il fallait le reconstruire, et le nouveau temple
subissait souvent, quelques années plus tard, le même
sort que le premier. A la fin du x° siècle, il y eut un
abattement général. Ces malheureux chrétiens, que
préoccupait l'approche de la fin du monde en l'an mil,
contemplèrent avec un effroi désolé les ruines de leurs
églises, qu'ils ne relevaient que pour les voir tomber. La
fin du monde n'arriva pas : ils respirèrent. C'est alors
qu'assis sur les débris de leurs basiliques, ils cherchèrent
vaillamment le moyen d'échapper aux désastres des siècles

précédents. Le feu était le grand ennemi : ils luttèrent contre le feu, et se tinrent ce langage : « Puisque toutes nos églises brûlent, nous allons en bâtir qui ne puissent pas brûler, nous allons en construire TOUT EN PIERRE. » Et ils en construisirent tout en pierre.

Le jour où ils se tinrent ce langage et où ils commencèrent cette œuvre, naquit véritablement l'art roman.

Il s'agissait donc (redoutable problème !) de COUVRIR EN PIERRE des édifices d'une longueur et d'une largeur véritablement prodigieuses. Les Romains n'avaient rien voûté de pareil. Leurs *cameræ*, leurs aqueducs, leurs ponts, leurs portiques, ne présentaient ni cette élévation, ni cette effroyable longueur *sans solution de continuité*. Qu'importe ! les Romans jetèrent hardiment, sur les murs de leurs églises, de lourdes voûtes en berceau. Elles tombèrent presque aussitôt à leurs pieds, ou sur leurs têtes. Elles pesaient trop sur ces pauvres murs qui fléchissaient et crevaient par le milieu. Les Romans recommencèrent avec une patience dont on trouverait peu d'exemples dans toute l'histoire de l'art. Mais leurs voûtes et leurs murs tombaient encore, tombaient toujours.

Les yeux obstinément fixés sur ces voûtes qui les menaçaient sans cesse, ils commencèrent à sentir toute la gravité du problème qu'ils avaient à résoudre. Ce problème devait en réalité les occuper durant tout le Moyen-Age, et Jules Quicherat a eu raison de dire, avec sa parole pittoresque, que l'histoire de l'architecture au Moyen-Age, « n'est que l'histoire de la lutte des architectes contre la poussée de la voûte. » Il fallut recourir à des expédients.

Le premier artifice des Romans fut naïf. Le jour où ils aperçurent une fissure sinistre dans une portion de leurs

voûtes qui était en péril, ils s'empressèrent de placer à
l'endroit particulièrement menacé, un cintre de bois qui
eût jusqu'au sol de grosses poutres pour appui [1]. Ces cintres de bois, on ne tarda point à les changer en ces cintres
de pierre qu'on nomme des « arcs-doubleaux », et les
poutres furent elles-mêmes transformées en fortes colonnes ou en piliers de pierre. Le tout était énergiquement soutenu, à l'extérieur de l'édifice, par de gros
massifs de pierre appelés contreforts. Le procédé des
arcs-doubleaux fut bientôt appliqué à toute la voûte : on
en plaça de distance en distance, de façon à former des
travées régulières. L'effet produit fut des meilleurs. Cet
échafaudage de pierre empêcha désormais la voûte de
s'écrouler dans tout son prolongement. Ce fut une première et excellente conquête.

Les Romans, en second lieu, furent amenés de bonne
heure à abandonner plus d'une fois l'emploi de l'arc en
plein cintre pour celui de cet arc brisé qu'on a si indû-
ment appelé « ogive ». L'arc brisé présentait, aux yeux
de ces constructeurs, de plus sûres garanties de solidité.
La voûte en berceau fut, en vertu du même principe,
remplacée par la voûte en tiers point, par le berceau
brisé. Grâce à ce second artifice, les Romans fraction-
nèrent la voûte dans sa *montée*, de même que, par l'arc-
doubleau, ils l'avaient fractionné dans sa *continuité*. Mais,
en dépit de tous ces expédients, les églises étaient toujours
sous le coup d'une menace redoutable. Il y avait encore
des accidents plus ou moins nombreux ; il y avait des
portions de voûte qui fléchissaient et des effondrements
partiels. Les vaillants architectes du onzième siècle eurent

[1] Nous devons dire que cette conception de Quicherat est demeurée à
l'état d'hypothèse.

recours, pour localiser décidément la poussée de leurs voûtes, au dernier et au plus surprenant de tous leurs procédés.

Les Latins, ou peut-être les Étrusques avant eux, avaient connu et pratiqué cette merveilleuse « voûte d'arêtes », qui est le produit d'une voûte en berceau traversée perpendiculairement par une autre voûte en berceau. Les Romans se servirent plus ou moins adroitement de la voûte d'arêtes, surtout dans leurs bas côtés ; mais ils ne tardèrent pas à la transformer. Au lieu des arêtes vives, ils employèrent de fortes arêtes saillantes dont les retombées aboutirent au pied des arcs-doubleaux. Entre ces lourds cordons de pierre, on put désormais construire le reste de la voûte avec des matériaux légers qui en atténuèrent singulièrement la poussée : mais il faut surtout se représenter ces gros cordons de pierre comme autant de véritables rigoles ou gouttières, qui, dans chaque travée, amenèrent cette poussée terrible en quatre points nettement déterminés où l'on put accumuler tous les moyens de résistance, piliers, colonnes et contreforts. Grâce à ces moulures puissantes qui se coupaient en diagonale, grâce à cette « croisée d'ogives », le grand problème fut enfin résolu, et la poussée localisée. Telle fut l'œuvre des Romans. Elle mérite d'étonner la postérité.

Nous n'avons pas encore vu paraître les Gothiques. Ce qui les distingue des Romans, ce n'est pas (comme on le croit trop généralement) l'emploi de cet arc et de ce berceau brisés, dont on a constaté déjà l'existence en un certain nombre d'édifices du XIᵉ siècle. Ce qui sépare réellement les Gothiques des Romans, c'est que les premiers ont ajouté aux artifices et aux procédés de leurs devanciers l'emploi décisif de l'arc-boutant et du pilier butant.

Toute église à arcs-boutants est gothique : une église sans ces mêmes arcs, peut être gothique par les détails, par l'ornementation, par le « sentiment » : elle ne l'est pas scientifiquement. Ce qui donne aux doctrines de Jules Quicherat une incontestable supériorité sur les doctrines des anciens archéologues, c'est qu'il prend pour base de ses classifications, non pas l'ornement et le détail, mais la voûte, et la voûte seulement. Il compare avec bonheur la voûte d'un édifice aux vertèbres d'un animal. S'il entre dans une église dont il veut faire l'analyse, il regarde la voûte tout d'abord et la classe d'après cette voûte. Là est la force de son système : car Jules Quicherat a l'honneur d'avoir un système, et nous ne saurions l'en féliciter trop vivement.

Pourquoi cette innovation des Gothiques ? pourquoi cet arc-boutant ? pourquoi ce pilier butant ? Rien de plus facile à comprendre. Les Romans, malgré tous leurs artifices, avaient été obligés de rétrécir et de surbaisser leurs églises. Les Gothiques voulurent avoir des églises plus larges, et surtout plus hautes. Mais comment procéder ? Les pierres ne se soutiennent pas toutes seules en l'air. C'est alors qu'ils inventèrent ce nouvel et magnifique échafaudage en pierre, ces « béquilles » qu'on connaît sous le nom d'arcs-boutants. Échafaudage est le mot, et nous n'en rougissons pas. Grâce à ces arcs immenses, qui, — puisant leur force dans le sol, réservoir de toute force, — allaient rejoindre l'extrémité supérieure de l'édifice en passant comme un pont au-dessus des bas côtés, on put construire des églises d'une hauteur prodigieuse. On put bâtir les splendides cathédrales d'Amiens, de Chartres, de Paris ; on put élever Beauvais et le chœur du Mans Nous remercions Dieu d'avoir donné aux architectes chrétiens cette idée féconde, cette idée de génie.

Telle est, en quelques pages, toute l'histoire de l'architecture au Moyen-Age. Si notre plume a trahi notre pensée ; si, dans cette exposition difficile, nous avons manqué de l'exactitude nécessaire à la science, nous en demandons pardon à nos lecteurs, et avons le devoir de leur affirmer que l'erreur ne vient pas de Jules Quicherat, mais de nous.

III

Qui croirait que cette histoire de l'art national ait pu servir d'argument contre nos pères, bâtisseurs d'églises ? Il n'en est pas moins vrai que les idées de Jules Quicherat, mal comprises, ont été présentées par quelques-uns de ses élèves comme devant nous délivrer de toute admiration pour les Gothiques aussi bien que pour les Romans.

On a dit (ce n'est pas M. Renan) que chacun des procédés des Romans, l'emploi de l'arc-doubleau, de l'arc brisé et de la croisée d'ogives, et surtout de l'arc-boutant des Gothiques, ont été des inventions estimables, sans doute, mais que les circonstances avaient visiblement nécessitées. « L'architecture du Moyen Age, romane ou gothique, ajoute-t-on, n'a pas été l'œuvre d'un génie créateur, mais une série d'expédients que les exigences de la maçonnerie ont tirés péniblement de la cervelle un peu rebelle des architectes de cette époque. Enfin, la naissance de l'art roman et celle de l'art gothique n'ont rien de spontané : elles ont été la conséquence de circonstances qui n'ont

rien que de fort banal. Si les hommes du xi° siècle n'a-
vaient pas eu si peur de voir leurs églises leur tomber
sur la tête, notre architecture nationale serait encore
à naître. »

Il est facile de répondre à de tels arguments. On prouverait aisément que toutes les architectures ont commencé de même, et que les styles les plus achevés sont
nés de circonstances matérielles et vulgaires. Dans le
temple grec, il ne serait pas impossible de reconnaître la
cabane primitive. D'ailleurs, la grandeur et le génie de
l'homme éclatent surtout dans leur lutte contre les difficultés matérielles, contre la nature. Or, que de difficultés ont vaincues les Romans ! Si jamais l'admirable cours
de M. Quicherat est publié, on estimera davantage leurs
travaux, dont on connaîtra mieux les obstacles. On fera
plus de cas de ces hommes du Moyen-Age qui (comme
nous l'avons dit plus haut) avaient dans leurs voûtes de
pierre un problème si difficile à résoudre et qui l'ont résolu. Enfin, si l'on peut accuser les Romans d'avoir été
conduits par les événements, il est à remarquer qu'on ne
peut adresser ce reproche aux Gothiques. Les Gothiques
ont entraîné les circonstances, et ne se sont pas laissé
entraîner par elles. Ils ont dit : « Nous voulons avoir des
églises plus hautes, parce que nous sommes chrétiens, et
que les hauteurs de nos voûtes sont pour nous l'image du
ciel. » Ils ont fait cette théorie avant d'en venir à la pratique : ils ont soulevé de leurs mains les anciennes voûtes
romanes, et ils ont eu la force de les suspendre à une
élévation prodigieuse. Si ce n'est point là une création
de génie, qu'appellera-t-on de ce nom ?

Mais il est temps d'en venir aux critiques positives que
M. Renan a formulées contre l'art gothique.

IV

L'architecture gothique, dit M. Renan, *renfermait en elle-même un principe de mort, car les constructions gothiques souffrent* TOUTES *de deux maladies mortelles : l'imperfection des fondements et la poussée des voûtes.*

Le mot TOUTES constitue une très grave erreur, que M. de Verneilh a savamment relevée [1]. Il est avéré que « si quelques églises, notamment celle de Saint-Denis, de Troyes et de Séez, ont été mal fondées, la plupart de nos cathédrales, celles de Paris, de Chartres, de Reims, d'Amiens, etc., avaient au contraire des *fondations excellentes*, construites avec un luxe extraordinaire, et qui descendent à six ou huit mètres au-dessous du sol. » Ce n'est pas M. de Verneilh qui est l'auteur de ces affirmations : c'est M. Viollet-Leduc, un juge qui ne sera récusé par personne et qui se connaît plus pratiquement en églises que M. Renan lui-même. Voilà donc une maladie mortelle (une sur deux) dont nous venons de guérir en un moment cette malheureuse architecture.

Quant à la poussée des voûtes, M. Renan, pour être juste, aurait pu ajouter que cette maladie est commune à l'architecture romane et à la gothique. C'est d'ailleurs le caractère même, le caractère *sine quâ non* de l'une et l'autre architectures. Elles n'existent que parce qu'elles ont des voûtes en pierre. Est-ce une maladie mortelle ? Non, et M. de Verneilh a raison d'objecter à M. Renan que « les voûtes des cathédrales d'Angers, du Mans, de Senlis, de Paris, et bien d'autres, sont encore en place », et

[1] *Annales archéologiques*, mi-août 1862.

qu'au « XIII° siècle *aucun monument gothique n'a manqué
de solidité,* si ce n'est la cathédrale de Beauvais, dont la
hauteur est vraiment démesurée et la hardiesse excessive. » Nous nous étonnons que M. Renan n'ait pas plus
longtemps étudié la question ; nous nous étonnons surtout
qu'il n'ait pas été plus indulgent en faveur de ces hardiesses de génie dont les Gothiques sont si mal récompensés. M. Renan a réhabilité l'audace de Satan : il n'aime
pas toutes les audaces.

Second reproche, qui est le corollaire du précédent :
*Le Parthénon, les temples de Pæstum, ceux de Baalbeck,
n'aspirant qu'au solide, seraient intacts aujourd'hui si l'espèce humaine eût disparu le lendemain de leur construction.
Dans ces conditions, une église gothique n'eût pas vécu plus
de cent ans.*

M. Renan, qui a certainement le sentiment de l'art, se
fait ici maçon pour déprécier l'art gothique. Nous avons
tout à l'heure répondu à ses arguments contre la solidité
de nos églises ; son langage est ici plus surprenant encore.
J'admire qu'il ne tienne ici aucun compte de l'influence
du climat sur les formes de l'architecture ; mais, enfin,
la solidité n'est pas l'unique condition du Beau. Il faut
encore tenir en quelque estime l'harmonie des proportions, l'économie du plan, l'agencement des lignes, l'heureuse appropriation d'un édifice à la destination qu'on lui
donne, et, enfin, les sentiments plus ou moins élevés que
la vue d'un monument provoque tant chez les artistes que
dans les foules. Dites, tant que vous le voudrez, que la
solidité est une qualité, mais ne dites pas qu'elle est une
nécessité de l'art.

Troisième reproche : « Les arcs-boutants sont *une forêt de béquilles.* »

Le fait est vrai, rigoureusement vrai ; et cependant l'accusation est injuste. Tant que nous serons sur cette terre, nous serons assujettis aux lois physiques, et notamment à celles de la pesanteur. Les pierres, encore une fois, ne peuvent se tenir toutes seules en l'air : il leur faut des appuis matériels ; il leur faut, hélas ! des échafaudages, des béquilles. Mais, grâce à ces *béquilles,* l'art gothique a atteint le sublime, tandis que l'art grec n'a connu que la correction. Grâce à ces *béquilles,* nos cathédrales ressemblent au Paradis, et le chrétien y respire à l'aise loin des ennemis de sa foi. Grâce à ces *béquilles,* nous avons Beauvais et Cologne que nous pouvons opposer fièrement au Parthénon et aux temples de Pœstum.

Enfin, on sait quel merveilleux parti les architectes gothiques ont tiré de ces *béquilles* que l'infirmité de la nature ne leur permettait pas d'enlever à leurs chères cathédrales. Ce n'est qu'au ciel que nous aurons des cathédrales encore plus hautes, et « sans béquilles ».

Quatrième reproche : *L'architecture gothique étant l'art à elle seule, rendait tout progrès impossible pour la peinture et la sculpture.*

Si M. Renan était chrétien, il n'eût pas écrit cette phrase. Il se serait noblement élevé jusqu'à la théorie de l'Art chrétien, qui considère l'église matérielle, la cathédrale, par exemple, comme le seul lieu où tous les *arts* à la fois doivent être offerts à Dieu et conquérir entre eux une véritable égalité. Il y a place pour tous les arts dans l'église gothique. Il y a place pour l'éloquence : voici la chaire. Il y a place pour la musique : voici les orgues. Il y a place pour la poésie : voici les psaumes et les hymnes. Il y a place pour la sculpture : voici le triple portail avec ses Saints de pierre aux visages tranquilles et aux mains bénissantes ; voici les chapiteaux où s'épanouit toute la flore d'un pays ; voici, dans les chapelles, une forêt de tombeaux, de *gisants* et de *priants*. Il y a place enfin pour la peinture : voici, sans parler des peintures murales, voici les verrières étincelantes qui font passer sous nos yeux toute une Vie de Saints, tout un Catéchisme en couleurs.

Puis, l'art gothique n'a pas créé que des églises, et il serait facile de dresser ici une longue nomenclature des statues qui ont orné nos hôtels de ville ou nos places publiques avant la prétendue Renaissance. D'un autre côté, en quoi l'art gothique a-t-il empêché la peinture de recevoir dans toute l'Europe, avant le xvi° siècle, de rapides et magnifiques développements ? Faut-il conseiller à M. Renan d'aller visiter cette belle collection Campana, où il aime tant à considérer les antiquités étrusques ? Faut-il lui faire lire le catalogue interminable de toutes les fresques et de tous les tableaux qui sont et seront l'éternel honneur de l'art gothique ? Devant tant de milliers d'œuvres remarquables, devant tant de chefs-d'œuvre, comment M. Renan a-t-il pu écrire que l'architecture gothique était « l'art à elle seule », et qu'elle « rendait tout progrès impossible dans la peinture et dans la sculpture ? »

Le progrès est évident. Prenez une statue, un bas-relief, une fresque, un vitrail, un tableau, un manuscrit de la fin du xiii° siècle, et opposez-les à une statue, à un bas-relief, à une fresque, à un vitrail, à un tableau, à un manuscrit du commencement du xv° siècle : le progrès vous éblouira. Donc, il n'était pas impossible.

Cinquième reproche : « L'art gothique est trop varié. *Il n'y a pas deux chapiteaux gothiques qui se ressemblent.* »

C'est un grand éloge que cette prétendue critique. Il reste démontré que l'ornementation grecque a été d'une merveilleuse perfection, mais d'une stérilité plus merveilleuse encore. Une feuille d'acanthe est belle, mais cent feuilles d'acanthe ennuient, et les Grecs n'ont guère que ce motif d'ornement. Les gothiques n'ont pas voulu de ce feuillage artificiel : avec une initiative dont les vrais artistes leur sauront toujours gré, ils ont fait un coup d'État dans l'ornementation ; ils ont inauguré l'emploi des feuillages naturels. Ils ont entouré leurs chapiteaux de toute la richesse et de toute la variété du règne végétal. Ils ont le lierre, ils ont la rose, ils ont la vigne. Vous êtes libre de préférer à ces créations vivantes du bon Dieu, cette acanthe qui a été, sinon créée, du moins « arrangée » par les Grecs. Nos préférences, à nous, sont ailleurs.

Sixième reproche : *L'art gothique était mort quand la Renaissance commença à poindre.* Nous avons déjà réfuté cette erreur. Quand la prétendue Renaissance fit son apparition dans le monde moderne, il est trop vrai que l'architecture était en pleine décadence ; mais il n'en était pas ainsi de la peinture et de la sculpture. La peinture et la sculpture chrétiennes étaient visiblement en progrès. Depuis Cimabué jusqu'au Pérugin, jusqu'au Raphaël de la première manière, quel incontestable, quel lumineux progrès! On pourrait aisément soutenir cette thèse que, même au point de vue plastique, l'art se serait passé de la Renaissance païenne. Il y a eu notamment, en France, en Italie et dans ces Flandres qu'on a si injustement oubliées, tout un monde de statues, de bas-reliefs et de tableaux où la beauté de l'idée chrétienne éclate sur des formes d'une rare perfection. La démonstration est faite ; l'axiome est établi.

Septième et dernier reproche, qui résume tous les autres : *L'art du Moyen-Age*, dit d'un ton tranchant M. Renan, *manquait des conditions nécessaires* POUR ARRIVER A LA PLEINE RÉALISATION DU BEAU.

C'est, en deux mots, la condamnation la plus rigoureuse de l'art du Moyen-Age. Qu'il n'ait pu arriver à la *pleine* réalisation du Beau, il était assez modeste pour n'avoir point de ces prétentions orgueilleuses ou folles. Les artistes des XIII° et XIV° siècles étaient chrétiens, et savaient qu'ici-bas le Beau ne peut être réalisé à plein. Cette réalisation est une des béatitudes que la foi nous promet au ciel : ni l'art gothique, ni l'art grec ne l'ont atteinte sur la terre.

Mais nous affirmons que l'art gothique ne manquait pas plus que l'art grec des conditions nécessaires pour la réalisation du Beau dans les limites où nous pouvons l'atteindre. L'architecture gothique a ses règles fixes ; elle a ses justes proportions ; elle est fondée sur une science solide. L'architecture gothique a son *style* particulier, qui est son système de voûtes. Elle a son ornementation particulière, qui est l'imitation directe de la nature. Avec ces deux principes, elle présente une fécondité que l'art grec n'a certainement pas connue. Églises, chapelles, palais, châteaux forts, maisons, meubles même, tout est susceptible de recevoir de l'art gothique une forme originale et variée à l'infini. Originalité, variété, fécondité, voilà trois caractères qui appartiennent certainement à cet art longtemps calomnié. Quant à la beauté, M. Renan sait mieux que nous qu'on peut la sentir, mais qu'on ne la démontre pas. Nous voudrions pouvoir infliger à cet ennemi du Moyen-Age un châtiment que ses critiques auraient bien mérité : nous le condamnerions à passer dans la cathédrale de Chartres ou dans celle de Strasbourg une de ces belles matinées toutes *soleilleuses,* alors que la splendeur des vitraux répand sur tout l'ensemble et sur tous les détails de l'immense édifice un jour véritablement céleste ; alors que les voûtes, les colonnes et les chapiteaux nagent dans une lumière qui fait ressortir harmonieusement l'exactitude de leurs proportions et la beauté de leurs contours. Nous croyons qu'au bout d'une heure M. Renan effacerait la moitié de son article, et au bout de deux heures l'autre moitié !

J.-F. RIO

J.-F. RIO.

I

M. Rio a été une des grandes figures chrétiennes de ce siècle, qui en compte un si grand nombre et envers lequel on se montre si ingrat. Il y a cela de particulier dans la gloire de cet illustre critique, qu'elle a été reconnue et saluée par toutes les écoles, même en dehors de la société chrétienne. Il est partout cité comme une autorité qui n'est point contestable, et nos libres-penseurs eux-mêmes ne sont pas sans lui porter quelque respect. Au milieu de ces luttes vingt fois funestes qui ont séparé les catholiques en deux camps si difficilement réconciliables, M. Rio a eu l'honneur d'être également aimé de tous. Et si mes lecteurs me demandent le secret d'une affection et d'une gloire aussi universelles, je leur en donnerai une explication qui leur semblera peut-être trop simple. C'est que cet homme s'est livré à un long et énorme labeur ; c'est qu'il a aimé l'art pour lui-même ; c'est qu'il a uniquement écrit sur des matières où il était absolument compétent. En un mot, l'auteur de l'*Art chrétien* fut un écrivain consciencieux. Vous imaginez-vous donc qu'il y en ait un si grand nombre ?

Ce n'est pas à M. Rio ni aux lecteurs enthousiastes de l'*Art chrétien* qu'il faudrait appliquer le mot terrible :

Timeo hominem unius libri. Le seul livre qu'il ait écrit en contient cent autres : rien n'est plus fécond ni plus varié. La seule *Introduction* atteste l'étendue des horizons qu'il a constamment eus sous son noble regard, et l'on a été bien inspiré de publier à part ce petit chef-d'œuvre, en lui donnant un titre spécial qui en montre toute la grandeur : « L'idéal antique et l'idéal chrétien. » C'est là, suivant nous, que se manifeste le plus exactement toute la pensée de M. Rio. La manière dont il a compris le paganisme suffirait à lui mériter une place à part entre tous les penseurs, et nous attirons tout d'abord sur ce point l'attention du lecteur philosophe.

II

Dans les luttes intellectuelles du dix-neuvième siècle, nous avons pris l'habitude de donner à notre pensée une tournure roide et anguleuse. On en vient à condenser tout un système dans une phrase rigoureuse et absolue ; puis on se bat à coups de phrase, comme d'autres à coups de couteau. C'est surtout parmi les catholiques que ces habitudes par trop militantes peuvent offrir quelque désavantage. Fils de la sainte Église, nous sommes sans aucun doute les hommes de l'Absolu ; mais personne ne doit tenir compte autant que nous du contingent et du relatif. Cette notion du contingent n'est, en définitive, qu'une des formes de la charité : nous nous inclinons devant la Vérité, mais nous tenons compte à nos frères des moindres efforts qu'ils ont pu faire, au milieu de leurs ténèbres et de leurs douleurs, pour s'approcher de cette Vérité dont nous possédons la plénitude. Et c'est ce que M. Rio a merveilleusement compris pour l'Art antique.

Nous ne pouvons nous empêcher de souhaiter que ces admirables pages deviennent un jour le Manuel de tous nos professeurs. Nous avons personnellement l'honneur d'appartenir à ce groupe de réformateurs qui veulent introduire plus largement dans tous nos collèges l'enseignement des classiques chrétiens. Cette thèse nous est particulièrement chère, et nous avons l'intention de la reprendre un jour avec une vigueur toute nouvelle. Mais encore faut-il s'entendre.

Parmi les partisans des classiques chrétiens, il en est qui, poussés par cet amour de l'Absolu dont nous parlions tout à l'heure, déclarent candidement qu'ils ne découvrent rien de beau dans la littérature et dans l'art antiques. J'en connais qui ont l'horreur du Parthénon et auxquels la Minerve du Vatican donne des agacements nerveux. Ils rient d'un rire de dédain devant tous les dieux de l'Antiquité et les trouvent universellement ridicules. Jupiter les met en gaieté ; Vénus et Psyché leur font faire une moue railleuse, et tout l'Olympe, enfin, leur paraît digne des Funambules.

Il en est d'autres, au contraire, qui repoussent, d'un esprit indigné, toutes les superstitions, toutes les infamies, toutes les bouffonneries de la mythologie antique, mais que tant de ténèbres ne rendent pas injustes pour la Lumière et le Bien qui sont restés au fond de tous ces mythes. Tous les dieux antiques représentent, en effet, les attributs dispersés du seul vrai Dieu. Chacun de ces dieux est le symbole d'une perfection divine ou d'une force naturelle créée par l'Unique. Plus que tous les autres, Jupiter a gardé les traits de notre Créateur souverain, et il m'est arrivé, je m'en souviens, de pleurer à chaudes larmes en lisant dans Homère le splendide discours que le grand Jupiter adresse à tous ces petits dieux : « Écoutez-moi, vous tous, Dieux et Déesses ; je veux vous dire ce qu'en mon sein m'inspire mon cœur. O divinités, faites une épreuve. Laissez tomber du ciel une chaîne d'or ; suspendez-vous toutes à son extrémité : vos plus pénibles efforts n'attireront pas du ciel vers la terre Jupiter, suprême arbitre. Mais lorsqu'à mon tour il me plaira de vous entraîner, j'attirerai la terre elle-même et la mer ; j'attacherai ensuite la chaîne autour du sommet de l'abîme, et les choses resteront à cette hauteur, tant je suis supérieur aux hommes et aux Dieux [1]. » Voilà ce que n'ont pas compris tous ces malheureux qui, de nos jours, ont trouvé le moyen de déshonorer la vérité en déshonorant le vieil Olympe. Ils ont donc fait une œuvre anti-chrétienne, ceux qui ont bafoué niaisement les mythes de l'antiquité dans leur *Orphée aux Enfers* ou dans leur *Belle Hélène*. Ces polissonneries sont presque des sacrilèges, puisque leurs auteurs n'ont pas vu les beaux vestiges de vérités naturelles ou de révélations primitives qui se rencontrent aisément au fond de toutes les fictions antiques. Ce n'est pas ainsi que nous détestons les classiques païens ; et ce n'est pas ainsi que nous aimons les classiques chrétiens, que nous aimons tant.

M. Rio — un si profond théologien et qui possédait un sens si délicat de la Beauté chrétienne — n'a pas eu de ces mépris bêtes contre TOUTE l'antiquité. Il a compris l'admirable symbolisme qui se cachait sous ces réalités étranges ; il a compris tout ce qu'il y avait d'éléments chastes

---

[1] *Iliade*, chant VIII.

dans l'éclatante beauté des marbres grecs. Oui, chastes, pudiques, graves et moralement très beaux. Condamner en bloc l'Art antique, c'est faire preuve d'un aveuglement déplorable, ou d'une étroitesse d'esprit plus déplorable encore. Ceux qui suppriment en toutes choses l'ordre de la nature ont seuls pu en venir à cet anathème universel. L'auteur de l'*Art chrétien* plaide la cause exactement contraire, et j'ai lu rarement de plus belle page que celle où il établit le rôle de la race grecque dans l'histoire de l'art : « Ce qui constitue le privilège des Grecs, c'est de s'être donné instinctivement la mission de réhabiliter la créature humaine tant dans ses facultés que dans ses formes ; c'est, en un mot, d'avoir introduit dans le monde la notion de l'idéal. Un autre peuple encore plus privilégié, le peuple juif, avait été institué en vue du culte du Vrai, tandis que la race hellénique fut instituée en vue du culte du Beau. » Nous voilà sur de belles hauteurs, et M. Rio ne les quitte guère.

Il me semble que les plus chauds partisans des classiques chrétiens peuvent, sans difficulté, admettre ici toutes ses conclusions. Il ne faut pas croire, en effet, que nous veuillions bannir de l'enseignement ainsi christianisé tout ce qu'il y a de naturellement approuvable et de vraiment beau dans les poètes, les dramaturges et les historiens de l'antiquité. Ce que nous demandons, c'est que l'on commence l'éducation de nos enfants avec les seuls Pères de l'Église ; ce que nous accordons, c'est qu'on puisse achever ces études avec l'explication simultanée des auteurs païens, qui ont connu le Beau et le Vrai naturels, et des auteurs chrétiens, qui ont affirmé le Beau et le Vrai surnaturels. Ah ! nous finirons bien par avoir nos collèges, et, toutes portes ouvertes, nous y ferons en-

trer saint Augustin et Prudence, sans en chasser Sophocle
ni Virgile. Et le livre de M. Rio y sera un de nos classiques. Et ce sera bientôt.

III

Le long chapitre que l'auteur de l'*Art chrétien* a voulu consacrer à Raphaël offre, en essence, toutes les qualités de cet écrivain trop peu connu. Je voudrais cependant
tenter de donner ici quelque idée de ces qualités, dont l'ensemble est véritablement des plus charmants et des plus
rares. Le style, d'une simplicité savante, a le rare mérite
de rendre fort exactement toutes les nuances de la pensée. Or, dans l'histoire de l'art, rien de plus délicat que
ces nuances. Un artiste n'est souvent séparé d'un autre que
par je ne sais quelle différence inappréciable dans le coloris ou dans l'expression. Pour en arriver à exprimer ces
minuties nécessaires, il faut posséder sa langue et en connaître toutes les ressources. Tel est le talent, tel est le don
de M. Rio. Sa langue est souple, et il ne se tire pas d'affaire
en forçant le coloris de sa phrase. Rien d'ailleurs n'est
plus utile, pour arriver à un style vraiment clair, que d'a-
voir des principes invariables et une doctrine dont on ne
se départe jamais. L'auteur de l'*Art chrétien* est ici d'une
étonnante solidité. Toute l'histoire de l'art italien se résume pour lui dans la lutte entre l'idéal et le naturalisme.
Il établit nettement les limites de ces deux camps, et
distribue entre eux tous les peintres et les sculpteurs dont
il étudie les œuvres et raconte l'histoire. C'est en vain
que quelques artistes essaient de se tenir entre ces deux
armées ennemies : il faut qu'ils se décident et se rangent.

sous l'un ou l'autre drapeau. Mais il y a mille nuances d'idéalisme et de naturalisme, et notre historien excelle à les préciser. Ce qu'il montre avec autant de clarté, c'est l'influence des événements politiques sur les faits de l'ordre intellectuel, et en particulier sur les faits artistiques. Il ne s'arrête pas, d'ailleurs, devant un préjugé, si victorieux qu'il puisse être, et c'est ainsi qu'il n'a pas craint d'attaquer énergiquement Laurent de Médicis, beaucoup trop loué par Vasari. L'auteur de l'*Art chrétien* nous apparaît sans cesse comme un justicier qui n'a jamais connu les petitesses des complaisances imméritées, ni les bassesses des adulations coupables.

M. Rio est un érudit dans toute la force de ce mot. Il a passé de longues années en Italie ; il y a minutieusement analysé toutes les œuvres de l'art ; il a pris des volumes de notes. Pas de Mémoire qu'il n'ait consulté, pas de livre important qu'il n'ait relu et longuement médité. Combien de fois ne l'a-t-on pas surpris dans quelque couloir de petit couvent italien, sur quelque échafaudage improvisé, ou soulevant quelque dalle au milieu de flots de poussière ? Et voilà pourquoi ce livre est d'un si grand exemple pour nous. Comme nous le disions plus haut, comme nous aimons à le répéter, il est souverainement consciencieux. Aucun mot n'a été hasardé sans preuves, et c'est ainsi que les catholiques devraient toujours travailler. Plus que tous les autres, nous avons le devoir strict de n'écrire ou de ne parler qu'en connaissance de cause. Ils sont tout au moins inutiles et même dangereux, les livres qui ne sont pas faits d'après ce système. Et il s'écrit tant, tant, tant de livres, qu'on pourrait si bien se dispenser de livrer au public, qui n'apprennent rien de nouveau ou qui n'apportent pas de preuves nouvelles à l'appui de faits déjà connus ! Lisons M. Rio, et imitons-le.

Quatre siècles de l'histoire de l'Italie frémissent dans ce beau livre. Cent petites villes y retrouvent leur vie toujours active et souvent agitée. On y assiste à mille petites révolutions de rue ou de palais. Les nobles et les gens d'argent s'y disputent la prépondérance, et c'est à qui commandera le plus de tableaux ou de sculptures. Deux courants s'établissent : le courant chrétien et le courant païen. Tandis que Fra Angelico se jette à genoux devant l'image du Christ qu'il achève pour un évêque ou un couvent, les hommes de plaisir demandent à d'autres peintres des représentations légères, et souvent lubriques. Il arrive fréquemment, dans ces petites républiques trop heureuses et trop riches, que les classes dirigeantes manquent à leur mission, et qu'elles entraînent l'art en de mauvaises voies. C'est ainsi qu'au dix-huitième siècle se produira la décadence de l'art français. En Italie, la corruption est plus brutale ; elle est, passez-moi le mot, plus sanguine et plus sanglante ; mais elle rencontre une plus héroïque résistance, et la lutte est magnifique. Le livre de M. Rio n'est que le récit de cette lutte entre le Bien et le Mal, dont l'art chrétien a été le sujet et l'Italie le théâtre. Il faut bien espérer qu'un jour l'on donnera à cette œuvre immense la parure d'une illustration splendide, et qu'en regard des exactes descriptions de M. Rio, on placera l'exacte reproduction de toutes les œuvres d'art qui sont les types des différentes écoles et des principaux maîtres. Ce serait le plus beau livre illustré de ce temps-ci.

Cher et excellent M. Rio ! je me souviens encore du jour où je le vis pour la première fois. Ce fut dans son salon, ce fut sous le charme vivant de sa conversation, que fut créée cette chère Confrérie de Saint-Jean, qui, en l'espace de quelques années, a rendu à l'art chrétien tant de services intelligents. Je le vois encore ; j'entends encore le timbre de cette voix qui était restée jeune. Il ne pouvait en réalité parler que de l'art chrétien. Il s'était, chair et os, identifié avec son livre ; le livre et l'auteur ne faisaient plus qu'un. Je ne me l'imagine pas disant une banalité, ni même parlant politique. Il avait une vivacité qui ne se tournait jamais en colère : il semblait au-dessus de la polémique. Il ne se croyait pas des opinions, mais se sentait des certitudes. Les circonstances de sa vie voyageuse l'avaient mis en rapport avec les hommes les plus illustres de son temps, et il a raconté ces relations dans son *Épilogue de l'Art chrétien*. Mais il les racontait d'une façon bien plus charmante encore dans ses entretiens familiers de tous les jours. Hélas ! nous ne l'entendrons plus. Ils s'en vont, tous ces savants, tous ces artistes, tous ces poètes. Elle s'en va, toute cette forte génération de 1815 à 1845 ; elle s'en va, sans laisser après elle une génération capable de la remplacer. Travaillons !

E. ABOUT

EDMOND ABOUT[1].

Je ne sais quel personnage de comédie a coutume de s'écrier, toutes les cinq minutes, avec une gravité grotesque : « J'ai beaucoup vécu, j'ai beaucoup médité. » Telle est aussi l'entrée que fait sur le théâtre de l'économie politique l'auteur de *Gaëtana* et du *Nez d'un notaire*. « J'ai beaucoup lu, beaucoup médité, » dit-il sans rire. Médité !

Donc, on a écrit quelques petits romans assez drôles, quelques petits actes assez ennuyeux, quelques petits pamphlets assez méchants ; et de plain-pied on entre dans le domaine de la science économique ! On s'était endormi folliculaire, on se réveille homme d'État. C'est un vrai miracle, et qui probablement est dû à l'industrie. « L'industrie, dit quelque part M. About, arrivera un jour à créer des hommes sans défauts, comme elle est arrivée à créer des taureaux sans cornes. » Dont acte.

Il faut lire la préface de M. About : elle abonde en renseignements précieux. C'est là que nous apprendrons que Mme Sand n'est pas éloignée de trouver quelque GÉNIE à M. About, lequel ne s'indigne pas trop de cette découverte. Et cependant il ajoute : « Je n'ai reçu de la nature

[1] *Le Progrès.*

qu'un atome de bon sens, *une miette* BALAYÉE *sous la table où Rabelais et Voltaire, les Français par excellence,* ONT PRIS LEURS FRANCHES LIPPÉES. » On n'est pas plus modeste.

Enfin, prenons pour ce qu'il est notre homme à la miette, et ayons le courage de le suivre dans sa dissertation en six cents pages. M. Edmond About s'est proposé de démontrer que l'humanité a « un but, le progrès ; un chemin, le travail ; un appui, l'association ; un viatique, la liberté. »

Le programme est magnifique, et c'est à coup sûr ce qu'il y a de mieux dans le livre. Mais voyons le reste, et ayons l'impertinence de demander à M. About ce qu'il pense de Dieu, ce qu'il pense de l'homme, ce qu'il pense enfin du progrès lui-même.

I

Tout d'abord, M. About se pose nettement aux yeux de ses lecteurs : « L'école à laquelle j'appartiens se compose d'esprits positifs, *rebelles à toutes les séductions de l'hypothèse,* résolus à ne tenir compte que des faits démontrés. NOUS NE CONTESTONS PAS L'EXISTENCE DU MONDE SURNATUREL : NOUS ATTENDONS QU'ELLE SOIT PROUVÉE. » Tout à l'heure, cet homme si sévère pour l'hypothèse, AFFIRMERA que la race humaine est née du singe ; mais, en revanche, l'auteur de *l'Homme à l'oreille cassée* ne regarde pas l'existence de Dieu comme suffisamment prouvée. C'est donc bien inutilement que de ses mains créatrices Dieu a fait jaillir des millions d'étoiles ; c'est donc en vain qu'il a allumé le soleil, qu'il a tissé la terre, qu'il a soufflé sur l'homme et a fait entrer dans ce beau corps une âme plus belle encore ; c'est en vain que les ridicules partisa~ ~~ la génération spontanée sont vaincus tous les jour~ ~~is au défi de produire un atome vivant, un atome organisé, un atome animal. Tant de lumière ne frappe pas les yeux de M. About : il contracte ses lèvres dédaigneuses, et se moque de toute la peine que le Créateur a bien voulu prendre pour le persuader.

Et Jésus-Christ ? Ah ! c'est en vain que le divin Maître apparaît, tout couvert de son beau sang libérateur, aux yeux de cet aveugle volontaire. C'est en vain que les miracles de ce Verbe incarné ont été accomplis, en plein jour, sous des milliers de regards. C'est en vain que des milliers de témoins oculaires les ont attestés, et sont morts pour les attester. « Nous ne nions pas l'existence du monde surnaturel : nous attendons qu'elle soit prouvée. » Aux yeux de M. About, tout est hypothèse.

Voilà pourtant la base sur laquelle il construit tout l'édifice de sa nouvelle économie sociale ! Ou plutôt la base est absente. D'un trait de plume, qu'il croit élégant, cet homme biffe Dieu. Et il va se torturer l'esprit pour procurer à l'humanité un progrès sans Dieu qui le conduise, un travail sans Dieu qui le bénisse, une association sans Dieu qui en soit le chef, une liberté sans Dieu qui en soit le garant.

L'économie sociale, qui est la plus positive de toutes les sciences, il la fonde sur l'athéisme, qui est une négation. Tout croule.

Imaginez, en effet, une société complètement athée : immédiatement la morale est privée de toute sanction ; immédiatement les plus forts sont les rois. Tous les hommes se précipitent à la fois vers les voluptés terrestres

afin de se procurer la plus large part de ces seuls biens
que l'athée puisse envier, il arrivera NÉCESSAIREMENT qu'il
y aura presse et tumulte : celui qui aura les plus gros
poings et qui saura le mieux en jouer, celui-là seul sera
le privilégié du progrès. L'absolutisme le plus haïssable
remplacera la liberté et, en fait d'associations, il n'y aura
plus de possible ici-bas que celle des puissants contre les
faibles. M. About n'a pas assez médité; il ne s'est pas
assez demandé ce que serait l'homme sans Dieu au sein
d'une société sans Dieu. « Il serait une bête féroce se
battant, dit Napoléon, pour avoir la plus belle femme et
la plus grosse poire ; » il descendrait presque au niveau
de ces singes « passionnés et intelligents » de l'Afrique
centrale, dont M. About a la bonté de nous faire descendre.

Et voilà pour la prétendue base philosophique que
l'auteur du *Progrès* a voulu donner à l'objet de son
livre.

II

Notre philosophe est amené par son sujet à parler, tout
d'abord, du point de départ, et ensuite de l'idéal du
Progrès.

Le point de départ n'est pas glorieux pour l'homme, et
c'est ici que se place la fameuse théorie du gorille : « LE
CERTAIN, c'est qu'entre les grands singes *passionnés* (!!)
et intelligents (??) de l'Afrique centrale et les premiers
hommes nus, désarmés, ignorants, farouches, toute la
différence consistait en un degré de perfectibilité. »
Cette phrase rappelle celle de Joseph Prudhomme, posant

ce magnifique axiome : « Il n'y a d'autre distinction entre les hommes que celle des différences qui existent entre eux. »

Mais ce qu'il faut admirer, c'est le : IL EST CERTAIN de notre docteur. « Il est certain. » Eh bien ! nous le mettons *scientifiquement* au défi de prouver sa prétendue certitude.

Est-ce à l'histoire naturelle que vous irez demander des arguments, noble descendant des grands singes passionnés et intelligents de l'Afrique centrale ? Mais il est aujourd'hui démontré jusqu'à l'évidence (si l'on veut bien nous permettre d'entrer ici en quelque détail,) il est démontré que l'*attitude verticale* ne convient qu'à l'homme ; que le trou occipital occupe dans le seul crâne humain une place en harmonie avec cette attitude ; que le seul pied de l'homme est fait de manière à poser à plat sur le sol, et qu'au contraire le pied du singe ne peut porter que sur un seul côté ; que la main du singe n'est qu'un crochet suspenseur, tandis que celle de l'homme « est indépendante, et que son indépendance est corrélative de la station verticale [1]. » Interrogez les vrais naturalistes, et pas un, je l'espère, n'osera démentir la noblesse des origines de l'homme.

Mais c'est peut-être sur une base historique que vous appuyez votre assertion. Vous avez longtemps médité, ô savant auteur de *Guilleri ;* vous avez étudié la science ethnologique, vous avez approfondi les traditions de tous les peuples. Eh bien ! répondez. Est-il un seul peuple qui s'abaisse jusqu'à donner à l'humanité l'origine que vous lui attribuez ? — Notez que je ne parle pas des philo-

[1] M. Gratiolet.

sophes. — Non, non, mille fois non ; la plupart des races
humaines ont ressenti plus de fierté à l'endroit du premier homme. Elles ont été jusqu'à se le représenter sortant de la main de Dieu, beau, superbe, l'âme et le regard
en haut. Elles ont été jusqu'à penser, avec l'auteur du
Zend-Avesta, « que l'homme a une origine céleste, et
a été placé sur la terre pour être le roi de ce temps. »

Allons plus loin dans le défi.

Vous prétendez qu'entre l'homme et les singes les plus
perfectionnés il n'y a qu'un degré insaisissable ; vous ajou-
tez que ce degré fut franchi à une certaine époque, lorsque le premier homme se débarrassa enfin de l'apparence
fâcheuse des gorilles. Mais pourquoi ce phénomène ne se
reproduit-il plus depuis cette époque ? Pourquoi cette
transformation du singe ne vient-elle plus émerveiller nos
yeux ? En vérité, je ne comprends pas cette interruption
des lois de la nature. Si vous dites vrai, il faut qu'encore
aujourd'hui nous puissions assister quelque part à ce
changement de peau, à ce moment précis où finit le
singe, où l'homme commence. Voilà ce que je veux voir
de mes yeux. S'il faut, pour jouir de ce spectacle, suivre
M. About jusque dans l'Afrique centrale, je l'y suivrai.

Mais M. About ne relèvera pas notre défi, et continuera
à parler des « carnassiers ses précurseurs ». Il continuera
à relever son front à la pensée que « l'HOMME FUT AUTREFOIS
UN SOUS-OFFICIER D'AVENIR DANS LA GRANDE ARMÉE DES
SINGES. » Il est aussi fier de compter des singes parmi
ses ancêtres que certains chrétiens sont fiers d'avoir des
croisés pour aïeux !

E. ABOUT

III

Nous venons de voir quelle est, aux yeux de M. About, la philosophie du progrès. Cette philosophie, c'est l'athéisme. Nous venons de voir quelles sont, aux yeux de ce même sophiste, les origines historiques du progrès. Ces origines, véritablement méprisables, sont celles que l'intelligence mal éclairée d'un Lucrèce et d'un Horace avait affirmées en pleines ténèbres du paganisme. Elles se résument en cette proposition : « L'homme n'est qu'un animal plus ou moins perfectionné. »

Demandons maintenant à M. About quel est l'idéal de ce progrès ? « C'est, nous répond-il, le maximum de bien désirable ici-bas. » Et, quelques pages plus haut, notre philosophe avait donné cette définition du Bien : « Le Bien, c'est l'existence. » Si nous cherchons ce qui se cache sous ce jargon, nous nous trouverons en face des vieilles théories de l'école épicurienne, et la doctrine de M. About pourra se résumer en ces quelques mots très simples : Le Bien, c'est la jouissance, et le Progrès, c'est le maximum des jouissances qui sont désirables ici-bas. » Dieu étant rayé de ce monde, on ne peut réellement se créer un autre idéal ; mais il reste à savoir comment tous les hommes à la fois pourraient en même temps satisfaire une telle soif de jouissances. Le christianisme, avec sa théorie du sacrifice, résout immortellement cette immortelle difficulté ; mais, en dehors de la doctrine chrétienne, il n'y a que la doctrine purement et absolument socialiste qui puisse satisfaire les formidables appétits de l'humanité se précipitant vers la jouissance avec une sorte de hennissement farouche. Vous représentez-vous la foule immense de ces misérables créatures qui passent leur vie, depuis l'âge de cinq ans, dans l'épouvantable nuit de nos mines de charbon ; vous représentez-vous, pour mieux dire, TOUTES les populations ouvrières de l'Europe adoptant aujourd'hui les doctrines de M. About, « ne contestant pas l'existence du monde surnaturel, mais attendant qu'elle soit prouvée, » et devenant enfin complètement athées et matérialistes ? « Ah ! diront ces « peuples qu'il faudra écouter, il n'y a pas de Dieu là- « haut qui soit le témoin et la récompense de nos sueurs « d'ici-bas ! Ah ! il n'y a de vrai que ce monde, et nous y « sommes si misérables. Puisqu'il en est ainsi, nous « voulons jouir AUTANT que les autres ; AUTANT, et non « pas moins. Nous voulons l'égalité dans la jouissance. « Place à nous ! » Prodigieux About, que répondrez-vous à ce petit sermon ? Vous vous moquez souvent du tricorne de ces bons gendarmes : vous ne pourrez cependant répondre que par l'argument des gendarmes. Et cet argument sera-t-il toujours le plus fort ?

Mais qu'ai-je dit ? Vous avez répondu, et en deux lignes, par un de ces coups du génie qui font jaillir la lumière des âmes : « Dans mon idéal, dites-vous, je veux les hommes, non seulement aussi heureux, mais aussi parfaits que possible. » Et le moyen de conduire votre société d'athées à cette merveilleuse perfection ? Oh ! cela n'a rien de bien embarrassant pour un philosophe de votre trempe, qui traite Bossuet de petit garçon : « L'industrie, dites-vous, L'INDUSTRIE FERA DES HOMMES SANS PRÉJUGÉS ET SANS VICES, COMME ELLE A CRÉÉ DES TAUREAUX SANS CORNES. LE MIRACLE N'EST PAS PLUS GRAND. » Ô rire homérique ! ô rire inextinguible !

' « L'industrie créera des hommes sans vices ! » Il y aura peut-être des manufactures d'hommes vertueux : on
y fera entrer un coquin par un bout, il en sortira un saint
par l'autre, — comme en ces usines où l'on voit d'un
côté entrer de grossiers chiffons et de l'autre sortir de
beaux livres tout luisants d'or. « Le miracle n'est pas plus
grand. »

« L'industrie créera des hommes sans vices ! » Mais
enfin, elle a déjà dû commencer. Pouvez-vous nous montrer les vertus nouvelles que l'industrie a introduites dans
le monde, ou les anciennes vertus qu'elle y a perfectionnées ? Où sont les saints de l'industrie ? Si j'examine sainement les choses, je conviendrai qu'elle a singulièrement
augmenté le bien-être, le *confort* de quelques-uns ; mais
c'est tout. Je voudrais voir les âmes qu'elle a purifiées,
qu'elle a consolées, qu'elle a élargies. Elle a, jusqu'ici,
fait beaucoup plus de victimes que d'heureux. Entrons
dans une usine : l'extrême division de travail y abêtit les
âmes, en attachant durant toute leur vie ces êtres intelligents à un labeur unique et inintelligent. L'esprit de
concurrence abaisse les salaires, augmente le nombre des
heures de travail, enlève tout repos à ces bras et tout loisir intellectuel à ces esprits qui auraient pu être vivants, et
qui sont morts. Généralement, les ouvriers de nos grandes
manufactures travaillent dans un air malsain à des occupations malsaines, et la vie humaine est abrégée par cette
prétendue réformatrice de notre misérable monde. Il serait
effrayant de faire la statistique des années de *vie humaine*
qui nous ont été enlevées par l'industrie. Voilà pour les
ouvriers.

Quant aux maîtres, quant aux industriels, nous les connaissons. Ils n'ont certainement pas fait monter le niveau

de la vertu publique. Je ne dis pas qu'un certain nombre
d'heureuses exceptions ne doive pas être signalé à l'honneur de notre siècle ; je suis même persuadé que les industriels catholiques peuvent beaucoup et ont beaucoup
fait pour la restauration future de notre société. Mais enfin, M. About lui-même m'accordera que si l'industrie
est appelée à créer des hommes sans vices, elle fera
bien, en général, d'opérer d'abord sur les industriels
eux-mêmes.

IV

Et maintenant, suivrai-je plus loin M. About ? Parlerai-
je de sa théorie du Droit, qu'il ne veut pas fonder sur celle
du Devoir ; car, dit-il : « J'évite le mot *devoir,* quoiqu'il
soit très sonore, très clair et très noble. C'est que je
me suis interdit la plus furtive excursion dans la métaphysique. » Et, deux lignes plus bas, il s'écrie : « Le
travail est une *obligation* sociale. » Il accepte le mot
obligation : il le croit moins métaphysique, parce qu'il
est plus vulgaire. Puis, il monte en chaire et crie à chacun des hommes ses frères : « Je te déclare que tu n'as
ni maître, ni chef, ni supérieur naturel. Ce vieux nègre
en haillons est ton égal. » Fort bien, et cette égalité
est avant tout démontrée par la foi catholique, qui fait
sortir tous les hommes d'un seul chef. Mais que répondra
M. About aux planteurs qui regarderont le vieux nègre
comme un orang, et qui lui citeront sa théorie des singes?
Si l'on n'admet pas la fraternité originelle de tous les
hommes, on n'arrivera jamais à leur procurer une égalité
véritable.

Vient ensuite la théorie de l'association. « L'omnibus, dit M. About, est le symbole de l'association pacifique fondée sur la liberté. » Le type en est le « Jockey-Club ». Mais l'atmosphère du Jockey-Club étant un peu chargée d'odeurs, M. About a pitié de nous et nous transporte à la campagne. Les grandes idées se pressent dans ce cerveau. M. About pense à tout ; il est paysan, il est berger, il est éleveur. C'est le Trissotin de l'économie domestique. Son livre est une nouvelle édition de la *Maison rurale* ou du *Parfait fermier* ; mais enfin on ne peut lui demander de rester toujours à la charrue. Ce Cincinnatus, on viendra le chercher quelque jour pour qu'il daigne prendre le gouvernement de l'État. Et l'on fera bien ; car, croyez-le, sous ce gouailleur il y a l'étoffe d'un politique. Lisez plutôt son chapitre intitulé : L'État. M. About veut un prince éligible, orné de deux assemblées, un *Corps Législatif* et un *Corps politique (sic)*. Plus de Sénat, ni de Conseil d'État : ce sont des inutilités tapageuses. Je crois même que M. About ne veut plus d'Académie française ; mais je voudrais en être plus certain, et j'attendrai que « cette hypothèse soit mieux prouvée. »

Seulement, M. About, « le bon jeune homme », est tourmenté d'un petit désir : il voudrait que le cher État m't la main sur le budget des cultes. « Que les catholiques se cotisent ! » dit-il avec un geste superbe. Il oublie que le budget des cultes n'est qu'une dette de l'État, lequel a jugé bon de confisquer certain jour tous les biens immobiliers du clergé de France, mais à la charge de lui payer une rente. En somme, c'est une iniquité sans nom que conseille ici l'auteur du *Progrès*.

Enfin, après avoir papillonné pendant quatre cents pages autour de toutes les fausses lueurs, M. About s'aperçoit qu'il n'a pas encore porté vers la véritable lumière l'effort de ses ailes. Il s'aperçoit que pendant les deux tiers de son gros livre il n'a parlé que de la matière. Il s'en aperçoit, et s'en étonne. « Il est temps, dit-il, de parler de l'esprit, de parler de l'art. » C'est un remords.

V.

Nous avons, nous, un autre remords : c'est celui d'avoir pris M. About au sérieux et d'avoir discuté sa théorie de Dieu, sa théorie de l'homme, sa théorie du progrès.

Ce regret, nous ne le sentirions pas au même degré si nous avions devant nous un adversaire tel que l'auteur de *William Shakespeare*. Cette forte intelligence est fortement dans l'erreur, mais, tout au moins, elle jette de beaux soupirs vers la Vérité. Victor Hugo place le rêve sur le trône du monde : cela vaut mieux que d'y placer la matière, comme M. About.

Le monde idéal de M. About nous dégoûte ; il nous donne des nausées. Cette prospérité dont il nous trace le tableau nous fait horreur, parce qu'elle est sans Dieu. Le monde-type, pour l'auteur du *Progrès*, ce serait une rue de Rivoli sans limite, peuplée de Jockey-Clubs et sillonnée par des élégants en habits noirs. Pas de mendiants, pas de misère : tous seraient riches, gros, gras, épais, souriants, satisfaits, repus. Un cri : « Oh ! que j'ai bien dîné ! » serait le seul cri de cet Eldorado de l'avenir. L'humanité se lèverait pour déjeuner, travailler, dîner et dormir. Jamais un œil ne se tournerait vers le ciel, jamais une âme vers Dieu. Les églises seraient changées en comptoirs et en banques. Plus de pape, plus de prêtres, plus d'autel, plus de Jésus-Christ. Le genre humain attendrait que l'existence du monde surnaturel fût enfin démontrée : il ne croirait plus à rien, si ce n'est à la digestion. Les champs, d'ailleurs, seraient beaux, les récoltes abondantes et les hommes obèses. Je veux bien admettre qu'il n'y aurait plus de maladies et qu'on supprimerait un peu la mort.

Eh bien ! malgré toutes ces belles apparences, je préfère le monde actuel, plein de misères, de pauvretés, de maladies, de larmes. Je préfère ma réalité à cet idéal d'obésité universelle. Je veux pleurer, si à travers mes pleurs j'entrevois ce cher monde surnaturel que M. About ne voit pas. Je veux être frappé, je veux gémir, je veux souffrir, pourvu qu'à travers tant de douleurs je sente mon Dieu présent, pourvu que je me sache la créature et le fils de ce grand Dieu, pourvu qu'enfin je sois persuadé que mon pauvre corps, tant éprouvé par la souffrance terrestre, dépouillera un jour sa laideur et sa corruptibilité pour revêtir dans le ciel la splendeur de l'immortalité future.

Et pour en revenir au Progrès, je ne veux pas laisser à M. About l'illusion de se croire ici-bas un de ses rares amis. Sur deux cents millions de catholiques, il y en a deux cents millions qui sont des hommes de progrès.

Oui, nous croyons sincèrement au progrès ; oui, au sein de l'immuable Église, de la Vérité immobile, il y a un perpétuel mouvement, il y a un progrès immortel.

Tout d'abord, le Nouveau Testament a été un progrès sur l'Ancien : *Lex umbra futuri*. Moïse n'était que l'ombre du Fils de Dieu, le Sinaï n'était que l'ébauche du Calvaire. Progrès.

Mais, surtout depuis la grande effusion du sang de Jésus-Christ, il y a sur notre terre un progrès incessant, un progrès facile à constater. Combien y avait-il dans le monde romain, sous Vitellius, d'âmes droites, pures, éprises du devoir, courageuses, tempérantes, généreuses? Combien y en a-t-il depuis le triomphe du Christ? Progrès.

Il y a un progrès dans l'Unité. Le Pontife romain est aujourd'hui le centre incontesté de tout l'univers catholique : d'un seul mouvement de ses yeux il impose sa volonté à ceux qui autrefois invoquaient contre lui je ne sais quelles libertés étranges. Progrès.

Il y a un progrès dans la Science, et particulièrement dans la science sacrée. Des mêmes textes de la Bible et des mêmes monuments de la tradition chaque siècle tire des conclusions nouvelles. Ces textes et ces monuments sont de magnifiques foyers de lumière. Plus nous avançons dans le temps, plus nous possédons de ces nobles clartés qui sont empruntées à l'Écriture, aux lettres des Papes, aux actes des Conciles, aux Vies des saints, aux écrits des Pères, aux livres incomparables de notre liturgie. Ces conclusions sans cesse nouvelles, tirées de ces féconds et incomparables principes, voilà pour nous la source de tout progrès intellectuel dans le monde. Encore une fois, progrès.

Il y a et il y aura un progrès dans la Parole. Depuis que le christianisme a lui sur le monde, la rhétorique a rétrogradé ; elle est vaincue, ou le sera demain. La parole spontanée, vraie, simple, va de plus en plus remplacer les formules de rhétorique, la convention et le faux style. On arrivera bientôt à réaliser ce magnifique principe : « Parler comme on pense, écrire comme on parle.» Progrès.

Il y a et il y aura un progrès dans l'Art. On le regardera de plus en plus comme « l'expression sensible du Beau », et tous seront d'accord dans cette heureuse et utile persuasion que le salut des âmes est le seul but de l'art, de même que l'éternelle vie et l'éternel châtiment sont sa seule sanction. Le réalisme sera méprisé, et l'idéalisme mettra le pied dessus, comme l'archange, dans le tableau de Raphaël, met le pied sur la gorge de Satan. Progrès.

Il y a et il y aura un progrès dans l'Éducation. On en viendra enfin à se persuader qu'il est ridicule de ne point faire entrer l'art dans l'éducation ; d'enseigner à nos jeunes intelligences la seule littérature de deux peuples anciens ; de ne pas leur dire un mot de l'antique Orient, et surtout de la littérature hébraïque ; de ne pas leur faire connaître le magnifique versant qui descend de Jésus-Christ, quand on leur fait uniquement connaître l'autre versant qui est le Paganisme ; de commencer l'histoire de nos lettres françaises avec Ronsard, et non pas cinq siècles plus tôt. On en viendra à faire également participer à l'éducation le corps de l'enfant, son esprit et son cœur, ce pauvre cœur si négligé. On y viendra, monsieur About, et même on y vient. Progrès.

Il y a et il y aura progrès dans la Politique. Les souverains lèveront de plus en plus la tête vers le ciel pour attester que leur pouvoir en descend. Les rois imiteront de plus en plus le Roi céleste. Ils décentraliseront ; ils respecteront la province, la commune, l'individu, ces trois centres qui ne nuiront jamais à la grande et centrale unité. Ils s'entoureront de tous les ordres de la nation, généreusement convoqués et librement représentés. Leur principal but sera la concorde et la paix dans le service de l'Église. Ils s'occuperont avant tout de l'esprit, et ensuite de la matière, au rebours de M. About; ils s'efforceront de créer des vertus. Chaque vertu qu'on crée ou qu'on raffermit, ce n'est pas une misère : ce sont mille misères de moins. Progrès.

Enfin, il y a et il y aura un Progrès social. Ce progrès est sorti et sortira à tout jamais de ces deux axiomes : *Pour réformer la société, il faut commencer par réformer l'individu. — Pour réformer l'individu, il lui faut enseigner ses devoirs avant ses droits.* Avec une telle éducation sociale, les hommes feront des merveilles ; ils conquerront tous leurs justes droits, et rien ne sera plus pacifique qu'une aussi légitime conquête. Le capital moral ou la vertu étant le premier de tous les capitaux, le véritable créateur et le véritable conservateur de tous les autres capitaux, plus la vertu augmentera dans le monde, plus la prospérité matérielle y recevra d'étonnants et heureux développements. Quoi de plus beau que le spectacle de cette prospérité, quand elle est uniquement la splendeur de la prospérité morale, de même que le Beau est la splendeur du Vrai ? Quoi de plus beau que le spectacle d'un peuple prospère, riche et joyeux, venant librement faire hommage à Dieu et à l'Église de son bonheur, de sa richesse et de sa joie ? Voilà, malgré mille apparences contraires, voilà où nous arriverons. En ce temps-là, les livres comme celui de M. About ne trouveront plus ni éditeur, ni lecteur. Progrès !

CAM. ROUSSET

CAMILLE ROUSSET.

L'*Histoire de la Guerre de Crimée*, de M. Camille Rousset, méritait un grand succès et l'a conquis.

M. Camille Rousset a une excellente méthode. Il applique aux événements d'hier le système que les médié-
vistes appliquent aux faits du xᵉ ou du xiiiᵉ siècle. Il ne se
contente pas des chroniques : il remonte aux documents
de première main. Toute cette *Histoire de la Guerre de
Crimée* est faite avec la Correspondance du maréchal
Vaillant, du général Niel, du général Canrobert, du général Pélissier, de l'empereur Napoléon III. L'historien
prend plaisir à s'effacer devant les documents qu'il cite,
et ces citations deviennent, pour ainsi parler, le corps
même et l'essence de son propre ouvrage. Mais n'est-ce
rien que d'avoir eu la pensée de remonter à ces sources ?
N'est-ce rien que de citer ces pièces de premier ordre
avec tant de sagacité et d'esprit critique ? N'est-ce rien
que de les avoir intelligemment choisies et de les avoir
enchâssées avec un goût si sobre et si pur ?

Je ne sache pas (si l'on en excepte certains volumes de
l'*Histoire du Consulat et de l'Empire*), qu'un livre d'histoire
moderne ou contemporaine ait encore été traité avec un
soin si scrupuleux et avec un tel souci des pièces originales. Il n'y a peut-être pas une page de ce livre substan-

tiel qui ne contienne quelque document de premier ordre, et tous les historiens du XIXᵉ siècle seront forcés de prendre des armes dans un arsenal si bien fourni. Quel malheur que l'auteur n'ait pas eu à sa disposition des documents anglais ou russes d'une valeur égale à celle des papiers français dont il a su tirer un si admirable parti !

N'allez pas croire, à m'entendre ainsi parler des sources de cette *Histoire*, que ce soit là un récit sec, érudit, sans passion, sans attrait. J'achève en ce moment la lecture de cette partie du livre de M. C. Rousset qui commence à la démission du général Canrobert et s'achève à la prise de Malakoff et au traité de Paris : je l'achève, et suis profondément ému. J'avoue que l'écrivain n'est pas un coloriste, et il me semble même qu'il a contre la couleur des préventions exagérées. C'est un classique, et qui doit avoir horreur du romantisme. Il exsècre l'antithèse, ne vise pas à l'effet, ne recherche point le trait final. Il n'y a pas là de ces grandes fresques enlevées par une brosse magistrale comme celle de Victor Hugo peignant Waterloo dans ses *Misérables*. Et cependant, ce livre est vivant. Il « empoigne » ; il charme, il échauffe. C'est la force, l'attrait et le feu de la réalité vraie. Avant de l'avoir lu, je ne connaissais point les âmes qui se meuvent dans ce drame de Sébastopol. Elles vivent, je les sens, je les vois. Voici l'âme roide, dure, peu sympathique, mais logique et indomptable de Pélissier ; voilà la belle intelligence, éveillée et parfois inquiète de Niel ; voilà les théories et les rêves de l'Empereur ; voilà ce Nestor du second Empire et qui joue, dans toute cette épopée militaire, un rôle si admirable et si méconnu, voilà le maréchal Vaillant, celui de tous les hommes qui paraissait le plus bourru et qui était en réalité le plus conciliant. Il faut lire ces deux volumes de M. Rousset pour s'imaginer ce qu'il a fallu de patience, de douceur, d'habileté et surtout de patriotisme au maréchal Vaillant pour empêcher Niel et Pélissier d'en venir à un éclat fatal et qui aurait compromis le résultat définitif d'une guerre aussi considérable. Mais ce qu'il y a de plus étonnant encore que la longanimité du maréchal Vaillant, c'est ce sentiment de la discipline qui, à tout moment, dompte la nature emportée de nos meilleurs, de nos plus hauts, de nos plus brillants officiers. Il arrivait que, tous les jours, le général Pélissier se laissait aller contre ses chefs de corps à de véritables violences de langage : il n'épargnait personne. Un jour, Niel se permit de faire valoir, plus vivement que de coutume, son plan de travaux vers Malakoff ; le général en chef l'interrompit brusquement et lui dit : « Je vous défends de la manière la plus formelle de rien ajouter à la lecture de votre note, et si vous tentez d'enfreindre mes ordres, je vous préviens que j'aurai recours à des moyens de rigueur. » C'était dur, c'était très dur, et le commandant en chef était coutumier de ces duretés. Le 17 juin 1855, au soir, il maltraita tellement le général Mayran que celui-ci disait, en allant prendre son poste : « Il n'y a plus qu'à se faire tuer. » De tels traits abondent, et pourtant (ô miracle de la discipline !), ces hommes de cœur, ces hommes de mérite se taisent, s'inclinent, subissent l'insulte en songeant à leur pays qu'ils aiment par-dessus tout, pardonnent tout, oublient tout, et le général Niel, dans une lettre écrite au lendemain d'un revers, en vient à écrire ces admirables, ces incomparables paroles : « Je termine en vous assurant que personne n'est découragé, *que nous continuerons à appliquer les idées des autres avec la même constance que si c'était les nôtres*, et que j'ai la confiance que le succès récompensera nos braves soldats. » Est-ce que l'on trouverait beaucoup d'exemples d'abnégation civile qui soient à la hauteur de cette abnégation militaire ?

Le livre de M. Rousset n'est pas un livre de parti. Pas de haine, pas de récriminations passionnées. Un vif amour pour la France et un simple exposé des faits.

Quant à nous, nous n'avons pas non plus de passion politique. Nous sommes de ceux qui admirent l'héroïsme français à Fontenoy comme à Austerlitz, à Marengo comme à Alger, à Sébastopol comme à Patay. Si la belle figure du maréchal Vaillant nous a si puissamment captivé dans le récit de M. Camille Rousset, c'est que ce vieux soldat aimait passionnément la France, et qu'il pensa sans cesse à cet objet de son amour. Pauvre petit soldat inconnu, nous essayons de ressembler à cet homme illustre et d'aimer autant la France avec notre plume qu'il l'aimait avec son épée.

G. BOISSIER

GASTON BOISSIER.

Il convient de rendre justice à l'impartialité de M. Boissier en une œuvre [1] où nous aurons souvent l'occasion de nous séparer de lui. Dans la préface de la *Religion romaine*, et dans tout le cours de ce livre, qui a été son titre le plus considérable aux suffrages de l'Académie française, il fait les plus louables efforts pour se tenir très exactement dans un juste milieu, entre l'école qui « nie entièrement les vertus de la société païenne » et celle qui « place la sagesse ancienne si haut que la révolution chrétienne devient inutile. » Il ajoute avec quelque raison : « Ce sont là des exagérations auxquelles le bon sens résiste et que l'histoire dément. » J'y consens, et dirai pourquoi. Par malheur on a les défauts de ses qualités, et l'on ne trouve guère dans le livre de M. Boissier ni indignation vigoureuse contre le paganisme, ni amour ardent pour l'Homme-Dieu, pour ce Christ « dont l'image vivante enflammait les martyrs ». Ces derniers mots sont de M. Boissier, et j'ai bien rarement admiré une plus noble façon de parler. On ne saurait mieux dire.

Quant à nous, nous ne sommes pas de ceux qui ont pour l'antiquité, même païenne, un mépris absolu. Les chré-

---

[1] La *Religion romaine*, d'Auguste aux Antonins.

tiens, les catholiques surtout, ne connaissent pas ce mépris. Mais nous avons pour cette antiquité un autre genre
d'estime que M. Boissier.

Nous croyons qu'il y a eu, dans toutes les philosophies,
et surtout dans toutes les religions anciennes, des éléments
souverainement dignes de notre attention et de notre
respect. Ces éléments augustes, ce sont principalement
les vestiges de la révélation primitive, comme aussi les
linéaments de toutes les vérités naturelles. Tout ce que
M. Boissier admire dans la religion romaine vient de là.
Oui, tout, et il ne le dit pas assez. Nous sommes aussi de
ceux qui, sous tous les mythes et sous tous les rites des
religions païennes, découvrent aisément des vérités catholiques plus ou moins défigurées ou amoindries. Il y a,
dans les fables païennes d'étonnantes merveilles et qui
sont fort théologiques. Les sacrifices, quoi qu'en puissent
jamais dire tous les érudits assemblés, les sacrifices sont
une évidente et mathématique attestation de la chute de
l'homme, une évidente et mathématique démonstration
de notre réparation par le Sacrifice du Christ. Par
là tout s'explique, tout se comprend, tout s'illumine.
Avec ce flambeau dans la main, nous éclairons tout le
monde souterrain du paganisme antique. Et voilà comment, dans ce paganisme même, il y a un certain nombre
d'éléments sains, bons, approuvables. M. Boissier en a
constaté l'existence ; mais il ne l'a peut-être pas comprise.

Il y a plus : durant le premier et le second siècle de
notre ère, il y a eu *inconsciemment* un immense courant
chrétien dans tout l'Empire romain, et particulièrement
à Rome. C'est ici qu'il importe de se bien représenter la
facilité des relations dans cet empire si fortement orga-

nisé. Il est rigoureusement impossible que, du vivant même du Christ, et surtout quelques années après sa mort, sa doctrine ne se soit pas répandue dans tout le monde connu, mais principalement au centre même de ce monde, dans la Ville-Éternelle. Le Sermon sur la montagne, tous les enseignements de Jésus, tous ceux de ses Apôtres ont été comme un immense foyer de lumière et de parfum qui, placé au milieu de l'univers antique, l'a nécessairement et rapidement envahi et pénétré. Donc, tous les progrès que M. Boissier constate à Rome depuis le premier siècle de notre ère, tous ces progrès sont dus en partie à l'atmosphère chrétienne ambiante. Je crains que l'éminent auteur de la *Religion romaine* ne s'en soit pas suffisamment rendu compte.

M. Boissier se fait de l'esclavage antique une idée que nous trouvons trop douce. Un savant chrétien, qui a trop fait parler de lui, Dœllinger, nous en donne une tout autre notion dans son magnifique ouvrage : *Paganisme et Judaïsme*. Les deux auteurs s'appuient sur des textes qui nous paraissent sûrs. L'écrivain français tient peut-être les satiriques et les comiques latins en trop petite estime; l'Allemand en fait peut-être trop d'état. Ils se complètent et se réforment l'un par l'autre. C'est avec joie, d'ailleurs, que nous constatons, avec M. Boissier [1], la bienveillance marquée de la religion romaine pour l'esclave et la femme. Nous ne pouvons nous en étonner, en nous rappelant tout ce que cette religion renfermait d'éléments chrétiens. Il n'en est pas moins vrai que personne dans l'antiquité, d'après l'aveu formel de M. Boissier, n'a songé à l'abolition de l'esclavage : « Ce qui est surtout remar-

---

[1] Voy. notamment, tome II, p. 358 et 359.

quable, dit notre auteur, c'est qu'on ne trouve JAMAIS exprimé, dans un écrivain antique, ni comme une espérance
éloignée, ni comme un souhait fugitif, ni même comme
une hypothèse invraisemblable, cette pensée que l'esclavage puisse être un jour aboli [1]. » Et il ajoute : « C'était
une de ces réformes radicales qu'on n'était guère en droit
d'attendre du cours régulier des choses. Un changement
si profond ne pouvait s'accomplir sans une de ces révolutions qui renouvellent le monde [2]. »

Quelle que soit l'indulgence de M. Boissier pour la
religion et la société romaines, il est amené par son
esprit de justice à faire ici les aveux les plus concluants.
Nous voudrions publier, sous forme de pensées, quelques-unes de ces conclusions, qui véritablement sont ca-
pitales. Il est contraint d'avouer, et il avoue avec une
absolue sincérité, que l'influence de l'esclavage a été
fatale à Rome, et qu'elle a réellement produit la corruption de l'Empire romain [3]; que la femme et la fille de
l'esclave étaient légalement exposées à toutes les infamies [4]; qu'il n'est pas possible d'assimiler les associations romaines à nos associations charitables; qu'elles
n'ont jamais été, comme on pourrait le croire, des Sociétés de secours mutuels, et qu'enfin, pour tout dire, elles
n'ont jamais connu le divin secret de la charité chrétienne [5]. De tels aveux abondent dans ce livre où l'auteur
veut toujours être impartial, et c'est malgré lui que nous
le trouvons parfois trop bienveillant pour le paganisme

[1] II, p. 404.
[2] Ibid., p. 405.
[3] Ibid. p. 401.
[4] Ibid., p. 389.
[5] Ibid, pp. 333, 337 et 341.

romain. Il faut lire tout ce qu'il a écrit sur le stoïcisme ;
il faut voir avec quelle netteté il sépare du christianisme
cette doctrine philosophique, trop souvent surfaite, et
qui contient en germe un panthéisme orgueilleux et funeste. M. Boissier, à ce point de vue, ne saurait admettre
que Sénèque ait jamais eu de rapports DIRECTS avec saint
Paul. Je le veux bien, et la question n'est pas là. Il s'agit
de savoir si ce grand et incontestable courant chrétien,
qui traversait alors le monde antique, n'a pas eu quelque
action sur l'intelligence de Sénèque. Je ne veux point
parler d'une action immédiate ; mais d'une influence qui,
en quelque sorte, aurait été involontaire et fatale. De là
viendraient les contradictions de Sénèque. Il y a chez lui
des obscurités haïssables que le paganisme explique, et
de belles lueurs qui pourraient bien être les reflets de ce
grand Soleil, de cet éternel Orient, le Christ. Et c'est
ainsi que tout s'explique, soit par les débris des vérités
antiques, soit par l'aurore et le plein jour de la vérité
chrétienne.

La conclusion de M. Boissier est des plus modérées, et
la voici en quelques mots[1] : « Le mouvement religieux
et philosophique du premier siècle prépara les voies au
christianisme et rendit son succès plus facile. » Il y a du
réel et du vrai dans cette affirmation : mais elle est loin
d'être complète. Oui, les vérités traditionnelles et naturelles, conservées par les religions antiques et développées
par les antiques philosophies ; oui, ces vérités ont pu,
dans une certaine mesure, tenir lieu d'une certaine préparation au règne de Jésus, à l'Église. Mais les vices
effroyables et les abominables erreurs de ces mêmes phi-

_____
[1] II, p. 452.

losophies et de ces mêmes religions — vices et erreurs
qui flattaient les plus mauvais instincts de l'âme humaine
— ont été pour l'Église naissante un obstacle humaine-
ment infranchissable. Il a fallu que Dieu s'en mêlât.
Sans doute il a fait servir la nature au triomphe de son
Église ; mais un tel triomphe n'a pu être obtenu sans
un miracle.

Et telle est toute notre conclusion.

LITTRÉ

E. LITTRÉ.

I

« C'est surtout comme philologue qu'il faut admirer M. Littré : » tel est le jugement que le *reporter* d'un de nos « grands » journaux attribue à M. Renan. D'où qu'il vienne il est juste. Nous sommes donc à l'aise pour entretenir aujourd'hui nos lecteurs de ce travailleur incomparable. D'autres le jugeront à des points de vue qui ne sont pas, qui ne sauraient être les nôtres. On discutera le traducteur d'Hippocrate, l'historien de la médecine, le pontife de la secte positiviste, le politique qui fut plein d'illusions durant la première partie de sa vie, et de désillusions durant la seconde. Les chrétiens, qui ont à tout le moins le droit de protester contre les attaques dont leur foi est l'objet, protesteront une fois de plus contre la traduction de la *Vie de Jésus* de Strauss, et feront bien. Notre tâche n'est pas aussi pénible, et, dans le domaine où nous nous enfermons, nous n'aurons guère à hasarder que des éloges. Notre sincérité ne nous coûtera rien, et nos lecteurs voudront bien se persuader, d'ailleurs, qu'alors même qu'elle nous serait d'un très haut prix, nous nous entêterions à demeurer sincères. C'est le premier devoir d'un chrétien.

On croit trop généralement que les idées de Diez sur la formation de la langue française n'ont pénétré chez

nous qu'il y a quinze ou vingt ans. Ce qu'il y a de certain,
c'est qu'avant 1865 personne en France n'avait mis en
lumière l'influence de l'accent tonique sur cette formation de notre parler. En 1865 M. Gaston Paris soutint sur
ce sujet, à l'École des Chartes, une thèse qui fit époque
et ouvrit vivement les yeux des plus aveugles. Je me souviens encore qu'assistant à cette soutenance célèbre, je
me précipitai, convaincu et ravi, sur les pas du jeune érudit, en lui criant d'une voix naïve : « Vous êtes dans le
vrai, vous êtes dans le vrai. » Eh bien ! il est un homme
auquel, sans le savoir, je ne rendais pas justice. C'était
Littré qui, bien des années auparavant, avait établi, d'a-
près les Allemands, la grande loi de la persistance de
l'accent latin, cette loi qui domine toutes les autres. Ce
fut le premier service qu'il rendit à l'étude de ce qu'on
n'osait pas encore appeler la philologie romane. Seulement, les esprits, qui en France se meuvent beaucoup
plus lentement qu'on ne le croit, n'étaient pas encore
suffisamment préparés à cette évolution scientifique, et
Littré prêcha véritablement dans le désert. Quand Gaston
Paris arriva, le temps avait marché, et le terrain était
prêt à recevoir la semence. Une telle constatation n'enlève aucun mérite ni au savant qui avait échoué, ni à celui
qui a réussi.

Le monument, le véritable monument que laisse Littré,
ce n'est pas cette *Vie de Jésus* qui a provoqué des luttes
si vives et qui est aujourd'hui si oubliée ; ce n'est pas cette
belle traduction d'Hippocrate dont les dix volumes n'attestent après tout que la solidité du savoir, et non pas
l'originalité de l'effort ; ce n'est pas cette *Vie d'Auguste
Comte* où l'on assiste au noble spectacle d'une âme assez
sincère pour ne pas cacher les défauts d'un maître qu'un

disciple moins scrupuleux se serait empressé de diviniser ; ce n'est pas la collection de ces brochures et de ces livres sur le positivisme, où l'auteur cherche en vain à donner à la négation absolue la forme d'une religion précise ; non, non, tous ces travaux ne seront plus connus dans cent ans, dans vingt ans peut-être. Mais tout au contraire, le *Dictionnaire de la langue française* ne saurait périr. C'est l'œuvre immortelle du maître.

Il importe, tout d'abord, que je mette mes lecteurs en défiance contre une singulière confusion dont plusieurs d'entre eux ont été déjà les victimes. Il m'est arrivé vingt fois, en faisant l'éloge si légitime du *Dictionnaire* de Littré, de provoquer l'indignation non moins légitime de mes auditeurs catholiques : « Eh quoi ! pouvez-vous vanter un livre où l'homme est uniquement traité de *bimane* et l'âme de *sécrétion du cerveau?* C'est pousser un peu bien loin le parti pris de l'indulgence. Votre miséricorde fait fausse route. » Et je me voyais sur le point d'être dénoncé comme hérétique : procédé que, par parenthèse, nous pratiquons trop souvent entre nous avec quelque excès d'irréflexion et de désinvolture. Il me fallait donner là-dessus une explication devenue nécessaire, et répéter qu'on ne devait pas confondre le *Dictionnaire de médecine* de Nysten dont M. Littré a donné, en effet, une édition ultramatérialiste avec le *Dictionnaire de la langue française* où l'âme est appelée : « le principe immatériel de la vie » ; et où l'homme est défini, « un animal raisonnable qui occupe le premier rang parmi les êtres organisés et qui se distingue des plus élevés d'entre eux par l'étendue de son intelligence et par la faculté d'avoir une histoire. » Il n'est peut-être pas inutile de renouveler aujourd'hui la même déclaration. Mais voilà qui est bien entendu : on ne confondra plus les deux œuvres entre elles, et l'on fera acte de justice.

II

Le plan du *Dictionnaire de la langue française* est d'une merveilleuse simplicité. L'auteur commence par préciser tous les sens de tel ou tel mot ; puis, après ces définitions concises et claires, il revient longuement sur chacun de ces sens qui se déduisent logiquement l'un de l'autre, et nous donne pour chacun d'eux un certain nombre d'exemples empruntés soit aux grands écrivains, soit aux livres spéciaux. Sa tâche, cependant, est encore loin d'être achevée et, après avoir consacré deux nouveaux « alinéas » à des remarques sur l'usage et sur la synonymie de ce mot, il en aborde résolument l'histoire. C'est là qu'on le voit remonter jusqu'aux Serments de 842 et descendre jusqu'à la fin du xvi° siècle, en cueillant sur la route des fleurs habilement préférées et dont il nous compose un bouquet charmant. Il y a là toute une série de textes bien choisis, et qui, le plus souvent, peuvent suffire à l'érudit le plus difficile. On pourrait sans doute multiplier ces textes, les multiplier à l'infini ; mais soyez assurés que la science n'y gagnerait guère, et cette sobriété vaut mieux qu'un luxe de mauvais aloi. Le philologue sait s'arrêter à temps, et termine son œuvre en nous donnant, sans longs commentaires, l'étymologie du mot dont il fait la monographie, et en nous indiquant la forme que ce vocable a reçue dans tous nos anciens dialectes, dans tous nos patois modernes. C'est peut-être la partie de son travail qui prêterait le plus à la critique, et j'eusse préféré qu'on nous eût fait connaître l'étymologie de chaque vocable, non pas à la fin, mais au début de l'article qu'on lui consacre. Je ne m'explique pas non plus, s'il faut dire ici toute ma pensée, que l'on ait confondu, dans un seul et même alinéa, le problème de l'étymologie et la question de ces dialectes auxquels j'aurais souhaité, pour ma part, que l'on consacrât un paragraphe spécial. Mais ce sont là de bien petites critiques et je ne les risque qu'en tremblant. Qu'il y ait encore d'autres défauts, qu'il y ait des lacunes et des erreurs en une œuvre si considérable, personne ne pourrait s'en étonner, si ce n'est certains esprits médiocres ou mal faits dont on peut craindre le jugement âpre et la critique aiguë, mais dont l'autorité n'a jamais pu nuire à un succès légitime. Encore un coup, le plan est admirable et l'œuvre est complète.

Il ne faudrait pas juger le *Dictionnaire* de Littré d'après les abrégés qu'on en a publiés à l'usage des classes. Ces résumés sont sagement conçus et correctement exécutés ; mais on n'y trouve pas ce qui fait l'originalité et l'utilité de l'œuvre intégrale : l'étymologie et l'histoire. Travaux estimables et utiles, mais où la pensée du maître est fatalement défigurée et amoindrie. Ce sont les quatre volumes qu'il faut posséder et qu'il faut lire. Oui, lire. Un de mes amis a même eu le courage de les lire deux fois *in extenso*, à partir de la lettre *A* jusqu'à la lettre *Z*, et il y a trouvé un plaisir infini. Je n'ose pas conseiller une telle lecture qui suppose, dans une intelligence, la philologie à l'état héroïque ; mais vous ne lirez jamais sans profit l'article *entier* qui est consacré au mot dont vous avez souci. Essayez.

Ce n'est pas seulement à la langue, c'est à la littérature française du Moyen-Âge que Littré a consacré l'activité d'un esprit qui ne se contentait jamais de l'effort et prétendait arriver à des résultats réels. On a souvent accusé ce singulier homme d'être positif et mathématique à l'excès : il savait l'être, mais en restant poète à ses heures, et passionné toujours. Or, il s'était surtout passionné pour son pays, et, entendez-le bien, pour son pays A TOUTES LES ÉPOQUES DE SON HISTOIRE. Il n'était pas de ces entendements mesquins et étroits, pour lesquels la France, la grande France n'a commencé (ô honte !) qu'il y a quatre-vingt-dix ans. Quoique révolutionnaire jusqu'au fond des moelles, il avait horreur de ces stupides limites que l'école révolutionnaire voudrait assigner à notre patriotisme, et de ce nouvel article du Décalogue républicain : « Ton pays tu ne chériras — Qu'en quatre-vingt-neuf seulement. » Ces doctrines idiotes ne pouvaient trouver place en cette intelligence élevée, et il aimait la France du xii° et du xiii° siècle, il osait l'aimer avec un enthousiasme sincère et indépendant. Il fut, avec Paulin Paris, l'un de ceux qui, des premiers, surent admirer et faire admirer notre épopée nationale. Il l'avait peut-être étudiée de moins près que Paris, mais il y avait chez lui une connaissance des littératures comparées qui manquait peut-être à l'éditeur de *Berte* et de *Garin*. L'antiquité lui était familière, et ce qu'il lui fut donné de saisir avec son esprit original et vif, ce fut tout d'abord la relation de nos chansons de geste avec la poésie homérique. C'est aussi ce qu'il voulut tout d'abord mettre en lumière, et de là ses beaux articles de la *Revue des Deux-Mondes* ou du *Journal des Savants* sur « la « Poésie homérique et l'ancienne société française » et sur « la Poésie épique dans la société féodale » ; de là surtout cette œuvre hardie jusqu'à la témérité et où il serait trop facile de relever aujourd'hui tant d'erreurs de détail, « le

premier chant de l'*Iliade* traduit en langue du xiii° siècle ».
Oui, il commit ce crime, cet affreux crime-là : il osa comparer l'œuvre d'Homère avec celle de nos trouvères. Je
me demande avec quelque anxiété comment on le lui par-
donna. Humble soldat de la même cause, je me permis,
un certain nombre d'années après lui, la même comparaison audacieuse que j'aggravai peut-être, s'il faut tout
dire, par quelque exagération juvénile. Quel tapage, quel
scandale, juste ciel ! Rien que la mort n'était capable
d'expier mon forfait. On me le fit bien voir. Mais, somme
toute, je vis encore, et surtout l'épopée française du
Moyen-Age ne s'est jamais mieux portée.

Littré ne s'est pas borné à cette *Iliade* « en langue des
trouvères », où il a si bien mis en relief les analogies qui
existent entre l'épopée grecque et nos Chansons de geste » :
il a successivement étudié les origines de notre drame national dans cet étrange *Mystère d'Adam* qui fut publié par
Luzarche : puis l'épanouissement de notre comédie dans
cette incomparable farce de *Patelin ;* puis, enfin, nos patois, où il faut voir suivant le mot charmant de Sainte-
Beuve, « des dialectes qui ont eu des malheurs ». Je me
souviens avec quelle netteté, il a fait connaître et critiqué
tous les glossaires latins ou latins-français que le Moyen-
Age nous a laissés. Cette excellente Dissertation dont on
ne parle guère, dont on ne parle pas assez, se trouve au
tome XXII de l'*Histoire littéraire* qui est, à coup sûr, un
des meilleurs volumes de ce Recueil, et c'est le moment
de rappeler ici que Littré fut un de ceux qui travaillèrent,
avec le zèle le mieux inspiré et le plus utile, à cette œuvre
jadis bénédictine. Mais hélas ! toute qualité est doublée
d'un défaut, et Littré aimait tant notre ancienne langue
française qu'il voulut la faire servir à un usage auquel

elle ne pouvait se prêter, auquel elle était rebelle. Je veux parler de sa traduction de l'*Enfer* de Dante en vers français du xiii° siècle. Conception bizarre, entreprise plus qu'étrange, et qu'il faut pardonner largement. En y réfléchissant bien, l'œuvre de Dante est entre toutes les œuvres de la littérature étrangère, celle qui est le plus « intraduisible » en français du xiii° siècle, et rien n'est plus contraire à notre langue analytique et élégante que la désespérante concision du vers italien. Mais, surtout, qui peut se flatter aujourd'hui de savoir écrire la langue de Villehardouin, de Joinville et de nos Chansons de geste? C'est par milliers que l'on pourrait ici noter les inexactitudes et les notes fausses. Une seule considération peut nous rendre indulgents pour le traducteur : c'est que cette œuvre savante lui a servi de délassement et de consolation, en des temps où il était déjà visité par la maladie et menacé par la mort.....

Nous n'avons pas, encore une fois, à nous occuper ici des idées philosophiques de Littré, et l'on sait assez que notre protestation irait ici jusqu'au cri de l'indignation. Nous préférons nous reposer dans la croyance en sa sincérité absolue, et voulons rester sur le spectacle de l'humble cabinet de travail où ce vieillard prolongeait sa veille jusqu'à trois heures du matin. Il a raconté quelque part, en termes exquis, (car il était poète et nous a laissé de beaux vers), qu'une de ses grandes joies était, à la fin de ces nuits laborieuses, d'entendre au loin le chant du rossignol. Espérons qu'après cette longue veille et ce long labeur qui s'appelle la vie, il entendra là-haut des harmonies auxquelles on ne saurait comparer le chant vulgaire de nos rossignols et qui sont délicieusement éternelles.

CANTU

CÉSAR CANTU.

Il y a quelques années, le bruit de la mort de Cantu se répandit à Paris, et certains journaux eurent la naïveté de lui consacrer un article prématurément nécrologique. La nouvelle nous avait tout d'abord paru des plus suspectes, et nous n'avions pas, en effet, constaté dans la presse italienne cet émoi que la mort d'un tel homme y devrait naturellement produire. Nos journaux français sont parfois légers, et donnèrent par là une preuve nouvelle de cette incurable légèreté. Quelques éloges funèbres de Cantu, prononcés en cette occasion, nous ont véritablement blessés par leur désinvolture. Il est trop évident que, malgré le succès de son *Histoire universelle*, Cantu n'est pas suffisamment connu parmi nous.

Une œuvre de lui, une œuvre nouvelle a paru vers la fin de l'année dernière, et ce livre sert de complément à sa grande *Histoire*. J'entends ici parler de ces *Trente dernières années (1848-1878)* dont l'édition française vient d'être publiée par la maison Didot. On y retrouve toutes les qualités de l'auteur, et je me suis fait un devoir de les étudier de plus près pour m'en rendre un compte plus exact.

Ce qui me frappe le plus, c'est l'universalité de ce noble esprit. Il n'est pas (chose curieuse et trop peu remarquée) sans avoir des rapports étroits avec notre Rohrbacher dont les doctrines sont loin d'avoir été les mêmes. Tous deux ont eu la même notion de l'histoire : et cette notion est vraiment grande, cet idéal est vraiment beau. Ils ne se bornent point au récit des événements, ni même au jugement des faits ; mais ils font entrer l'histoire de la littérature, de l'art et des sciences, ils la font entrer dans le corps même de leur œuvre comme un élément capital et nécessaire. Voilà qui me ravit. On avait si longtemps mésestimé le récit des faits intellectuels ; on l'avait si longtemps relégué à la fin des livres d'histoire où l'on daignait à peine lui consacrer quelques pages superficielles et vides ! Rohrbacher et Cantu ont puissamment opéré ce mélange que tous les historiens seront désormais forcés d'admettre et de pratiquer à leur tour. Je les en félicite de tout cœur.

Une autre qualité de Cantu, c'est la netteté de son plan et la clarté de sa parole. Il sait « composer », et ce talent devient de plus en plus rare parmi nous. A chaque nation il consacre un long chapitre où il se borne tout d'abord à une exposition chronologique des principaux événements. Rien n'est plus heureusement lumineux. Je le comparais tout à l'heure à Rohrbacher : c'est à Thiers que l'on pense en lisant ces étonnants résumés de l'histoire politique, religieuse, commerciale et financière de l'Angleterre, de l'Allemagne ou de la France. Cet homme est familier et nous familiarise sans fatigue avec toutes les questions. Nul ne sait mieux citer que lui, si ce n'est peut-être Auguste Nicolas, chez nous. De telles citations, qui attestent un esprit supérieurement meublé, n'enlèvent rien à l'originalité de l'œuvre. Elles n'en sont que l'ornement, et non pas la substance. Par ce temps de science qui court,

Cantu paraît tout savoir et est, à coup sûr, au courant des
dernières découvertes et des derniers travaux. Il ne s'in-
téresse pas seulement aux témérités de Renan, et ce n'est
pas sans une émotion profonde que je l'ai entendu parler
de cette chère *Revue des Questions historiques* à laquelle
mes meilleurs souvenirs sont attachés. Il en fait l'éloge
en un seul mot, mais en un de ces mots qui portent et
que l'on n'oublie pas, parce qu'ils viennent de lui.

La largeur de l'esprit est un autre caractère de Cantu.
C'est le plus humble de tous les croyants, et sa foi vigoureuse n'a souffert aucun amoindrissement depuis le premier jour où il a pris la plume. On peut même assurer
qu'il est plus militant que jamais, et il l'a bien fait voir
naguère au Parlement italien où il a eu l'incomparable
courage de faire à la Vérité le sacrifice de ce que l'homme
a de plus cher ici-bas : la popularité. Mais une telle foi,
sans être jamais téméraire, a quelquefois de généreuses
hardiesses. Écoutez plutôt : « Tout ce que renferme la Bible
est vrai ; mais quoi qu'en disent les protestants, la Bible
ne contient pas toutes les vérités, et l'inspiration divine de
ses auteurs se borne aux points de dogme et de morale [1].
Dans cette conviction, au lieu de précipiter les induc-
tions, AYONS LE COURAGE D'ATTENDRE sans nous effrayer,
ni nous irriter. Des découvertes dans l'histoire naturelle
ou des arguments philosophiques semblent-ils contredire
la Bible ? Il faut non seulement vérifier ces assertions,
mais aussi voir si le texte biblique a été bien compris, et
le séparer des légendes populaires avec lesquelles on le
confond et par lesquelles on le défigure souvent. L'Église
a la mission d'interpréter ce qui concerne la foi, la mo-

[1] Il va sans dire qu'il faut humblement mettre d'accord ces paroles
de Cantu avec les dernières directions du Saint-Siège.

rale, le salut des âmes, en imposant sa croyance comme le résultat de l'accord des Pères et des siècles. Mais l'histoire, la géographie, l'archéologie peuvent pousser leurs recherches au delà de l'interprétation commune d'un texte. Pourquoi se priver des nouveaux secours de la science ? » Ces derniers mots, nous les avons cent fois répétés ; mais Cantu mérite d'être plus écouté que nous n'avons eu l'heur de l'être nous-mêmes.

Cette certaine hardiesse ne saurait jamais être suspecte chez un chrétien de cette trempe et qui se laisse aller à d'aussi nobles indignations contre tous les ennemis de l'Église. Il faut l'entendre s'emporter contre un de ses compatriotes qui, dans son niais orgueil de chimiste, avait été jusqu'à écrire cette parole véritablement stupéfiante : « Nous savons maintenant ce qu'il faut de phosphore pour faire un Dante. » Il faut le voir à l'œuvre, quand il surprend en flagrant délit de contradiction les plus célèbres adversaires de la Vérité et se réjouit de ces démentis que la science orgueilleuse se donne à elle-même : « L'homme studieux, dit-il, ne doit pas ignorer les recherches et les conjectures de ces grands chercheurs qui, avec une persévérance mêlée de tristesse, vont à la poursuite de l'Infini qu'ils ne peuvent atteindre ; mais il s'abstient d'établir un édifice sur des systèmes en désaccord et même en contradiction entre eux. Hier on soutenait avec Renan que le monothéisme est un instinct de la race sémitique ; aujourd'hui, l'on prouverait avec Soury que les Hébreux étaient polythéistes. » L'exemple est finement choisi ; mais les pages les plus fines de tout le livre sont peut-être celles où Cantu raille les études sur les temps préhistoriques. On n'est pas plus gouailleur, j'allais dire plus français. L'excellent critique ne s'en tient pas à ces observations pénétrantes et goguenardes : il conclut très scientifiquement, et en arrive à considérer le langage comme la preuve la plus éclatante et la plus décisive en faveur des origines divines de la race humaine : « Le langage est un trésor de sagesse qui surpasse toute réflexion : il ne doit pas son origine à la réflexion ni à la conscience, parce que, dans le premier usage de la parole, on trouve une telle richesse de conceptions métaphysiques et de force logique, qu'on ne peut arriver à l'expliquer. » Quoi qu'on dise, c'est là le maître argument. Nous parlons : donc, nous ne descendons pas du singe, mais de Dieu.

L'auteur des *Trente dernières années* ne se contente pas du récit et de l'appréciation des faits : il s'élève jusqu'à la contemplation de l'avenir. L'historien a les mêmes droits que les corps politiques : il peut formuler des vœux, et Cantu entend user de ce privilège. Presque toujours ses vœux sont les nôtres, et il en est qui ont fait vivement battre notre cœur. Une parole nous a particulièrement frappé. Nos derniers programmes d'instruction publique attestent la grande maladie qui nous dévore : aux yeux de nos réformateurs, l'instruction est tout et l'éducation n'est rien. C'est contre ces aveugles que Cantu a écrit cette belle parole : « Il faut s'occuper bien moins de l'alphabet et de la gymnastique que de l'âme du peuple. » C'est contre d'autres fanatiques qu'il a lancé cet autre trait : « Pour prévenir le communisme, il faut relever ceux qui sont à genoux, et non pas renverser ceux qui se tiennent debout. » Et s'adressant à ces détestables égoïstes qui pullulent scandaleusement parmi nous : « Il faut que le prolétaire gagne sa vie à la sueur de son front, et non avec les larmes de ses yeux. » J'ose à peine citer une dernière pensée, qui fut jadis la pensée d'un des chefs du parti catholique en France, mais que certains aujourd'hui feraient mine d'interpréter fort mal : « Il faut baptiser la démocratie. » J'imagine cependant que 'ce mot est susceptible d'une interprétation profondément catholique, et ne crains pas de le dire très haut. Si l'on n'y est pas encore venu, on y viendra.

Je ne veux pas quitter ce bon et beau livre sans remercier Cantu de la belle page qu'il a consacrée à notre très chère patrie : « La littérature de la France est la littérature de l'Europe entière ; sa langue est le véhicule universel de toutes les idées ; sa tribune semble la tribune des peuples qui n'en ont point chez eux, et le mot de Jefferson devient toujours plus vrai : « Tout homme a deux patries : la sienne et puis la France. »

Il est vrai qu'ailleurs l'illustre historien ajoute que « notre pays est comme la clinique de toutes les maladies sociales. »

Ce qui revient à dire qu'aux yeux de Cantu, il y aurait deux Frances.

Nous sommes les Français de la première, et laissons la clinique à d'autres.

VICTOR HUGO

VICTOR HUGO.

I. WILLIAM SHAKESPEARE.

I

Qui ne connaît les tableaux de Delacroix et la « manière » de cet illustre peintre ? Il ne faut pas considérer ses toiles de trop près ; il ne faut point procéder avec lui comme avec ces Mieris dont on peut étudier les chefs-d'œuvre avec le microscope. Si nous nous approchons un peu trop de ces puissants tableaux de notre Rubens, nous sommes trop souvent déconcertés par un coloris étrange et sauvage. Les couleurs y sont jetées avec une rudesse qui produit des empâtements odieux. A peu de distance, l'œil ne distingue rien qui mérite de fixer son attention : le regard est irrité, l'esprit est mécontent, l'artiste est condamné. Et maintenant, éloignons-nous de quelques pas : l'effet va changer. A mesure que nous reculons, l'harmonie s'établit. Ces couleurs si heurtées se fondent, et les empâtements eux-mêmes contribuent à cette heureuse fusion. Et voici que la lumière inonde cette toile qui tout à l'heure nous semblait si obscure ; voici que de puissantes figures se dé-tachent sur ce fond lumineux. Les yeux s'allument, les muscles se meuvent, la vie circule, et nous sommes for-cés de nous écrier : « Que c'est beau ! »

Nous voudrions, par ce rapprochement, faire sentir ce qu'est le style de Victor Hugo, tel qu'il nous apparaît dans *William Shakespeare*, avec les défauts de ses qualités et les qualités de ses défauts. Un livre de Victor Hugo, c'est un tableau d'Eugène Delacroix.

Certes, ils ont beau jeu, ceux qui voudront relever dans *William Shakespeare* les fautes de détail et les péchés contre le goût. Quel effroi ne ressentiront pas ceux qui s'armeront de leur loupe pour étudier, en le grossissant, le tissu de ce style singulier ! Ils reculeront, épouvantés, et la sueur perlera sur leurs fronts. Que de scandales pour un grammairien ! Jamais on n'a traité notre langue avec cette brutalité farouche ; jamais on ne l'a *bousculée* de la sorte. Ce ne sont que mots grossiers et images vulgaires. Les phrases sont si petites qu'il y en a cent par page ; elles sautillent avec un bruit monotone et assourdissant. Chacune d'elles vise à l'effet, chacune d'elles veut être vue et dit : « Regardez-moi. » Les couleurs sont heurtées ; ou plutôt, il n'y a que du noir et du blanc, et le poète oppose continuellement ces deux couleurs l'une à l'autre, par une suite d'antithèses qui épuisent les forces de son lecteur. Ce n'est même pas du Delacroix : ce sont d'immenses fresques peintes brutalement sur une surface sans limites. L'auteur en fait cent mètres à la journée. Quels coups de brosse, quelle énergie, quelle rapidité ! Rien n'est achevé, rien n'est *fini* : les figures sont à peine ébauchées. Partout la correction est absente ; il y a des membres disproportionnés, des têtes énormes sur des corps grêles, des monstruosités, des objets informes à côté d'objets difformes. Victor Hugo lui-même, peignant les procédés de Shakespeare, nous a expliqué les siens ; il veut qu'on admire TOUT dans le

génie, même ses absences. Nous entendons ne pas aller
jusque-là ; mais nous dirons du style de Victor Hugo ce
que nous disions de celui de Delacroix : il faut le regarder
de loin, et alors la puissance se révèle : puissance sauvage,
mal dépensée, et même gaspillée, mais enfin puissance
réelle et dont il faut tenir compte. Ainsi nous apparaît de
loin *William Shakespeare* ; livre dont nous voulons énergiquement constater les folies et combattre les erreurs ;
mais livre puissant, jeune et vivant, comme *la Guerre* de
Rubens, comme *la Médée* de Delacroix.

Victor Hugo, pour dire toute notre pensée, est « un
homme de désirs, » mais, hélas ! de désirs égarés. Ces
mots nous paraissent tout dire. Il en est même arrivé à
tant égarer ses désirs, qu'ils sont devenus des rêves. Entre
le désir et le rêve, la différence est grande : le désir est
précis, le rêve est vague. L'auteur de *William Shakespeare*
jette d'ardents soupirs vers un siècle meilleur, mais il serait bien embarrassé si on lui demandait par quelle voie il
veut nous faire arriver à cette prospérité future. Comme
Gœthe, il ne cesse de répéter : « De la lumière, de la lumière ! » mais on ne sauve pas le monde avec un cri, et on
ne le sauve pas avec des rêves. Supposez, par impossible,
que tous les livres du monde soient aujourd'hui brûlés et
disparaissent, à l'exception de ceux de M. Hugo. Hélas !
hélas ! dans quelle obscurité nous laisserait ce grand dé-
sireur de lumière, qui ne sait même pas s'il faut croire à
l'unité de l'être humain, et qui a quelque attachement au
dogme absurde de la métempsycose. La pauvre humanité s'acheminerait en pleurant, à travers un présent dou-
loureux, vers un avenir inconnu, et toutes les belles
phrases du poète ne la consoleraient point. Un mot, un
seul mot de l'Évangile, contient plus de réalités et de

consolations que toutes les œuvres de tous les génies de la terre. M. Hugo aurait, en vérité, une noble tâche à accomplir pour achever sa vie. Puisque ses désirs sont devenus des rêves, il faut maintenant qu'il travaille à transformer ses rêves en désirs. Quand cette transformation sera faite, il sera chrétien.

Et maintenant, abordons l'étude de son dernier livre. Nous examinerons tour à tour ce qu'il pense de l'Art ; ce qu'il pense des grands génies qui ont paru jusqu'ici dans le monde ; ce qu'il pense enfin de William Shakespeare. Rien de plus beau que ce triple sujet, traité par un tel maître.

II

On sait combien on a usé et abusé de la fameuse théorie : « L'art pour l'art. » Victor Hugo sent bien qu'il a contribué, plus que personne, aux déplorables progrès de cette périlleuse doctrine. L'auteur du *William Shakespeare* ne professe pas (ou du moins ne professe plus) les idées de l'auteur de *Cromwell.* Il intitule courageusement un de ses chapitres : « Le Beau serviteur du Vrai. » Que M. Hugo y prenne garde : il sera renié par un grand nombre de ses disciples. Nous l'en félicitons.

« L'art pour l'art ! » La postérité s'étonnera qu'un tel programme ait été acclamé parmi nous, et qu'il ait été l'objet d'un enthousiasme contre lequel n'ont rien pu les protestations du bon sens indigné. Nous avons nous-même entendu un esprit élégant exposer ce système essentiellement athée et matérialiste : « Il importe peu que l'artiste peigne un Christ ou un intérieur de cuisine. Le fini de l'exécution fait seul pencher la balance du côté de l'un ou de l'autre de ces deux tableaux. » Nous ne saurions trop protester contre d'aussi manifestes et d'aussi dangereuses aberrations. Victor Hugo proteste avec nous d'une voix aussi forte, d'un cœur aussi énergique : « L'art pour le vrai, l'art pour l'utile ! » Seulement, il nous paraît préférer l'utile au vrai ; et c'est ici que nous avons à faire de grandes réserves.

Nous admettrons avec le poète que l'art doit « entreprendre la guérison des plaies sociales, amender les codes, sonder le salaire et le chômage, goûter le pain noir du pauvre, chercher du travail à l'ouvrière, jeter bas la cloison de l'ignorance, faire ouvrir des écoles, montrer à lire aux petits enfants, attaquer la honte, l'infamie, la faute, le vice, le crime, l'inconscience, prêcher la multiplication des abécédaires, proclamer l'égalité du soleil, améliorer la nutrition des intelligences et des cœurs, donner à boire et à manger, réclamer des solutions pour les problèmes et des souliers pour les pieds nus [1]. » Oui, vous l'avez dit ; c'est bien là le devoir de l'art. Mais, depuis plus de dix-huit cents ans, il y a dans le monde un art qui remplit ce devoir et qui s'appelle l'art chrétien. Vous ne pouvez l'ignorer : il eut fallu le dire.

L'art chrétien n'a reculé devant aucun des devoirs que Victor Hugo a la prétention de formuler pour la première fois ; et par le mot *art* nous entendons ici avec l'auteur de *William Shakespeare,* nous entendons surtout la parole. Eh bien ! la parole chrétienne, depuis dix-huit cents ans, a réalisé tous les rêves du poète.

L'art chrétien, la parole chrétienne, a tout d'abord « en-

---

[1] *William Shakespeare*, p. 126.

trepris la guérison des plaies sociales. » Lisez les Pères
des premiers siècles : ils ont guéri le monde de cette
grande plaie qui s'appelait l'Esclavage. Ils n'ont pas employé les remèdes violents ; ils n'ont pas déchiré avec le
fer ni brûlé avec la flamme le corps affaibli de la pauvre
humanité ; ils ne se sont servi que de miel, d'huile et de
baume ; ils ont rappelé aux maîtres tous leurs devoirs,
et ont, par là, conquis paisiblement tous les droits pour
les esclaves. Saint Grégoire le Grand a été le plus illustre
de ces illustres médecins, et il a vu le genre humain entrer en convalescence.

L'art chrétien, la parole chrétienne, a guéri le monde
de bien d'autres maladies : il n'a pas seulement « ontre-
pris, » il a ACCOMPLI ces guérisons miraculeuses. Il a parlé
pour les petits enfants qu'on abandonnait, et on ne les a
plus abandonnés ; il a parlé pour les débiteurs, qu'on soumettait à d'épouvantables tortures, et on ne les a plus
torturés ; il a parlé pour les veuves, pour les orphelins,
pour les vieillards, et voici que les veuves ont été proté-
gées, les orphelins nourris, les vieillards recueillis ; il a
parlé pour la femme, cette sorte de demi-esclave que le
divorce avilissait, et la femme a été placée sur le trône
de la famille, reine dont on ne saurait aujourd'hui méconn-
naître la majesté qui est de nature chrétienne.

L'art chrétien, la parole chrétienne, a « amendé les
codes. » Prenez entre vos mains la loi des Douze Tables,
le code Théodosien ou les plus anciennes lois germaniques, et comparez-les avec les *Assises de Jérusalem,* ou
même avec nos codes modernes, quoique trop imprégnés
de l'esprit romain : vous constaterez une différence, qui
est véritablement prodigieuse. Avouez qu'un tel progrès
est dû à l'Église. Si vous ne l'avouez pas, nous sommes

en mesure de vous le démontrer jusqu'à la plus lumineuse et à la plus complète évidence.

L'art chrétien, la parole chrétienne, a « sondé le salaire
et le chômage. » On peut même dire que le salaire est
d'origine chrétienne, tant l'Église lui a donné de merveilleux développements. Dans l'antiquité, un grand nombre
d'ouvriers étaient esclaves, et n'étaient point payés, si ce
n'est à coups de fouet. O noble et belle liberté de l'ou-
vrier chrétien ! Quant au chômage, c'est encore la parole des évêques et des prêtres qui en a introduit dans le
monde la pensée et la pratique ; c'est cette parole qui a
forcé doucement les maîtres à donner chaque semaine
deux jours de repos à leurs esclaves, comme il est dit
dans les *Constitutions apostoliques.* Si le chômage est trop
souvent funeste, c'est parce qu'il n'est pas volontaire et
qu'il se prolonge trop ; mais en ces tristes occurrences,
c'est encore la parole chrétienne qui s'élève, et qui fait
entendre de constants et nobles appels en faveur des
ouvriers sans ouvrage. Et ces appels sont toujours en-
tendus.

L'art chrétien, la parole chrétienne, a fait mieux que
« goûter le pain noir du pauvre. » Il a fait faire, depuis
dix-huit cents ans, des milliards et des milliards de pains
qu'il a distribués à tous ceux qui ont eu faim. Il faut
véritablement avoir quelque audace pour venir conseiller
à l'art « de donner à boire et à manger, » quand cette
mission est accomplie depuis tant de siècles par un art
qu'on ne veut même pas nommer !

L'art chrétien, la parole chrétienne, a « jeté bas la cloison de l'ignorance ; » il a « fait ouvrir des écoles, » il a
« montré à lire aux petits enfants, » il a « prêché la multiplication des abécédaires, » il a « amélioré la nutrition

des intelligences et des cœurs. » M. Victor Hugo ne s'est donc jamais rendu compte de l'histoire de l'instruction publique en Europe depuis la chute de l'Empire romain ? Il est désastreux qu'un tel homme ignore jusqu'aux plus simples éléments de l'histoire. Où ont été les écoles pendant quinze siècles ? Uniquement dans l'Église. Qui a montré pendant quinze siècles « à lire aux petits enfants ? » Uniquement les prêtres de Jésus-Christ. Par qui ont été écrits les abécédaires pendant quinze siècles, et par qui ont-ils été multipliés ? Uniquement par des intelligences et par des mains chrétiennes. Cela est plus certain, plus MATHÉMATIQUE que les axiomes de l'arithmétique et de la géométrie. Cependant, vous ne le dites pas, et il semble, en vous lisant, que tout soit encore à faire. Il semble que vous viviez en plein cinquième siècle, en pleine invasion des Vandales. Vous ne voyez rien qui vous console ni dans le passé, ni dans le présent. Jamais nous ne pourrons supporter un tel langage, d'autant plus que nos yeux, aujourd'hui même, sont frappés par l'admirable spectacle des miracles intellectuels que la parole chrétienne opère encore parmi nous. Si nous jetons les yeux sur les écoles de France, c'est la robe du religieux ou celle de la religieuse que nous apercevons partout au milieu de ces foules charmantes. Si nous regardons la plupart des abécédaires, nous voyons qu'ils sont encore signés par des prêtres. Bref, nous ne cessons d'entendre le bruit agréable des marteaux qui détruisent la cloison de l'ignorance, et ces marteaux, grâce à Dieu, sont en des mains chrétiennes.

« Il y a encore, dites-vous, beaucoup à faire. » Nous l'avouons. Si généreux, si ardents que soient vos soupirs vers la Vérité, ils ont d'abord passé par des poitrines catholiques avant de consumer la vôtre. L'Église, donc, ne se repose pas, et n'entend pas se reposer. Nous sommes persuadé qu'il n'est pas un seul jour, pas une seule heure peut-être, où elle ne fonde quelque école, quelque ouvroir « pour donner du travail à « l'ouvrière, » quelque asile pour abriter et guérir une misère humaine. Il n'est pas non plus un seul jour, pas une seule heure peut-être, où la sainte Église ne proteste contre « la honte, » contre « l'infamie, » contre « la faute, le vice, le crime et l'inconscience. » Lisez plutôt les Encycliques du Vicaire de Jésus-Christ ; écoutez plutôt la parole de cette toute-puissante faiblesse.

Soupirons donc vers un meilleur avenir, mais à la condition de constater et de vénérer les soupirs de nos devanciers, ceux aussi de nos contemporains ; à la condition surtout de constater les œuvres des uns et des autres, et de prendre en leurs mains le flambeau, pour le transmettre aux mains de nos fils. Agir autrement, disons le mot, c'est de l'ingratitude. Le chrétien n'est jamais ingrat : il tourne un regard plein d'ardeur vers l'avenir où il espère voir un jour éclater le triomphe de l'Église : mais il tourne vers le passé un regard plein de reconnaissance et qui semble dire : « Je dois à mes pères plus que mes fils ne me devront. »

III

Nous avons encore un autre grief contre Victor Hugo. Non seulement il nous a paru d'une ingratitude révoltante en cette grande question de « l'art pour le vrai, » mais cette âme qui n'est pas sans largeur nous a paru étroite. Nous voyons bien que l'auteur des *Misérables* veut faire de l'art un nécessaire et glorieux chemin vers la béatitude du siècle présent ; mais il a les ailes trop lourdes pour s'envoler plus haut, et ne se doute pas que l'art est avant tout destiné à entraîner les âmes à la béatitude de l'autre siècle. « L'art pour le vrai, » c'est une formule abstraite ; « l'art pour l'utile, » c'est une formule étroite. La vraie parole, la solution vraie, c'est ceci : « L'art pour la conversion, l'art pour le salut, l'art pour le ciel ! »

Si l'art ne peut être utile que durant les quelques soleils de cette pauvre vie, l'art, en vérité, n'a qu'une mission de second ordre. Mais il en est autrement. La première mission de toute parole, de toute littérature, de tout art, c'est de convertir les hommes, c'est de leur donner pendant toute l'éternité une félicité mille fois plus désirable et plus parfaite que cette félicité d'un jour rêvée par le poëte. Or, depuis dix-huit siècles, la parole de l'Église retentit dans le monde, et ne semble y retentir que pour pousser toute l'humanité dans les bras de Dieu. Imitons l'Église, pauvres paroles que nous sommes. Que toutes nos œuvres aient pour premier effet d'arracher un bel *Ibo ad patrem* du fond de toutes les âmes émues et subjuguées. Soulevons les âmes et lançons-les au ciel.

Victor Hugo n'a pas de ces idées chrétiennes. Nous cherchons en vain dans son livre les articles de son *Credo* qui ont rapport à la vie future : nous n'y trouvons que ténèbres épaisses. Tant soupirer, mon Dieu, pour ne soupirer que vers la terre ! Devons-nous ajouter que la pensée de notre poëte sur la nature de Dieu nous paraît, plus d'une fois, enveloppée des mêmes ombres ? M. Victor Hugo croit-il, oui ou non, à la PERSONNALITÉ de Dieu ? Il dit quelque part : « Le monde dense, c'est Dieu. Dieu dilaté, c'est le monde. » C'est là une formule panthéiste, ou nous n'y connaissons rien. Cependant, en cent autres endroits, l'auteur de *William Shakespeare* parle de Dieu comme en parlent les petits enfants d'après leur catéchisme. Décidément, son Dieu est-il celui de Hégel, ou, comme nous l'espérons encore, celui de l'Évangile ? Il est temps de se déclarer [1].

IV

La seconde partie de *William Shakespeare* a pour titre : *Les Génies*. L'auteur, le peintre, veux-je dire, y trace d'une main forte quatorze portraits : car, depuis les origines du monde, il compte « quatorze génies littéraires », quatorze astres qui ont illuminé la terre. Dans ces pages, comme dans toutes celles de ce livre étrange, on est stupéfait de trouver à la fois une folie qui réclame l'attention des médecins, à côté d'une jeunesse et d'une élévation de coup d'œil qui commande et entraîne l'admiration. Les extrêmes se touchent. Le poète vient de se laisser aller à quelque noble mouvement vers la Vérité ; il vient de faire à saint Jean et à saint Paul un noble salut, plein d'un respect presque filial ; tournez la page : il entonne un éloge abject du plus abject de tous les écrivains, de Rabelais. Que penser d'un homme qui admire avec le même enthousiasme les grands soupirs d'Ézéchiel et les hoquets de l'auteur de *Pantagruel !*

Il sera curieux de connaître quels sont ces quatorze

[1] Victor Hugo, vers la fin de sa vie, a affirmé décidément sa croyance en un Dieu personnel.

élus auxquels Victor Hugo accorde ce don si rare : le
génie. En réalité il y en a quinze ; car l'auteur de *Wil-*
liam Shakespeare, ne se nommant jamais, se sous-entend
toujours. Il se met ingénûment au nombre de ceux qui
ont eu ici-bas le plus de pensées ORIGINALES ET FÉCONDES.
Tels sont, en effet, les deux caractères du génie que Victor
Hugo n'a pas voulu définir : la nouveauté de la pensée
et sa fécondité. L'homme qui n'a que l'une ou l'autre de
ces incomparables facultés, cet homme peut être un
grand esprit : ce n'est pas un génie.

Donc, les *quatorze* de Victor Hugo s'appellent : « Ho-
mère, Eschyle, Job, Isaïe, Ézéchiel, Lucrèce, Juvénal,
Tacite, saint Jean, saint Paul, Dante, Rabelais, Cervantes,
Shakespeare. »

Tout d'abord, il nous faut prendre de fortes cordes et
de vigoureux fouets pour chasser de ce « temple du génie » plusieurs personnages indignes de s'y présenter. Sans
pitié, inexorablement, nous chasserons Lucrèce, nous
chasserons Rabelais, nous chasserons Cervantes.

Quoi ! il faudrait lui attribuer du génie, à ce poète matérialiste, à ce Lucrèce qui ne reconnaît ici-bas d'autre
divinité que Vénus ! Il faudrait que nous nous avilissions
à ce point d'admettre que le créateur de Gargantua a du
génie ! « Rabelais, dites-vous, a fait cette trouvaille : le
ventre. » Hélas ! il n'a même pas droit à ce brevet d'in-
vention. Avez-vous quelquefois contemplé les traits de
Rabelais ? Ses portraits donnent l'idée de son âme. Il a
une grosse bouche sensuelle qui rit de tout ce qui est
élevé, de tout ce qui est immatériel, de tout ce qui est
noble. Rabelais, c'est l'antithèse du *Sursum corda* ; c'est
un de ceux qui ont le plus abaissé l'intelligence de
l'homme. Son rire nous indigne plus que l'athéisme de

Lucrèce ; son rire a renversé tant d'églises où l'homme était consolé ; son rire a éteint tant d'espérances ; son rire, enfin, a fermé le ciel à tant d'âmes ! Sans Rabelais, peut-être, Voltaire n'aurait pas été Voltaire. Comment se fait-il que Victor Hugo, qui, avec un certain courage, ferme la porte du génie au nez de Voltaire, l'ouvre toute grande à son prédécesseur direct, à Rabelais ? Ces deux hommes sont inséparables : leurs deux rires, leurs deux *rictus* se ressemblent.

Et Cervantes ? Victor Hugo omet Platon, et il place Cervantes au nombre des quatorze grands hommes qui ont guidé jusqu'à ce jour l'humanité voyageuse. Sachez que le génie est joyeux, mais qu'il n'est pas railleur. Cervantes a raillé la chevalerie et l'a rendue ridicule ; son style est incomparable ; son talent est hors de toute contestation ; mais nous ne saurions, en bonne justice, lui décerner un brevet de génie.

Rabelais, Lucrèce et Cervantes sont de trop dans cette liste ; mais, en revanche, que de lacunes !

Job, Isaïe, Ézéchiel, saint Paul, saint Jean, représentent ici les écrivains sacrés ; mais quel cœur catholique ne souffrira pas de voir le mot « génie » appliqué à ceux qui peuvent dire : « Nous écrivions, mais Dieu dictait. » Ils sont bien plus que des génies, ceux qui ont signé de leurs noms les différents livres des Saintes Lettres. Ce mot, qui fait tant honneur aux autres hommes, diminue singulièrement ces confidents du Saint-Esprit. Et même en admettant le langage de Victor Hugo, nous ne comprenons pas l'omission de deux noms tels que ceux de Moïse et de David. Pourquoi admettre Job, et repousser Moïse ?

L'auteur de la *Genèse* est un géant dans ses écrits,

comme il est un géant dans sa vie. Tandis que les vérités diminuaient parmi les enfants des hommes, Moïse, en quelque manière, leur donnait un suprême asile dans sa noble intelligence. En cette tête sublime furent un jour rassemblées toutes les traditions originelles. Il raconte la création du monde comme s'il y avait assisté, placé à côté du Dieu créateur. Il raconte les commencements de l'homme avec une sincérité qui seule lui mériterait la place d'honneur parmi les génies de l'antiquité. Il a vu Dieu, il l'a vu face à face, il a *causé* avec Lui : le rayonnement divin a passé dans son style. Il n'omet que son éloge : mais cet éloge a un éclat latent qui éblouit. Chef d'un peuple immense, en qui reposent toutes les espérances de l'humanité, il le conduit avec une charité rude, avec une sévérité miséricordieuse. Il domine cette nation grossière comme un géant dominerait un peuple de nains : tout est petit à côté de Moïse. La gloire de sa mort surpasse encore la gloire de sa vie. Jamais personne avant Jésus-Christ n'est mort avec la majesté de Moïse. Il est mort comme le soleil se couche, plus grand qu'Énoch et qu'Élie lui-même. Tel est Moïse.

David, lui, n'a pas la taille de Moïse ; mais il nous semble qu'il est par excellence le type de l'homme. Comme il pèche, et comme il se repent ! comme il tombe, et comme il se relève ! Il touche tour à tour aux extrémités de l'abîme et à celles du ciel. Encore une fois, c'est l'homme. L'homme ici-bas doit être le représentant intelligent, le prêtre, la voix vivante de toute la création matérielle : c'est ce que David a été. Contenant en lui la nature terrestre et la nature spirituelle, il a élevé la voix au nom du monde entier ; il a remercié Dieu le créateur au nom de toute la création. Quand on veut féliciter quelque prince, on lui envoie une députation dont le seul chef prend la parole. Eh bien ! l'humanité semble avoir député David au bon Dieu pour lui présenter l'hommage de sa soumission, de sa reconnaissance et de son amour. Ah ! ce représentant du genre humain a bien parlé, il a bien rempli sa mission. Quels chants ! On les entonnera jusqu'aux derniers instants de notre terre ; et quand le grand jour sonnera, il trouvera sur un grand nombre de lèvres les cantiques de David. Il n'est pas d'homme qui ne puisse se les appliquer. David, dira-t-on, parle souvent en roi ; mais le plus petit des hommes est un roi, et peut s'identifier avec le roi de Jérusalem. Si je pleure, David sanglote avec moi ; si je frémis d'amour, David est enflammé ; si je me repens, David fond de douleur ; si la joie me transporte, David danse devant l'arche. Jamais l'âme humaine n'a été si *complète* que dans David. Oublier David, c'est à la fois de la folie et de l'ingratitude.

Je ne veux pas aller plus loin dans le signalement de ces regrettables lacunes. Je m'étonne de ne pas trouver au nombre des *quatorze* un homme à qui les chrétiens sont en droit de reprocher de grandes erreurs, mais qui, somme toute, a été l'un des plus grands *désireurs* de lumière : c'est de Platon que je parle. Dans les temps qui ont suivi l'apparition de la grande lumière, du Verbe incarné, il n'est pas moins étonnant qu'on ait oublié des génies tels que saint Augustin, saint Thomas d'Aquin, Bossuet et de Maistre. Ces oublis ne font tort qu'à celui qui les fait. Quant aux vrais génies, ils continuent de luire. L'astronome qui dans ses calculs oublie quelques étoiles, ne les empêche pas de briller.

Dans quelques pages ardentes (les dernières de ce livre ardent), M. Victor Hugo demande que l'humanité accorde désormais toute son estime aux poètes et la refuse aux conquérants. Les conquérants, et en général tous les hommes d'épée, sont rudement traités par l'auteur de *William Shakespeare*. « Il est temps, dit ce poète, que les hommes de l'action prennent leur place derrière, et les hommes de l'idée devant. Il est temps que les génies passent avant les héros. Volte-face ! Otez de là Alexandre, et mettez-y Aristote. Dante importe plus que Charlemagne. L'écritoire doit détruire l'épée. » Ce n'est pas un chrétien qui se scandalisera de cette importance donnée à l'esprit contre la chair. Le chrétien déteste la guerre : il la sait d'origine satanique, il la maudit. Le chrétien est avant tout un homme de paix : il voudrait descendre au milieu de tous les champs de bataille, arrêter les deux armées qui vont se déchirer, et changer ce choc en baiser. Et cependant le chrétien estime les gens de guerre, quand les gens de guerre accomplissent chrétiennement leur mission. Nous ne jetterons pas sur tous les conquérants l'anathème que leur jette M. Victor Hugo.

L'homme de guerre est un être à part, et nous lui trouvons, quant à nous, une grandeur singulière. Il est la force au service de la vérité, il est la puissance au service de la faiblesse. Armé de son épée, qui a la forme d'une croix, il *monte la garde* à la porte de la Vérité, et la défend contre toutes les attaques. Il défend aussi la patrie, c'est-à-dire les femmes, les enfants, les vieillards, les magistrats, les laboureurs, les ouvriers qui parlent sa langue et ont sa foi. Malheur à qui touche à ces faiblesses sacrées! l'homme de guerre est là pour les défendre. Sans l'homme de guerre, il n'y aurait plus sur la terre ni nationalité, ni vérité. L'Église aurait depuis longtemps disparu : les successeurs d'Attila seraient les rois de l'humanité redevenue sauvage. Eschyle n'aurait certes pas sauvé la Grèce à lui seul : il a fallu des soldats qui s'appelèrent Miltiade et Thémistocle. De même, dans les temps modernes : Dante, en définitive, a médiocrement contribué au progrès de l'humanité ; Charlemagne, au contraire, a discipliné l'Europe, arrêté les invasions, christianisé l'Allemagne, sauvé la chrétienté de la barbarie musulmane et de la barbarie saxonne. Je dis que sans Dante nous serions ce que nous sommes, mais que sans Charlemagne nous ne serions peut-être plus. Donc Charlemagne « importe » plus que Dante.

Ne rabaissons pas la plume, la plume qui rend la Vérité visible ; mais ne méprisons pas l'épée. Grâce à la plume notre intelligence s'agrandit ; grâce à l'épée, elle peut s'agrandir au sein de la sécurité et de la paix. Sans les œuvres de l'épée, les œuvres de la plume seraient sans puissance et sans effet. Ne dédaignons rien. Aspirons énergiquement à la paix, mais plaçons dans notre reconnaissance ceux qui ont répandu leur noble sang pour nos foyers et pour nos autels, à côté de ceux qui ont traduit en belles paroles leurs belles pensées libératrices. Plaçons Charlemagne à côté de saint Augustin, plaçons Godefroi de Bouillon à côté de saint Anselme, et saint Thomas d'Aquin à côté de saint Louis !

V

Nos lecteurs se seront peut-être étonnés de ne pas encore nous avoir entendu parler de Shakespeare. C'est que, dans le livre de M. Victor Hugo, Shakespeare est un prétexte plutôt qu'un sujet, et nous avons dû ne pas donner dans notre critique plus de place à l'auteur de *Macbeth* qu'il n'en occupe dans l'œuvre de son dernier panégyriste.

Dans Shakespeare, comme chez tous les écrivains, il faut considérer le fond et la forme.

Quant à la forme, M. Victor Hugo l'a remarquablement mise en lumière. Il oppose Shakespeare à Eschyle ; il oppose le théâtre grec au théâtre anglais. Il montre que dans le théâtre grec, tout est concentré en une unité sévère, tandis que dans le drame shakespearien, il y a diffusion et ubiquité. En d'autres termes, rien ne ressemble plus aux tragédies de la Grèce que ses bas-reliefs : quelques personnages seulement, aux formes pures et belles, à la démarche noble, magnifiquement drapés. Voyez au contraire le théâtre de Shakespeare : en cent lieux différents, en cent lieux à la fois, des foules immenses se précipitent, se heurtent, se mêlent, se confondent. Mille personnages surgissent de tous les coins de la scène ; des existences humaines tout entières sont mises en action ; on entend au premier acte les cris de l'enfant ; on entend au dernier le râle du moribond. Le tout sans règles, sans concentration, sans unité : un désordre superbe, au milieu duquel plusieurs personnages se détachent, qui attirent et retiennent le regard. Tel est, presque partout, le théâtre de Shakespeare.

Ce théâtre, cependant, n'est pas absolument original. Nous ne savons pas si on en a déjà fait la remarque ; mais il nous semble que le drame shakespearien dérive de nos Mystères du xv° siècle. Il est bien entendu que nous ne parlons que de la forme. Dans les Mystères, un beau désordre éclate. Mille, dix mille personnages se promènent

à travers un drame long et compliqué. La scène est divisée en plusieurs compartiments : voici le ciel, voici la
terre, voici l'enfer. Il y a des dialogues, des monologues,
des assemblées, des batailles. Tout un peuple regarde,
tout un peuple est acteur. Ainsi dans Shakespeare.

Pour le fond, c'est bien différent. M. Victor Hugo dit
de *Hamlet* que c'est « la tragédie-rêve ». Il aurait pu ajouter que *la Tempête* est « la tragédie-fantaisie ». Et si l'on
excepte les « tragédies-histoires », c'est en effet le rêve
et la fantaisie que l'on voit surtout régner dans l'œuvre
de Shakespeare. Un de nos plus consciencieux écrivains [1]
vient de publier un beau travail où il démontre que
Shakespeare est né et qu'il est demeuré catholique. Notre
cœur a battu à cette nouvelle ; mais, faut-il le dire, il n'a
pas battu longtemps. C'est que Shakespeare a bien pu être
catholique, et même catholique fervent, dans son intime,
dans ses actions, dans sa vie. Mais il est certain, trop certain, qu'il n'a pas été catholique dans ses œuvres.

Je sais tout ce qu'on me répondra ; je sais qu'il vivait
sous Élisabeth, je n'ignore pas qu'il était persécuté ; mais
je persiste à croire qu'il eût pu jeter plus de christianisme
dans ses drames. Il restait à sa liberté un vaste champ
d'action : il lui restait les origines de l'Église, les persécutions, les martyrs, les prédications de l'Évangile, les
conquêtes de la foi. Il pouvait échapper par mille côtés à
la très redoutable censure de la « grande vestale d'Occident ». S'il ne l'a pas fait ; si, au lieu de l'idéal chrétien
et de la réalité chrétienne, il a jeté dans son théâtre le
rêve, la fantaisie et même le réalisme qui ne sont pas
chrétiens, c'est qu'il était, hélas ! de son temps, et que

[1] M. Rio.

son siècle a été le siècle du *séparatisme*. C'est que partout, grâce à la Renaissance, on séparait alors la Religion de l'Art ; c'est qu'on mettait de grandes cloisons ou plutôt de vraies murailles entre le domaine de la foi et tous les autres domaines ; c'est qu'on était chrétien à certaines heures, ses portes fermées, et qu'on croyait permis de ne l'être pas dans ses livres, ni sur le théâtre. C'est dommage ! Si jamais quelqu'un a pu écrire un théâtre sincèrement chrétien, c'est bien Shakespeare, génie incontestable et incontesté, devant lequel nous nous inclinons avec respect, devant lequel nous voudrions pouvoir nous incliner davantage.

Et disons-le : nous n'avons pas encore, nous ne possédons pas encore ce théâtre chrétien dont nous parlons. Les Mystères ne sont que des ébauches dont l'imperfection est connue ; les comédies de la religieuse Hroswitha sont d'admirables tentatives et presque des chefs-d'œuvre ; mais c'est tout. Quand viendra l'homme de génie qui, sans faire appel à une seule passion mauvaise, et n'acceptant aucun compromis avec les traditions criminelles d'un théâtre avili, — plus grand, plus puissant, plus vivant que Shakespeare, — mêlera dans son drame l'histoire tout entière de la religion catholique avec l'histoire tout entière de l'humanité ; qui racontera les origines de l'homme, ses grandeurs, sa chute, ses soupirs et les magnificences de la Rédemption ; le sang des Martyrs, la pureté des Vierges, l'enseignement des Docteurs ; la grande lutte des Démons contre les Anges, lutte dont l'âme humaine est surtout le théâtre ; les persécutions de la Vérité, ses victoires, ses triomphantes défaites ; la Crèche et le Jardin des Oliviers ; le Thabor et le Calvaire ; les miracles, les prophéties et leur accomplissement ;

Babylone qui tombe, et Rome qui s'élève ; l'histoire de
chaque âme en particulier, ses combats, ses larmes ses
triomphes ; les joies de la famille, l'amour des époux,
la joie de la maison, le bonheur des mères ; la marche
enfin de toute la famille humaine, tantôt en pleurs, tantôt
en joie, vers les portiques tant souhaités de l'éternité
bienheureuse ? Voilà ce que pourrait peindre un Shakespeare véritablement catholique. Encore un coup, quand
viendra-t-il ?

VI

D'horribles paroles terminent ce livre de M. Victor
Hugo, où l'on ne sait véritablement ce qui est le plus
étonnant : l'excès de la puissance ou l'excès de la folie.

L'auteur de *William Shakespeare*, comme conclusion
de son œuvre, affirme que toute la littérature du xixᵉ siècle dérive, non pas de 1789, mais de 1793. Et dans un
accès de folie furieuse dont rien ne peut donner une idée,
il entonne un chant épouvantable en l'honneur de 93.
« Donc, dit-il, vous, hommes du xixᵉ siècle, TENEZ A
HONNEUR cette injure : vous êtes 93. » Ainsi, il faut
TENIR A HONNEUR d'être les fils des Fouquier-Tinville, des
Marat, des Robespierre. « 89 et 93 : les hommes du xixᵉ siè-
« cle sortent de là. C'EST LA LEUR PÈRE ET LEUR MÈRE. »
93, une mère !!! Ah ! j'aimerais mieux prendre à la lettre
les formidables mots de Job : « J'ai dit aux vers du tombeau : Vous êtes mon père et ma mère. » Cette dernière
origine est plus noble et me fait relever la tête.

« La littérature du xixᵉ siècle est née en 1793, » oui,
mais comme la protestation naît du crime. Il faut que

Victor Hugo n'ait pas lu trois pages des écrits publiés,
pendant cette époque sanglante. Le ridicule du style y est
à la hauteur de la barbarie des âmes. Littérature am-
poulée, prétentieuse, sans vie, servilement calquée sur
celle des écrivains de l'antiquité païenne. L'art est absent ;
c'est du Jean-Jacques délayé. Oh ! les sots livres, conseil-
lant la guillotine en style de bergerie, et le massacre en
belles phrases de rhéteurs douceâtres ! Toute cette littérature, d'ailleurs, ne diffère point en son essence de celle
des siècles précédents ; c'est le même esprit de convention. Il y a des formules poétiques, qui sont les formules
mal comprises du paganisme grec et romain. On ne voudrait pas célébrer le vrai Dieu, mais on chante les dieux
de l'ancien Olympe. Quant à l'âme, on n'y descend jamais ;
on n'en fait pas frémir les cordes ; on ne veut pas de cette
harmonie qui paraît trop simple. L'école de Boileau
triomphe en poésie, l'école de Voltaire en prose. Tous
les procédés de la Renaissance sont encore employés ;
la seule différence est qu'ils sont mis en œuvre par des
hommes d'une odieuse médiocrité ; mais c'est bien le
même oubli de toute la littérature chrétienne et de toute
la littérature nationale ; c'est bien la même ingratitude.

En 1793, ce style de la Renaissance fut tellement
exagéré qu'il fit horreur. Sur ce, le xixᵉ siècle arriva,
et, saisi de dégoût (d'un dégoût bien légitime) devant
cette littérature si niaisement païenne et si profondément
fausse, il se mit en colère et brisa de ses rudes mains
le moule littéraire qui avait servi pendant trois siècles à
tous les ouvrages de l'esprit. Châteaubriand, dont l'influence fut plus grande que le mérite, fraya, dans son
Génie du Christianisme, vingt routes nouvelles à l'art, à
la critique, à l'histoire elle-même. Lamartine vint, et put

dire sans orgueil : « J'ai été chercher dans l'âme humaine les véritables cordes de la lyre. » Déjà, Joseph de Maistre avait retrouvé le grand style philosophique que l'on peut définir : *æquatio rei et verbi*. A côté de ce grand homme croissait un jeune poète que Châteaubriand appelait « un enfant sublime. » Cet enfant n'avait pas alors assez d'anathèmes pour maudire cette Révolution qu'il déifie aujourd'hui. Lui aussi, il n'avait pu contempler sans quelque fureur le spectacle de la littérature du xviii° siècle : la tragédie de Voltaire l'induisait en un rire inextinguible : il voulut la remplacer et la remplaça par le drame. M. Victor Hugo connaît bien le nom de ce jeune homme.

Ce qu'il y a de certain, c'est que, parmi les entreprises généreuses de notre siècle, il faut surtout signaler ses protestations contre la littérature des deux ou trois derniers siècles. Et cette littérature n'ayant jamais été aussi puissante qu'en 1793, c'est contre 93, en réalité, qu'ont protesté toutes les nobles intelligences de ce temps-ci.

Cela dit, arrêtons-nous. Laissons M. Hugo s'écrier qu'il veut être « le frère du condamné ET DU DAMNÉ, » et souhaitons que Dieu ne lui fasse pas connaître les effets de cette dernière et épouvantable fraternité. Le livre, par bonheur, se termine par le plus consolant de tous les noms, par celui de Jésus-Christ. Seulement le poète le qualifie : « d'immense aurore. » O prodigieux aveuglement ! Ce qu'il prend pour le jour naissant c'est le plein midi, c'est le triomphe du soleil, c'est la plénitude de la lumière.

VICTOR HUGO

VICTOR HUGO.

— — —

II. UN TOAST LITTÉRAIRE.

Il y a quelques jours, dans un banquet littéraire dont « tout Paris » s'est entretenu durant douze heures, Victor Hugo a porté un toast où il a daigné ne point parler politique. C'est une concession dont il faut lui savoir gré ; mais, hélas ! le vieil homme n'est pas mort, et le grand poète eût cru manquer au plus saint de tous les devoirs s'il n'eût pas profité de cette heureuse occasion pour jeter un peu de boue sur le front de l'Église. Il a pris cette fois un moyen détourné pour l'insulter plus cruellement, et oubliant l'antique union de l'Église et de la France, les gloires catholiques de notre pays et tout ce que nous devons aux éléments chrétiens de notre race, il s'est écrié : « La France règne dans le monde par Rabelais, par Molière, par Voltaire. » On ne saurait dire plus clairement qu'elle ne règne point par le Christ.

Ces paroles de l'auteur des *Châtiments* sont un cri de haine, et il était impossible de trouver trois noms plus significatifs : Rabelais qui, suivant les propres paroles de Victor Hugo en son *William Shakespeare*, « a fait cette trouvaille, le ventre ; » Voltaire, qui peut passer pour l'ennemi intime et personnel de Jésus-Christ ; Molière, qui est là en fort mauvaise compagnie, je le veux bien,

15

mais dont presque toutes les œuvres auraient pu être écrites, avant notre ère, par un païen de génie. Tels seraient les véritables auteurs de la grandeur, de la popularité, du triomphe de la France et de son incontestable domination sur les intelligences de tout l'univers. Nous devrions le meilleur de notre gloire à trois écrivains dont les honnêtes gens ne laissent pas traîner les livres sur la table de leurs salons, et que l'on a soin de cacher, quand on a des enfants. Nous protestons.

Faisons une hypothèse hardie, et supposons que la France n'ait possédé ni Rabelais, ni Molière, ni Voltaire. Certes, elle perdrait là trois grands écrivains, trois écrivains de race. Mais son règne intellectuel en serait-il sensiblement amoindri ? Son rayonnement serait-il moins étendu ? Son influence moins profonde ? En serait-elle moins la grande et noble France ? C'est là une question capitale, et à laquelle il importe de répondre.

Répondons en esquissant les trois portraits de ceux « par qui règne la France. »

Et de ces portraits nous tirerons ensuite la conclusion qu'on en peut, qu'on en doit tirer.

I

Rabelais est ce qu'on est convenu d'appeler un gaulois. Son esprit est merveilleusement aiguisé et vif. Une seule de ses lignes offre plus de finesses que n'en contiennent toutes les œuvres d'un Malherbe ou d'un Boileau. Une goutte de cette liqueur puissante suffirait pour colorer et vivifier je ne sais quel volume énorme d'eau incolore et fade. C'est une variété, une fécondité, une intarissabilité vraiment incomparables. Qu'il ne fasse d'emprunts à personne, la chose est trop évidente : car il est le plus original, le plus prime-sautier de tous les écrivains, et il ne ressemble qu'à lui-même. Sa langue est robuste, accentuée, vivante, avec je ne sais quelle pointe de ce pédantisme qu'il raille si bien chez les autres. Ce n'est pas (quoi qu'en ait dit naguères Victor Hugo) « un des quatorze génies » qui aient honoré le genre humain ; mais c'est un esprit très supérieur et très indépendant, et je ne lui refuse point l'admiration à laquelle il a droit. Quant à aller plus loin, on ne m'y contraindra jamais. Souscrive qui voudra pour sa statue, *etiamsi omnes, ego non*, et, si je lui appliquais le mot « génie », je penserais avoir commis une méchante action. Cet homme nous a fait un mal dont nous n'avons pas encore guéri et dont nous ne guérirons jamais. Tout le Moyen-Age, tous les siècles chrétiens avaient résumé la vie en un mot : « sacrifice ; » il l'a résumée, lui, en cet autre mot : « jouir. » Il ne voit toutes choses que par leur côté brutalement matériel. Il remet en honneur la volupté, que la sainte Église avait chassée du monde. Il aime la chair pour elle-même et parce qu'elle est la chair. Ce n'est pas lui qui eût appelé l'homme de ce nom que lui a infligé M. Taine : « le bel animal humain ; » et, dans cette périphrase, il eût volontiers supprimé le mot « beau. » Mais il faut avouer qu'il possédait au plus haut degré ce que l'on a si bien nommé « le sentiment de la nature, » et il a communiqué à sa génération ce goût qui nous est resté. Par malheur, il aimait *toute* la nature, et l'aimait trop naturellement. Jamais âme ne fut plus réfractaire au surnaturel et n'eût une horreur plus insurmontable pour l'invisible, pour l'*au-delà*, pour l'âme. Encore un coup, la chair, toujours la chair, partout la chair, et rien que la chair. Tout Rabelais est là, et il ne faudrait pas croire qu'il ait eu une influence aussi étendue que ses amis se l'imaginent. C'est un régal de délicats et qui n'a rien de populaire. Son action sur la littérature des nations voisines n'a rien eu de profond. Ce curé qui a passé sa vie à secouer l'arbre de l'Église pour avoir la joie de le renverser, ce païen en soutane peut passer à bon droit pour un des premiers auteurs de la Révolution, et c'est avec raison que M. Zola salue en lui un des précurseurs du naturalisme. Mais il conviendrait peut-être de s'arrêter ici dans la voie de l'éloge : la décence l'exige.

II

Molière est le premier comique de tous les peuples et de tous les temps. Parmi ses devanciers ou ses imitateurs, il en est qui ont la *vis comica*, et d'autres le style ; mais ce qui caractérise Molière, c'est que ces deux facultés sont chez lui aussi puissantes, aussi merveilleuses l'une que l'autre. Le style, ici, n'affaiblit pas la force du comique, et cette force n'ôte rien à la délicatesse du style. La langue est toujours de bon aloi : c'est une monnaie loyale et sûre. Les mots sont forgés franchement, et servent bien à l'usage auquel on les destine. Rien n'égale surtout le naturel et la vivacité d'un dialogue qui est à la fois étincelant et simple. Quand elle n'a point un mobile impur, cette gaieté est souverainement vraie et fait rire d'un bon rire. Mais... Ah ! ce *mais* vous semble un blasphème, et il faut tout louer dans votre Molière. Tous les

jours il paraît au sujet de l'auteur du *Misanthrope* un ou
deux opuscules où l'on est très sérieusement occupé à le
diviniser. Deux journaux ont pris son nom pour drapeau et pour titre. On écrit des Dissertations et des Mémoires pour savoir l'heure exacte à laquelle il déjeunait,
pour étudier son estomac et son régime, pour connaître
l'emploi de tout son temps, heure par heure et minute
par minute. Le téméraire qui, au milieu de ce concert
d'adulations, se permettrait seulement de demander la
parole pour atténuer quelqu'une de ces louanges, cet in-
fortuné serait conspué de la belle manière et rappelé à
l'ordre. Eh bien! je serai celui-là. Je ne conteste pas
l'immense, l'incomparable talent de Molière, et viens de
le mettre en lumière. Je ne nie pas qu'il ait très finement
observé une partie de la société de son temps, la cour,
les comédiens, les hommes en vue, et ce qu'on appelle
aujourd'hui si lourdement « les classes dirigeantes. »
J'accorde qu'il a jeté un regard profond sur l'âme humaine et qu'il en a très clairement vu quelques côtés;
mais il me serait absolument impossible d'aller plus
loin. Non, non, il n'a pas observé *toute* la société de son
temps. Il n'en a pas connu les meilleurs, les plus nobles
éléments.

Cette admirable bourgeoisie chrétienne, qui avait une
vie et des mœurs en même temps si austères et si charmantes ; ces milliers de bons catholiques qui élevaient si
saintement leurs enfants et dont les femmes administraient si correctement le ménage si bien réglé; ces braves
familles paysannes où la foi était si vive et qui ne murmu-
raient jamais d'un sort parfois si dur ; cette bonne petite
noblesse rurale, qui savait unir dignement tant de pauvreté à tant de fierté; ces familles très nombreuses et très

économes ; ces générations qui se privaient si volontiers
de toute joie et étaient habituées à l'esprit de sacrifice
comme à la plus naturelle de toutes les conditions de la
nature humaine, cette race admirable de nos grands-
pères et de nos grand'mères, voilà ce que je ne trouve
point dans Molière, voilà ce qu'il n'a point vu. Il vivait
en dehors de cette excellente et humble société, comme
tant de boulevardiers, aujourd'hui encore, vivent en
dehors de la nôtre. Ce ne fut pas tout à fait sa faute : on
ne lui en ouvrait pas les portes ; il n'y aurait pas reçu bon
accueil. Mais je dis, en outre, qu'il n'a pas vu dans l'âme
humaine tout ce qu'elle peut renfermer, tout ce qu'elle
renferme d'éléments superbes et divins. Son idéal de la
femme est, malgré tout, un idéal médiocre et étroit, et,
si aimable que soit Henriette, des *Femmes savantes*,
nous souhaitons d'autres mérites à nos femmes et à nos
filles. Les richesses incomparables du dévouement, les
héroïsmes de la charité n'ont pas frappé le regard païen
de Molière, et il s'en est tenu à quelques vertus naturelles que les vertus chrétiennes ont cent fois surpassées.
On ne le lavera jamais d'avoir donné à l'adultère la place
qu'il lui a, d'un cœur léger, réservée en tout son théâtre.
A *Amphitryon* et à *George Dandin* nous n'accordons pas
de circonstances atténuantes ; mais, d'ailleurs, en ses
plus belles œuvres, nous avons peine à trouver un personnage qui satisfasse complètement notre légitime passion de l'idéal. Trop souvent Molière n'est qu'un consta-
tateur qui ne se prononce pas en faveur de tel ou tel
type. Il a raison de flétrir l'abominable Tartuffe et de
railler le pauvre Alceste ; mais il ne leur oppose point,
par le procédé du contraste, des personnages suffisamment saisissants et élevés. A nos yeux Molière a abaissé

notablement le niveau chrétien en France et dans le monde. Il nous a chrétiennement amoindris.

III

Je ne veux point parler aussi longuement de Voltaire, et je confesserai sans peine que, devant le rire de cet homme, j'ai beaucoup plus de peine à rester impartial et à remplir ce premier devoir de tout critique honnête. Je ne fais pas à Molière l'outrage de comparer son franc comique à ce méchant rire de Voltaire qui est satanique et a essayé de détruire ici-bas tant de choses augustes ; mais il ne me coûte pas de proclamer que l'auteur de *Charles XII* écrit en une excellente langue, bien claire, bien ferme, bien simple, bien française enfin. Je parle ici de sa prose, et non pas de ses vers, qui sont lâchés et trop souvent médiocres. Il est à peine utile d'ajouter que ce versificateur délicat n'a jamais été vraiment poète, et, à vrai dire, il n'y a pas de poésie qui soit compatible avec son rire. Ce qui a manqué à Voltaire, c'est la profondeur : sa philosophie est toute en superficie. Il ne faut point s'étonner qu'il ait gouaillé la Bible : il était l'homme du monde le moins propre à la comprendre. Homme du xviiiᵉ siècle, il voulait tout ramener, dans l'histoire, aux mœurs, aux idées, à la physionomie du xviiiᵉ siècle. Les temps primitifs, l'époque naïve et forte des patriarches, les rudes châtiments que la Justice divine a dû souvent infliger aux peuples coupables, le colossal édifice de la théologie catholique : il n'a jamais eu l'intelligence de toutes ces choses. Il les a raillées, et ne les a point vues. Mais, si peu scientifique et si peu fondée que soit sa raillerie, elle

a exercé, elle exerce encore une véritable puissance. Ce
sceptique a engendré des milliers de sceptiques. Le plus
curieux et le plus triste, hélas! c'est que les plus enthousiastes partisans des idées nouvelles furent ceux-là même
auxquels ce sarcasme diabolique devait porter la plus
mortelle atteinte. Les marquis, les petits abbés de cour,
les gros financiers furent les premiers sectaires des doctrines nouvelles et rivalisèrent d'ardeur. Ce fut à qui nie-
rait, à qui rirait le plus. Ce joli rire ne finit qu'en 1793, on
sait où. L'œuvre de Voltaire, comme il est trop facile de le
constater, a été une œuvre de destruction. Il n'a jamais
été, il n'est pas de ceux qui fondent.

IV

Dans toute l'histoire littéraire de la France, il y a deux
lignées d'écrivains qui ont joué parmi nous un rôle bien
différent. Il y a le groupe des gaulois, des railleurs et,
s'il m'est permis de parler ainsi, des « boulevardiers. »
Ce sont ceux qui amusent la nation, mais qui vivent en dehors d'elle et n'en reflètent aucunement la physionomie
et les mœurs. On connaît les noms de ces œuvres fatales.
Au xii° siècle, c'est le *Roman de Renart*, poème étrange,
et qui, par anticipation, est très profondément voltairien;
au xiii°, ce sont les fableaux et, plus tard, le *Roman de
la Rose* ; au xvi°, c'est votre Rabelais et toute l'école de
la chair réhabilitée ; au xvii°, c'est Molière, qui mérite
de n'être pas confondu avec les autres ; c'est Voltaire et
sa secte au xviii°, et, de nos jours, Béranger avec ses
flonflons qui n'ont rien respecté et que je ne respecte
pas. J'en pourrais nommer bien d'autres, et m'arrête. Que

ces illustres aient contribué au renom littéraire de la
France, la chose est incontestable, et je n'entends pas la
contester. Mais qu'ils soient LES SEULS dont on puisse dire
qu'ils ont assuré notre suprématie spirituelle, c'est une
sorte de scandale que nous ne nous lasserons point de
dénoncer au bon sens de l'opinion publique.

Il y a, par bonheur, un autre groupe d'écrivains qui,
depuis l'origine de notre langue, ont été tout aussi influents, et qui même l'ont été mille fois davantage : ce
sont les « braves gens » ; ce sont les génies honnêtes. On
ne prouvera pas, on ne pourra jamais prouver qu'ils aient
eu le tempérament moins français que les autres, et il
faut renoncer à cette idée saugrenue qui traîne en tant
de méchants livres et qui consiste à représenter les écrivains « gaulois » comme les seuls qui soient vraiment
français. Au xiiiᵉ siècle, l'intelligence de la France « régnait » déjà ; notre langue était parlée sur tout le litto-
ral de cette Méditerranée qui était un lac français ; notre
littérature était connue, aimée, traduite et imitée partout. Et à qui devions-nous ce beau règne ? Aux auteurs
inconnus de la *Chanson de Roland* et de ces chansons de
geste qui avaient fait le tour du monde. Qui oserait dire
que le *Roland* n'est pas français, quand on sent le cœur
de la France palpiter dans chaque vers, dans chaque mot
de cet incomparable poème ? Et le très honnête Villehardouin, ce créateur de notre histoire nationale ; et cet
aimable conteur qui s'appelle Joinville ; et cet intarissable
chroniqueur chevaleresque qui a nom Froissard, est-ce
qu'ils n'ont pas fait, eux aussi, connaître et aimer la France ?
est-ce qu'ils n'ont pas largement étendu les limites de sa
domination intellectuelle ? Et, s'il faut descendre le cours
des siècles, est-ce que Corneille et Racine, Fénelon et

Bossuet ont été moins français, est-ce qu'ils n'ont pas été aussi *influents* que Rabelais et Molière ? Est-ce qu'un Chateaubriand, un Lamartine, un Victor Hugo n'ont pas exercé, au dehors de la France, une action littéraire aussi considérable que ce Voltaire sur lequel l'auteur des *Contemplations* a si souvent et si étonnamment changé d'avis ? Est-ce qu'on ne peut pas dire de ceux dont je viens de citer les grands noms glorieux : « C'est par eux que règne la France ? » Répondez.

V

Il est vrai que l'on peut interpréter autrement le toast de M. Victor Hugo, et, dans l'esprit du grand poète, il n'était sans doute question que de la France révolutionnaire et de son règne. Eh bien ! même à ce point de vue, la pensée du poète est fausse et l'expression n'en est pas exacte. Il est un nom que n'a point prononcé M. Hugo ; il est un homme de qui l'influence sur la Révolution a été plus vive et plus profonde. C'est Jean-Jacques Rousseau.

Voltaire n'a préparé la Révolution que d'une façon négative en arrachant la foi du cœur de ses contemporains; mais l'homme qui a donné à la Révolution sa forme positive, ce n'est pas Voltaire, c'est Jean-Jacques. Sa théorie du contrat social, sa doctrine sur l'homme qui est bon et sur la société qui est mauvaise, son ardent amour pour la nature se retrouvent dans tous les actes, dans tous les discours, dans tous les livres de l'époque révolutionnaire. Le culte de la Raison, que nous avons étudié de près, en est une des preuves les plus scientifiques. Ces fêtes de la Vieillesse, de la Vertu, de l'Amour, sont presque littéralement empruntées aux œuvres de Rousseau. De là sont sorties les bergeries de ce singulier temps, où l'on a tant versé de sang et tant aimé les petits moutons blancs. De là est sortie cette doctrine de l'improvisation qui est commune à tous les révolutionnaires et qui peut se résumer en ces quelques mots : « La société est mal organisée, et on la peut refaire en quelques jours. » De là ce détestable optimisme des libéraux de notre temps, qui s'imaginent que, l'homme étant un être naturellement bon, il n'y a point ici-bas de question sociale, ni d'appétits sociaux, ni quelques cents milliers de déshérités qui veulent jouir à leur tour et ne pas attendre trop longtemps l'heure de ces jouissances ardemment convoitées. Il n'est pas jusqu'au tiers-parti qui ne dérive de Rousseau, en ayant la bonhomie de croire que l'homme, étant né bon, saura se contenter de certaines petites formes gouvernementales bien tranquilles, bien honnêtes, et qu'il n'aura jamais l'idée de mettre brutalement la main sur le bien de son voisin. Encore aujourd'hui l'influence de Rousseau est vivante au sein de notre société. Vivante comme un cancer.

Somme toute, le toast de Victor Hugo est incomplet ou faux. Et telle est la cruelle alternative où nous avons le regret de placer son auteur.

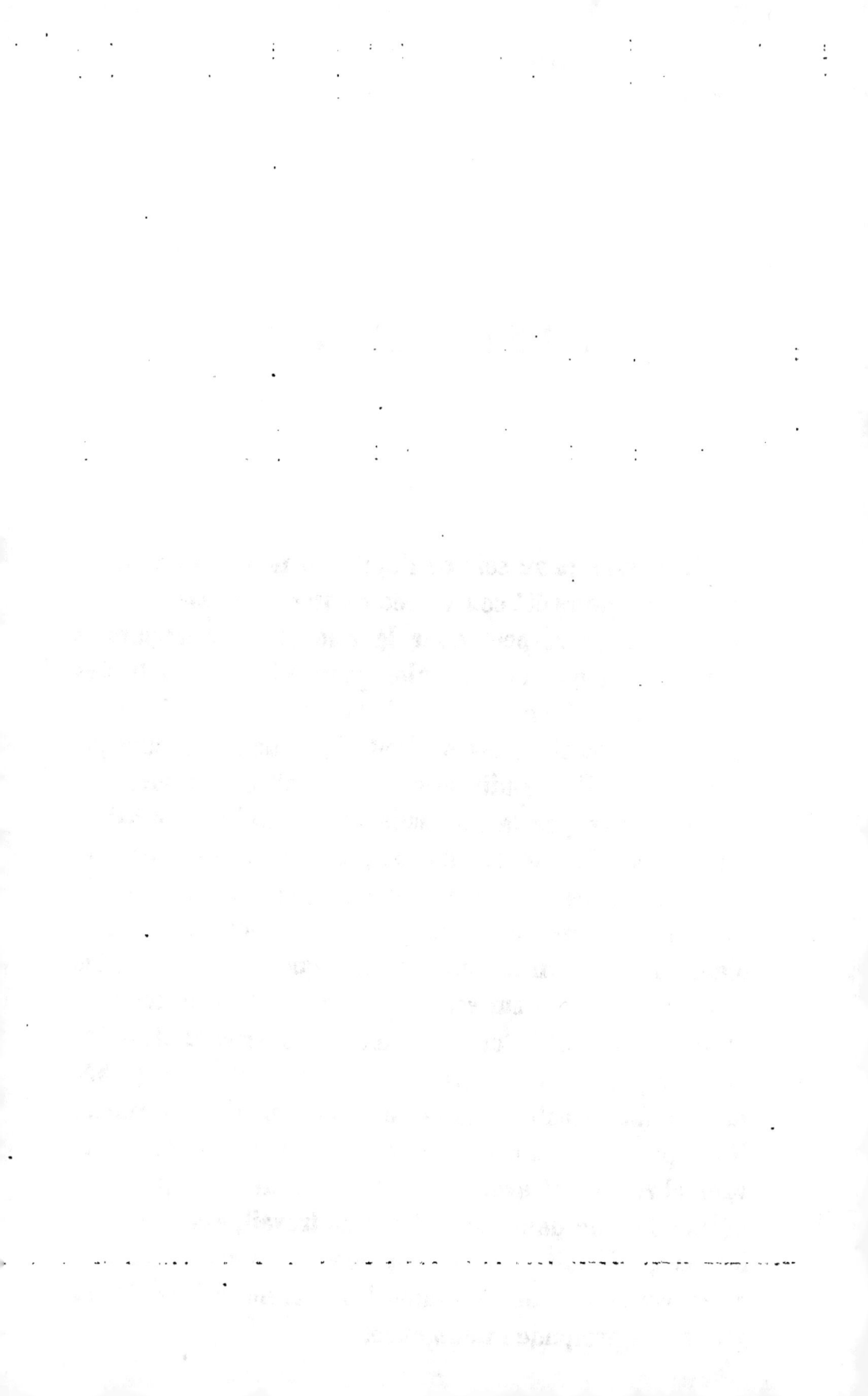

L'ABBÉ LE HIR.

I

S'il est vrai qu'au sein de l'Église la mort d'un vrai savant ait toujours été considérée comme une calamité publique, un tel respect pour la science ne s'est jamais mieux attesté qu'en ces derniers jours, ni en de plus tristes circonstances. La mort de M. l'abbé Le Hir a été l'objet de ces larmes silencieuses dont si peu de morts sont jugées dignes. Cet érudit, dont la vie avait été entourée de tant de voiles par la modestie et l'humilité d'un saint, est presque devenu populaire après que la mort eut déchiré ces voiles. Il n'avait communiqué le trésor inépuisable de sa science qu'à quelques élèves, à un petit cénacle d'amis auxquels il imposait en quelque manière la plus absolue discrétion sur ses propres mérites; mais, aussitôt qu'il eut succombé, toutes ces lèvres s'ouvrirent et toutes ces voix parlèrent. Un beau panégyrique, d'où toute rhétorique fut absente, résulta de ce concert de voix amies. Nous pûmes enfin pénétrer dans la vie intime de ce savant chrétien, et avec les seuls yeux de l'imagination, hélas! le voir dans son cabinet de travail, assister à ses leçons qu'il avait trop bien cachées, à ses charmantes et vives conversations, à toutes les manifestations de sa grande et profonde intelligence.

Un de ceux qui l'ont loué avec le plus de délicatesse a bien voulu nous apprendre qu'il s'apprêtait à publier un grand ouvrage dont il avait déjà arrêté le titre définitif : *L'Autorité des saints Évangiles vengée contre la critique allemande.* Plus grand encore par son humilité que par sa science, l'abbé Le Hir s'accusait devant Dieu de n'y pas avoir assez travaillé. Oserons-nous dire, avec cette sincérité respectueuse qu'on doit à une telle mémoire, qu'il n'avait pas tout à fait tort de s'accuser ainsi ? Il est certain que son influence *orale* a été considérable sur notre génération, et nous aurons lieu de le montrer tout à l'heure ; mais peut-être n'a-t-il pas assez souvent saisi la plume et combattu avec cette arme qu'il savait si bien manier ? Sans aucun doute, il ne faut pas se ranger trop aisément à l'avis de ces petits grimauds « barbouilleurs de papier, » qui croient effrontément qu'on a seulement du génie à la condition de couvrir d'encre plusieurs arpents de papier. Certains bons esprits, qui n'ont pas daigné écrire une page, n'en ont pas moins été des hommes de premier ordre, et ont parfois entraîné tout leur siècle. Mais, en ce temps de polémique religieuse, un érudit catholique n'a peut-être pas « le droit à la modestie, » s'il m'est permis de parler de la sorte. Quoi qu'on en ait dit, notre siècle est théologique par beaucoup de côtés, et c'est par excellence le siècle de l'exégèse. Puis donc que l'on s'attaque à tous les versets et même à toutes les syllabes de notre Bible, défendons-les. Or celui d'entre nous qui pouvait entreprendre une telle œuvre avec le plus d'efficacité scientifique, c'était M. Le Hir. Nous regrettons qu'il ne l'ait pas fait plus souvent ; mais nous croyons que sa tombe sera féconde.

Nous disions tout à l'heure qu'il était très propre à la

polémique *écrite :* ses derniers articles dans les *Études religieuses et historiques* le prouvent éloquemment. Ce sont les derniers, et presque les seuls. Mais que de qualités ils révèlent, et avec quelle joie un vrai chrétien les lit ! L'abbé Le Hir n'appartenait pas à cette classe de savants, fort distingués d'ailleurs et dont je n'entends pas médire, qui se sont pris pour l'art, pour la forme, pour le style, de je ne sais quelle haine véritablement malheureuse. Plein de science, il donnait à ses plus arides dissertations un bon et sain caractère littéraire. J'en citerai volontiers pour exemple les trois articles qu'il a fulminés (ce mot n'est pas trop fort) contre le pauvre M. Reville, lequel en a été tout à fait étonné, dans l'acception primitive de ce terme, qui signifiait « frappé du tonnerre. » Ces articles sont de petits chefs-d'œuvre d'érudition sûre, de critique impitoyable, d'indignation et de colère légitime, d'ironie et d'esprit. Le style, malgré certaines longueurs, en est agréable et soutenu : il s'élève parfois très haut ; il s'enflamme avec une belle soudaineté que, pour ma part, j'ai toujours beaucoup admirée et que je m'entête à mettre au-dessus de l'impassibilité et de la tiédeur.

On me pardonnera peut-être de faire ici quelques citations. Il ne suffit pas toujours de louer un écrivain : il faut justifier ses éloges.

II

Tous ceux qui ont *entendu* M. Le Hir, ne parlent pas de ses entretiens sans un certain frémissement qui atteste un profond enthousiasme. Cet homme, dont le portrait nous révèle une constitution si frêle, une santé si atteinte, ce malade qui vivait au fond d'une petite cellule du séminaire Saint-Sulpice, cet anachorète exerçait en réalité une grande influence sur son temps. On le venait voir, on le consultait avec une confiance presque illimitée : ce qui est bien rare assurément dans le domaine de la science. Ses adversaires eux-mêmes s'inclinaient devant lui, et l'on sollicitait l'honneur d'avoir quelques lignes de lui dans les Recueils même où dominait l'élément antichrétien. Cependant on savait qu'il était intraitable sur la doctrine, et on le connaissait pour ultramontain. Il tenait, par-dessus tout, à ce titre très glorieux. S'il eut une passion dans sa vie, ce fut la légitime passion de Rome et des choses romaines. Tout autour de lui il répandait ces idées auxquelles il était attaché par le plus profond de son être, et il eut en réalité une part considérable dans la grande réaction contre le gallicanisme qui a marqué la première partie de notre siècle. Il ne s'enfermait pas dans son hébreu comme dans une prison d'où son intelligence aurait eu peine à sortir ; il n'acceptait pas pour son esprit de cachot, si beau qu'il fût. Mais il se mêlait activement à toutes les questions contemporaines, et n'aimait rien tant que l'histoire, si ce n'est la philosophie de l'histoire. Il fallait l'entendre parler de saint Grégoire VII ; il fallait le voir reconstruire, de ses mains énergiques, le piédestal de ce grand pape si maltraité par les modernes ! Un de ses élèves les plus connus nous a heureusement conservé quelques-unes de ses conversations les plus romaines. On ne peut les lire sans être frappé de l'initiative spirituelle, de a verve et de l'élévation constantes de M. l'abbé Le Hir. Que d'intelligences lui doivent la profonde orthodoxie de leurs doctrines et leur vaillant attachement au siège romain ! *Defunctus adhuc loquitur.* Éloge

banal pour tant d'autres, et qui n'est pour lui que la constatation exacte de la vérité.

Cette ardeur de sa parole s'est presque toujours com-
muniquée à son style. Écoutez-le plutôt parler du Cantique de Moïse : « C'est là, dit-il, que le saint législateur,
pressentant sa mort prochaine, fait entendre le chant du
cygne ; c'est là que l'historien véridique du passé, le législateur intègre des temps présents, devient l'orateur le
plus véhément, le plus persuasif, le plus pathétique, dé-
veloppant la lettre moins que l'esprit de ses lois, et con-
viant son peuple à la pratique de la morale la plus pure,
des sentiments les plus délicats, des plus nobles actions.
Vous diriez le testament d'un père plein de tendresse pour
ses enfants, mais pour qui les droits de Dieu gardent toujours le premier rang. La touche de Moïse m'y paraît si fortement marquée, que je n'ai jamais compris ce goût faux
et bâtard qui voudrait découronner son œuvre, et, sous prétexte d'une variation de ton commandée par la différence
des sujets, attribuer à tout autre cet indispensable complément de l'ensemble [1]. » Voilà, suivant nous, le ton de
l'érudit chrétien. Notez qu'il donne tout d'abord des
preuves rigoureuses et tout à fait scientifiques de son
dire, et que, s'il se laisse entraîner par la vivacité de sa
foi, c'est après un raisonnement serré et une logique
concluante. A quel titre interdirait-on l'éloquence et la
poésie à ceux qui ont commencé par mettre la science de
leur côté ?

L'esprit ne saurait davantage leur être défendu, et M. Le
Hir, d'ailleurs, se serait, à cet égard, affranchi de toute

---

[1] *Études religieuses, historiques et littéraires des PP. Jésuites*, oc-
tobre 1867, p. 534.

prohibition. Lorsque M. Renan fit paraître la treizième
édition de sa *Vie de Jésus,* où il changeait tout à coup de
système, l'abbé Le Hir se contenta d'écrire : « L'auteur
nous déclare qu'il ne parlera plus de miracles, et qu'il
les faut nier tout court sans faire d'inutiles efforts pour
les expliquer. Cela veut dire aux acheteurs des douze premières éditions : « Brûlez votre volume, qui ne vaut plus
« rien, et achetez cette édition, corrigée et refondue sur
« de nouveaux principes, qui est la bonne [1]. » Mais chez
l'auteur des *Prophètes d'Israël,* la colère et l'indignation
dominent l'esprit. Il ne craint pas les paroles brûlantes :
il les applique toutes chaudes sur le front de ses adversaires. Le mot rude ne l'effraye point, et il écrit, sans
fausse honte, que « Rome *se soûla* du sang des martyrs [2]. »
Il a trouvé pour son ancien élève, M. Renan, des accents
de tendresse révoltée et de paternité indignée. « C'est
lui [3], c'est lui, dit-il, qui nous oblige à changer de voix.
Quand, au nom de la critique et de la philologie, il nous
accuse de ne rien comprendre à nos livres saints et qu'il en
sème dans le monde des traductions mensongères ; quand
il déchire chaque feuillet de l'Évangile ; quand il enfonce
sa dent venimeuse dans les pages si chastes et si pures du
sacré cantique, et qu'il jette à la multitude des sots ce
poison d'un nouveau genre à dévorer ; quand il se rit de
l'admiration de Bossuet pour les *contresens* de la Vulgate ;
quand il y substitue, de gré ou de force, le décousu, la
contradiction et le blasphème et je ne sais quel mons-
trueux mélange des excès d'un stoïcisme contre nature
et de relâchements qui seraient plus dignes d'Épicure :

---

[1] *Études,* année 1867, p. 526.
[2] *Ibid.,* p. 543.
[3] *Études bibliques,* p. 253.

quand il s'abaisse jusqu'à flatter les sentiments vaniteux
de la foule, jusqu'à mendier ses suffrages, a-t-il encore le
droit d'exiger de nous que notre indignation se contienne?
En repoussant ses attaques, nous ne faisons que nous défendre ; nous soutenons une lutte généreuse pour ce que
l'homme a de plus cher et de plus inviolable, *pro aris et
focis.* » Et un peu plus loin : « J'achève ma tâche, ajoutait-
il, avec la douloureuse perspective d'éloigner pour longtemps un ami des jours anciens que mes bras ouverts ne
se sont point lassés d'attendre ; mais aussi avec la conscience d'accomplir un devoir. » Tout M. Le Hir est dans
cette page, une des plus nobles qui aient été écrites en
français et en chrétien. C'est vraiment là du grand style,
et il s'y joint un feu, une tendresse, une colère qui se
mêlent harmonieusement, se pénètrent, se fondent. Son
indignation va parfois jusqu'au dédain : « Comprimons le
rire sur nos lèvres, » dit-il en commençant de répondre à
M. Reville [1]. Sa colère va jusqu'au défi, et le plus modeste
des hommes devient très fier à la vue des ennemis de l'É-
glise : « Si M. Reville se fait un bouclier de la philologie,
nous essayerons de percer à jour ce bouclier ; s'il en fait
une arme offensive, nous l'émousserons entre ses mains. »
Et ailleurs : « Puisqu'on nous y contraint, nous discute-
rons prochainement la compétence de notre adversaire
et la mesure de sa science hébraïque. S'il plaît à Dieu,
cette critique sans pudeur ne nous imposera pas [2]. » C'est
encore à M. Reville qu'il parlait ainsi, et M. Reville doit
se rappeler que M. Le Hir a tenu sa promesse.

Une liberté généreuse animait cet entendement si pro-

---

[1] *Épigraphie phénicienne,* dans les *Études des PP. Jésuites,* t. XIII,
p. 523.

[2] *Études bibliques,* t. II, p. 539.

fondément soumis à l'Église, et l'on sait que sa devise consistait en ces mots de saint Paul : *Omnia probate, quod bo-
num est tenete.* Il est précieux de l'entendre parler sur
l'inspiration de ces livres sacrés dont il possédait si bien
la substance. Il n'allait pas jusqu'à les croire inspirés
dans leur forme autant que dans leur fond : « Rappelons-
nous, disait-il, qu'en ce qui touche l'élocution, Dieu a
laissé à ses organes leur part d'action, afin que leurs
écrits portassent l'empreinte de leur génie, de leur éducation, de leur siècle [1]. » Il y a longtemps que, pour notre
part, nous nous sommes rangé à cette opinion ; mais M. Le
Hir, avec son coup d'œil ingénieusement philosophique,
a été beaucoup plus loin que nous ne saurions aller, et
il a su expliquer cette liberté de langage que l'Esprit-
Saint a dû laisser aux auteurs sacrés : « C'est une mer-
veille, dit-il [2], que tant de diversité dans les esprits n'en
produise aucune dans la doctrine. Certes, le Livre divin
ne serait pas plus beau, s'il ne reflétait à toutes les pages
que les mêmes couleurs et le même style. LA SAINE CRI-
TIQUE, D'AILLEURS, AVAIT BESOIN DE CE FONDEMENT POUR
Y APPUYER SES RECHERCHES et démontrer avec une certitude scientifique l'authentique et intègre conservation des
textes inspirés. » Cette dernière citation peut, ce semble,
achever de faire connaître M. Le Hir, et nous possédons
maintenant tous les éléments *extérieurs* de sa physionomie. Mais il faut entrer plus avant dans cette noble intelligence, et le voir aux prises avec la Critique et la Science.
Nous n'avons vu jusqu'ici que l'artiste : il nous reste à voir
le savant.

[1] *Études bibliques*, tome II, p. 827.
[2] *Ibid.*, p. 560

III

Les articles de l'abbé Le Hir contre M. Reville attestent la force et l'étendue de son savoir, et le profond hébraïsant s'y révèle à toutes les lignes. Il consacre seulement quelques notes brèves et concluantes à
renverser, en passant, certaines erreurs que les érudits
d'outre-Rhin ont transportées parmi nous. Ceux qui lisent
les dissertations nébuleuses de nos voisins, ou qui se con-
damnent à la seule lecture de la *Revue des Deux-Mondes,*
savent sans doute qu'il est de mode aujourd'hui de reconnaître dans l'œuvre de Moïse deux livres assez mal
soudés l'un à l'autre : « On a fait grand bruit, dit M. Le
Hir, de la distinction des fragments *élohistes* et des textes
jéhovistes du Pentateuque. On désigne ainsi les séries de
chapitres ou de versets dans lesquels Dieu est désigné
par le mot Élohim, ou par le nom de Jéhovah. On prétend y trouver la preuve d'une compilation postérieure à
Moïse, où deux documents auraient été maladroitement
mêlés ensemble. Mais, ajoute notre savant, la seule étude
des trois premiers chapitres sape tout cet échafaudage
par sa base. Jamais on ne vit de conception plus ferme
et plus *une.* Or, au premier chapitre, Dieu est appelé
Élohim ; au deuxième, il est appelé Jéhovah Élohim ;
au troisième, il est simplement nommé Jéhovah. Ces
diversités d'appellations n'ont donc point la valeur qu'on
leur attribue [1]. » Revendiquant pour le seul Moïse
l'honneur de s'être élevé jusqu'à l'idée de la création,
M. Le Hir remarque que le verbe *bara,* employé au dé-

---

[1] *Études bibliques,* t. I, pp. 533, 534.

but de la *Genèse,* « a toujours Dieu pour sujet ; qu'il ne se dit jamais de l'action de l'homme ; qu'il marque une opération plus divine, plus radicale, plus créatrice que tous les verbes analogues. » Il s'élève avec une certaine raillerie légitime contre cette maladie de nos sophistes contemporains qui veulent tout expliquer, en histoire et en littérature, par le climat, la race et le tempérament ; il observe qu'on aurait tort de considérer les Hébreux comme ayant été monothéistes « par une fatalité de race, par un entraînement naturel irrésistible ; » comme « étant nés stationnaires et voués à la contemplation de l'Un ; » il constate, au contraire, qu'ils ont été sans cesse entraînés vers les cultes polythéistes des peuples voisins. On sait, en effet, combien il fallut de lois rudes, de châtiments sévères, d'exécutions redoutables de la justice de Dieu pour arrêter les Hébreux, ces monothéistes-nés, sur la pente de la plus grossière idolâtrie, et la Bible est pleine de ces grands exemples. Toutefois, M. Reville consent à avouer que l'idée d'un Dieu-un s'est *développée* chez les Juifs ; puis, il ajoute perfidement qu'elle n'est pas très clairement énoncée dans les premiers livres de l'Ancien Testament et qu'elle est dans le Pentateuque enveloppée de certaines ténèbres. Mais c'est ici que M. Le Hir s'arme de ses textes comme d'une inévitable épée avec laquelle il perce son adversaire. Il montre que TOUS les autres Dieux des nations sont deux fois appelés, dans le *Lévitique,* « *des vanités, des riens* » ; que le Dieu d'Israël est nommé deux fois, dans les *Nombres,* « le Dieu qui donne la vie à tout ce qui respire, *Deus spirituum omnis carnis.* » Il multiplie les citations, il presse, il atteint, il renverse son adversaire ; mais surtout, avec une implacable érudition, il nous le montre presque indigne d'être ainsi com-

battu et se renversant lui-même ; il le prend en flagrant
délit d'ignorance ; il lui prouve fort placidement qu'il ne
sait pas l'hébreu. M. Reville, avec ce ton de professeur
qui ne le quitte jamais, avait affirmé que le nom des prophètes hébreux *nabi,* désigne « quelque chose qui jaillit
en bouillonnant, ou qui s'épanche avec un bruissement
précipité. » Le nabi, ajoutait-il, « c'est donc, à propre-
ment parler, l'homme de la bouche duquel s'échappe avec
volubilité un flux de paroles dont il semble à peine le
maître. » M. Le Hir, sentant parfaitement à quelles conclusions cette étrange étymologie allait conduire l'écrivain de la *Revue des Deux-Mondes,* protesta contre cette
prétention de transformer les Patriarches en des êtres à
demi stupides, et prouva nettement que *nabi* exprime ély-
mologiquement l'idée d'émission, et non celle de bruissement ; qu'en second lieu, ce vocable est pris dans une
acception passive, et qu'en résumé, il signifie « celui que
Dieu inspire et qui sert d'organe à la divinité [1]. » Une erreur plus grave de M. Reville se rapporte à la Captivité de
soixante-dix ans, qui, suivant ce docte exégète, n'aurait
réellement duré que soixante et une années. Et nos petits
incrédules de se frotter les mains à la douce pensée de
surprendre une fois de plus la Bible en erreur. Par malheur, l'écrivain de la *Revue des Deux-Mondes* s'est trompé dans ses savants calculs ; il suppose que la *première*
déportation des Juifs a eu lieu sous Jéchonias : « Or cette
déportation est postérieure de huit ans à celle qui eut
lieu sous Joachim, et par conséquent ne peut être la première [2]. » Je suis obligé de passer sous silence l'argumen-

[1] *Études bibliques,* t. I. pp. 675-677.
[2] *Ibid.,* p. 557.

tation serrée de notre apologiste sur les *Livres des Rois*,
les *Psaumes* et *Job* ; sur l'*Urim* et le *Thummim* ; sur le
double sens et le double objet des prophéties ; sur la prétendue hostilité qui aurait existé entre les prophètes et
les prêtres : sur le Messianisme ; sur les prédictions d'É-
zéchiel, d'Osée et d'Isaïe. Que ne puis-je du moins citer
les excellentes pages où il a relevé les inénarrables contresens de M. Reville traduisant l'*Ecce virgo concipiet* d'I-
saïe. Il se trouve que notre protestant libéral a libérale-
ment traduit par « le héros de Dieu » un mot signifiant
« le Dieu fort » ; par « le roi du miracle » deux autres
mots, « l'Admirable, le Conseiller, » et qu'il a donné à la
phrase hébraïque, « le père de l'éternité », le sens étrange
de « père de butin. » Mais, ajoute M. Le Hir, « ce qui dé-
passe toute mesure, c'est que M. Reville accole ces deux
traductions l'une à l'autre, comme si elles répondaient à
deux expressions distinctes de texte. Il avait apparem-
ment sous les yeux deux traductions allemandes dispa-
rates, et il les a fondues ensemble à tout hasard, sans
ouvrir sa Bible. Et voilà l'homme qui se donne l'air d'un
profond hébraïsant [1] ! » Malgré ce juste dédain, M. Le
Hir poursuit son adversaire jusque dans ses derniers re-
tranchements, et c'est alors qu'il entame avec lui cette
belle discussion sur les vingt-sept derniers chapitres d'I-
saïe, modèle de critique sage, complète et pénétrante,
pages qu'il faut faire lire à tous les jeunes esprits qui
veulent utilement défendre l'Église, pages qui produiront
des hébraïsants [2]. Isaïe est incontestablement l'auteur de

---

[1] *Études bibliques*, t. I, p. 679-681.
[2] *Ibid.*, pp. 822-847. M. Le Hir touche en passant à la grande question
de la prophétie d'Isaïe qui nomme Cyrus par avance : « Plusieurs, dit-il,
avaient soupçonné que le nom de Cyrus était celui du soleil dans la

TOUT le recueil consigné sous son nom dans nos Bibles; »
telle est la conclusion de notre grand exégète; mais c'est
sa Dissertation qu'il faut lire. On y retrouve toutes les
qualités de M. Le Hir, son esprit, sa fermeté, sa science, son
grand style, son talent de vulgarisation, sa chaleur, ses
images, sa poésie et surtout sa foi, qui fut toujours d'une
belle vivacité : « Refuserons-nous encore, dit-il en terminant, refuserons-nous de croire à la parole de Dieu et de
fléchir le genou pour l'adorer ? » Quoi qu'en disent les
modérés, c'est là le vrai ton de l'apologiste catholique.
Une des gloires de M. Le Hir, c'est de ne pouvoir être
mis au nombre des tièdes.

Faut-il s'étonner si tant de mérites lui ont concilié une
estime à laquelle il essayait de se soustraire. Un de nos
meilleurs érudits, un de ces professeurs du Collège de
France dont l'auteur des *Prophètes d'Israël* suivait les
cours avec une exactitude et une humilité si admirables,
M. de Rougé, a dit de notre grand hébraïsant un mot qui
mérite de rester : « J'étais presque honteux de me trouver en chaire devant lui, et j'aurais voulu que chaque
leçon pût être consacrée par sa bénédiction. »

Ce n'est pas, d'ailleurs, à M. Le Hir que ces paroles
font le plus d'honneur : c'est à M. de Rougé.

---

langue des Perses : le déchiffrement des inscriptions cunéiformes n'a
point justifié cette conjecture. La diversité d'orthographe indique deux
racines différentes. Ainsi rien ne peut affaiblir l'éclat de cette prophétie : c'est bien PAR SON NOM PROPRE que Dieu a désigné Cyrus (p. 847). »

CH. BLANC

CHARLES BLANC[1].

I

Je ne sais qui l'a dit, mais ce n'est pas un paradoxe : « Un auteur, si fécond qu'il soit, ne fait jamais qu'un livre. » En d'autres termes, la pensée d'un écrivain ne se formule complètement que dans une seule œuvre. Dans les autres, il ébauche son idée mère, ou il la répète. Combien de philosophes ne pourrait-on pas citer qui, pendant quelque vingt ou trente ans, ont redit leur unique pensée sous des formes sans cesse nouvelles et de plus en plus insuffisantes ? Heureux celui qui achève son LIVRE ; heureux qui peut dire avec une fierté modeste et légitime : *Exegi monumentum !* M. Charles Blanc est au nombre de ces heureux.

C'était vraiment un beau livre à faire, que cette *Histoire des peintres de toutes les écoles ;* c'était un beau voyage dans le pays de l'intelligence. N'est-il pas bon de se demander, n'est-il pas meilleur encore de savoir quelle idée merveilleusement variée les différentes nations et les différents siècles ont pu se faire de la Beauté qui est une et éternelle ? Comment les peintres de tous les temps et de tous les climats ont-ils compris l'Art, cette imitation

[1] *Histoire des peintres. — École hollandaise.*

intelligente des œuvres visibles du Créateur? Comment s'y sont-ils pris pour fixer durablement sous nos yeux les beautés fugitives d'une nature qui doit surtout nous faire aimer le surnaturel? Ont-ils sans cesse conservé dans le cœur, ont-ils pratiqué cette devise de l'art chrétien : *Convertir?* Par quels moyens ont-ils poussé les âmes vers la béatitude, les pécheurs dans les bras de Dieu? Et ce n'est pas tout. Ces artistes ont eu une patrie : comment l'ont-ils aimée? Qu'ont-ils fait pour la gloire de leur pays? Et la famille, en ont-ils fait aimer la tranquillité salutaire, les fêtes charmantes, les douleurs partagées, les joies véritables? Voilà ce qu'il m'importe de connaître : car, encore un coup, c'est presque là toute une histoire de l'intelligence humaine. L'art de la peinture est d'ailleurs en relations profondément intimes avec les autres arts, et surtout avec celui de la parole. Il est intéressant, il est utile de comparer entre elles ces différentes expressions de la même Beauté, et de montrer que presque toujours, à la même époque et chez le même peuple, les discours des orateurs, les chants des poètes, les harmonies des musiciens ont été en rapport parfait avec les œuvres des peintres, des sculpteurs et des architectes. Et toutes ces formes de l'Art dépendent elles-mêmes, et dépendent très étroitement, des idées religieuses de chaque époque et de chaque nation qu'il faut nécessairement connaître et approfondir, si l'on veut être un bon historien de l'art. Telle est l'étendue, telles sont aussi la largeur et la profondeur d'un livre comme celui de M. Charles Blanc ; telles sont les connaissances qu'il suppose et les labeurs qu'il nécessite.

Mais aussi que de récompenses! que de jouissances profondes et délicates!

L'historien de l'art part un beau matin pour son long voyage, et le voilà qui parcourt toutes les cités que glorifie la possession d'un chef-d'œuvre. Avec quel frémissement il entre dans un musée encore inconnu ! Quelle joie immense quand il contemple pour la première fois un Léonard de Vinci, un Titien, un Rembrandt, un Corrège ! Mais quelle joie plus vive, plus mordante, plus durable, quand il *découvre* au fond d'une boutique ou d'une maison vulgaire quelque incomparable diamant, quelque tableau que l'on croyait perdu et qu'il a retrouvé, lui ! Ses narines se dilatent, son front s'éclaire, ses yeux rient. Puis il repart, puis il voyage encore, et, quand il revient à son foyer longtemps délaissé, il a vu à peu près tous les trésors de l'art ; ses yeux ont contemplé toutes les toiles célèbres ; il connaît tout l'œuvre de Raphaël, de Rubens, de Murillo. Et c'est alors seulement qu'il prend la plume.

Il remonte d'abord aux origines ; et, s'il a le bonheur d'être chrétien, tout s'illumine pour lui. L'origine première de l'Art lui paraît à la fois divine et humaine ; il voit très nettement, dans l'art comme dans la nature, une lutte terrible entre la grâce et le péché. Dieu voudrait diriger la main de l'homme afin qu'il exprimât visiblement et chastement la beauté invisible et pure ; mais le péché attire vers la créature tous les efforts des pinceaux humains. Voilà pourquoi la Grèce et Rome, que nous prendrons pour exemple, ont connu la proportion, l'harmonie, la beauté plastique ; voilà pourquoi leur art a été si profond, si naturel. Mais un jour Dieu s'incarne, et c'est véritablement durant cette nuit de Noël que naît la peinture chrétienne. Pendant longtemps, il lui manque la perfection de la forme ; mais elle exprime tous les grands sentiments, toutes les grandes pensées. Il n'y avait point d'âme, le plus souvent, dans les marbres si achevés de l'art grec et romain : il y a une âme qui frémit sous les pierres si froides, sous les draperies si raides des onzième et douzième siècles. En quoi consiste aujourd'hui le problème à résoudre ? *A faire éclater la perfection du sentiment et de la pensée sur une forme chrétiennement parfaite.* Tel est le criterium dont l'historien de l'art se servira pour juger toutes les écoles. Il n'admirera pas sans réserve les statues demi-barbares des portails romans, ni les peintures byzantines, ni les premiers essais de Cimabué, ni même ceux de Giotto. Mais il sera plus sévère encore pour les œuvres ultra-païennes des quinzième et seizième siècles, et reprochera vertement à ces chrétiens d'avoir préféré, en connaissance de cause, le corps à l'âme, les sensations aux sentiments, les muscles à l'intelligence. Les peintres qu'il louera le plus sont ceux qui ont essayé de tout concilier, qui se sont proposé de ne pas enlaidir dans leurs tableaux la création de Dieu, mais qui ont voulu avant tout convertir les âmes en charmant les yeux.

Cette philosophie de l'histoire de l'art n'est pas celle de M. Charles Blanc : l'auteur de l'*Histoire des peintres* n'a jamais eu et n'a pas le sens chrétien ; mais nous serions fort injuste si nous n'exprimions ici très vivement la satisfaction profonde que cause aux meilleurs juges la lecture de son livre. Avec un style excellent, plein de franchise et de finesse, de couleur et de vie, il énonce clairement des idées dont le principal défaut est d'être uniquement naturalistes, mais qui *matériellement* sont exactes. Il possède à plein son sujet, chose plus rare qu'on ne le croit, et dans son imagination se reflètent exactement les milliers de tableaux qu'il a vus et qu'il pourrait décrire de mémoire. En chacune de ses notices il a l'art de mêler aimablement l'élément biographique avec l'élément critique et (suprême mérite), il ne lui arrive jamais d'ennuyer son lecteur.

Il est temps d'en venir plus particulièrement à l'École hollandaise.

II

C'est avec raison que M. Charles Blanc a partagé en quatre époques bien distinctes toute l'histoire de l'École hollandaise depuis le quinzième siècle jusqu'à nos jours. Et à ces quatre périodes on pourrait donner les appellations suivantes : *Période du Moyen Age ; Période italienne ; Période nationale ; Période de décadence.*

La première période n'embrasse guère que le quinzième siècle. Trois peintres en sont à peu près les seuls représentants : Lucas de Leyde, Corneille Engelbrechts et Jean Schoorel. Et l'on pourrait dire (si l'on ne craignait pas l'abus des jeux de mots), que le caractère de cette première époque est... de ne pas avoir de caractère. Il est certain que les artistes hollandais n'ont encore aucun procédé particulier ; comme les artistes d'Allemagne et de France, « ils font de la peinture sur bois qui ressemble à de la miniature » : dans la *Sainte Christine* de Jean Schoorel on peut admirer un de ces frais *lointains,* comme notre grand Foucquet savait si bien les peindre, pleins de lumière, d'air et de vie : Raphaël, lui-même, encadrera un jour ses Saintes Familles dans ces délicieux paysages. Les Hollandais, disons-nous, n'ont alors rien qui leur soit propre : telle est du moins la doctrine

très nette de M. Charles Blanc. Nous ne pouvons néanmoins nous empêcher de remarquer que, dès cette époque,
ils ont une déplorable tendance au réalisme, à la laideur.
Déjà se révèle le vice à venir de cette célèbre école : la
petitesse des sujets, l'étroitesse des conceptions. Voyez
Lucas de Leyde : c'est un Van Ostade en herbe. Lucas de
Leyde se passionne déjà pour la petite laideur : il nous
peint une *Laitière* et un *Arracheur de dents* dont la vue
nous induit en grimace. Je commence à me défier de cette
École qui me défigure le visage humain et qui *fait* déjà
plus laid que nature.

La deuxième période[1], que nous avons plus haut désignée sous le nom de *période italienne*, présente en effet
ce caractère principal : tous les peintres hollandais prenant à tâche d'imiter les peintres italiens. Rien de plus
déplorable que cette imitation par un peuple du Nord
des habitudes et des tendances d'un peuple du Midi.
L'originalité, malgré tout, est une des grandes lois de
l'art. Si les successeurs de Jean Schoorel et de Lucas de
Leyde avaient persévéré dans cette voie fatale, c'en était
fait : il n'y aurait jamais eu d'École hollandaise. Les
voyez-vous, ces gens d'un pays marécageux et froid, ces
riverains de la mer du Nord, ces frileux couverts de fourrures, bien chauffés, bien nourris, bien vêtus, les voyez-
vous, ces gros personnages au teint fleuri, imiter les
Raphaël et les Michel-Ange, les peintres du soleil, de
la forme, du nu? C'est pourtant ce que firent Martin
Heemskerk, Henri Goltzius, Corneille de Harlem. Ce
dernier a fait un chef-d'œuvre : *le Dragon de Béotie dé-
vorant les compagnons de Cadmus*. Un monstre énorme

---

[1] Commencement du xvie siècle.

mange un homme et commence à le manger par la tête.
C'est horrible, et nous pensions involontairement, en
contemplant cette énergique peinture, aux doctrines
monstrueuses qui dévorent les hommes et qui commen-
cent à les dévorer par la tête, par l'intelligence, avant
d'en arriver au cœur et aux bras, à la volonté et aux
mœurs. Qu qu'il en soit, cette seconde époque est
pauvre en grands artistes : rien de plus stérile que l'imitation. Et que penser d'un Goltzius qui imitait parfaitement le style, la manière de tous les peintres de son
temps, qui faisait d'admirables pastiches en tous les
genres ? Décadence anticipée, décadence que tout cela!

Mais, enfin, nous voici arrivés à la gloire de l'École
hollandaise, à l'époque *nationale*. Jusqu'ici, rien de hollandais chez les Hollandais. Tout va changer : voici Rembrandt.

J'ai besoin ici d'une grande liberté pour exposer ma
pensée sur ce grand peintre ; j'ai besoin de me justifier,
ne partageant pas sur son compte l'enthousiasme universel, et, en particulier, celui de M. Charles Blanc. Il m'est
tout à fait impossible d'admettre que « Rembrandt *soit le
seul peintre qu'ait visité l'inspiration chrétienne évangélique.* » Je déclare ne pas admirer son Christ « souffre-
teux » et difforme. Je déclare être indigné à la seule vue
du Jésus de sa *Descente de Croix*, dont M. Charles Blanc lui-
même est obligé de dire : « *La tête et le corps du Cruci-
fié* SONT D'UNE AFFREUSE LAIDEUR. » Dussé-je passer pour
naïf en mon indignation, voilà ce qui me révolte. Avoir
fait le Christ laid, c'est un blasphème. La tradition catholique s'élève contre cette interprétation de l'Évangile :
si Jésus est l'*homme des douleurs*, il est *le plus beau des
enfants des hommes*. Peintres, sculpteurs, pétrissez en-

semble la Douleur et la Beauté ; faites éclater une grande douleur sur une admirable beauté : voilà votre but, voilà votre devoir. Mais nous ne supporterons pas que vous nous représentiez un Christ disproportionné, hideux, grimaçant, abject ; non, nous ne le permettrons pas. Que vous vous appeliez Rembrandt ou Courbet, nous protesterons avec une très ardente et très indomptable énergie.

Je sais ce que vont me répondre les enthousiastes de Rembrandt. Rembrandt, vont-ils dire, relève tout, transfigure tout par sa lumière. Ici, M. Charles Blanc trouve des expressions singulières pour disculper le coupable : « Le soleil et la lune ne s'en mêlent point, dit-il ; Rembrandt allume lui-même ses flambeaux. » Et quand il décrit la *Descente de Croix*, après avoir constaté la laideur ignominieuse du Jésus-Christ, notre critique ajoute : « Les trois Marie appartiennent *aux espèces les moins nobles, les plus déchues* (la Vierge Immaculée ! ! !). Debout, se pose une espèce de bourgmestre, ressemblant à un commissaire qu'aurait envoyé la justice pour assister *à l'enlèvement du cadavre* (le corps de l'Homme-Dieu ! ! !). On pourrait se croire a la morgue de Jérusalem. » Et vous ne voulez pas que nous condamnions Rembrandt, qui a représenté la Mère de Dieu, la Corédemptrice du genre humain, comme « appartenant aux espèces les plus déchues, » elle qui a relevé les déchéances de l'homme, elle qui a annoncé la joie à l'univers entier ! Et vous ne voulez pas que nous condamnions Rembrandt, qui a changé en une morgue hideuse la montagne sublime où Dieu s'est réconcilié le monde, où le sang divin a coulé pour le salut de tous les hommes, où a été poussé le grand cri de Jésus vers son Père ! Mais, ajoutez-vous, « voici qu'une lumière tombe d'en haut, comme un regard de Dieu, sur le corps de la victime. » Eh bien ! cette lumière me réconforte un peu, mais ne me suffit pas. La vraie lumière d'un tel tableau, ce devait être la beauté du Christ, le visage de celui qui va ressusciter. La lumière de Rembrandt n'a été sublime qu'une seule fois, selon nous : c'est dans la *Résurrection de Lazare :* elle part divinement du corps de notre Dieu, elle ressuscite, elle fait le miracle pour ainsi parler. Mais que dire de l'*Ensevelissement du Christ ?* Rembrandt y a représenté le Sauveur dans une ombre épaisse : conception mesquine et naturaliste. Lisez les admirables derniers chapitres des Visions de Catherine Emmerich, où il y a tant d'incomparables sujets de tableaux : vous verrez qu'au contraire la grande mystique représente le corps de Jésus au tombeau tout enveloppé d'une éclatante lumière, lançant des rayons dans cette grotte qui va s'ouvrir, illuminant en quelque manière toutes les entrailles de la terre. Oh ! que Catherine Emmerich est supérieure à Rembrandt !

Mais je ne voudrais pas qu'on me crût aveugle aux beautés réelles de l'œuvre de Rembrandt. Je suis complètement de l'avis de M. Charles Blanc, qui cite Robert Graham : « Le farouche humoriste, auteur de *la Ronde de nuit* et de *la Leçon d'anatomie,* n'a pas de rivaux dans le domaine du clair-obscur. » Rien n'est plus vrai, à mon sens. J'irai plus loin, et j'avouerai que les portraits de Rembrandt m'ont toujours rempli d'une admiration effrayée. Mon œil admire, mais mon cœur ne bat point. Bref, ce que je reproche surtout à Rembrandt, c'est d'avoir fait du clair-obscur la première qualité de ses toiles merveilleuses, tandis que le clair-obscur n'est qu'une qualité secondaire ; c'est d'avoir créé une lumière artificielle et d'avoir cru que cette lumière, sublime par instants, peut remplacer l'indispensable beauté du visage humain, et jusqu'à la beauté traditionnelle de la face du Christ. Il est deux choses que Rembrandt a foulées aux pieds : la tradition et l'idéal. Or ces deux choses sont précisément l'objet de notre amour le plus obstiné, et voilà pourquoi nous admirons sans l'aimer le plus grand peintre de l'École hollandaise.

Mais ne croyez pas que ce grand peintre soit le seul qui mérite ici d'être cité ou d'être combattu. L'École hollandaise compte dans ses annales un grand nombre de noms glorieux. Rembrandt même fait exception ; cette figure sombre et mystérieuse se tient à l'écart dans un coin : il ne doit pas être regardé comme le type des peintres de Hollande. Voici devant nous Adrien Brauer, Terburg, Gérard Dow, Van Ostade, Paul Potter, François Micris, Isaac Ostade, qui tous représentent parfaitement l'esprit, les tendances, le style de l'École hollandaise. Ce style, c'est, en deux mots, l'imitation pure et simple de la nature. Les Grecs ont eu, en matière d'art, la théorie des types, de l'*idéal*; les Florentins ont eu la théorie du modèle, de l'*interprétation* ; les Hollandais ont eu la théorie de l'*imitation pure*[1]. Qu'on nous permette de le dire, nous nous serions bien passés de cette dernière théorie et des œuvres qu'elle a produites. Elle n'a été la cause d'aucun progrès véritable pour la race humaine ; elle n'a pas agrandi notre intelligence, ni redressé notre volonté, ni dilaté notre cœur. C'est en vain que l'on me représente les Hollandais comme un peuple essentiellement ami du foyer : « La Hollande est un vaste intérieur, » dit M. Blanc. Oui, mais c'est un intérieur vulgaire, trivial

---

[1] Cette classification ingénieuse est due à M. Ch. Blanc.

même, sans grandes âmes pour l'ennoblir, sans nobles
figures pour l'embellir, sans crucifix, sans statue de la
Vierge, sans joie, sans idéal. L'École hollandaise n'est
trop souvent qu'un intérieur de cuisine. O ménagères
diligentes, perpétuellement occupées à nettoyer les cui-
vres de votre maison ; ô gros bourgmestres fumant immortellement votre pipe à la même fenêtre ; ô cuisinières
aux fortes couleurs plumant vos volailles sur le seuil de
votre maison banale ; ô attirail formidable des cuisines
hollandaises, étalages redoutables de grils et de casse-
roles ; ô cabarets, ô danses lourdaudes, ô tabagies, ô vie
honnêtement plate et profondément matérielle, laissez-
moi vous le dire une bonne fois, vous me causez le plus
profond, le plus désespérant ennui ; vous m'inspirez
même à la longue un insurmontable dégoût. Tant de travail, grand Dieu ! tant de vies de grands artistes dure-
ment dépensées sur des œuvres si laborieusement délicates et si minutieusement achevées, tant d'étude, tant
de science, tant de talent pour arriver à produire une
série de tableaux réalistes qui ne nous font pas une seule
fois relever la tête, qui ne nous donnent pas une grande
pensée ; non, pas une seule ! C'était se donner bien de la
peine pour peu de chose. Et ne me dites pas que la peinture d'intérieur comporte nécessairement ces trivialités
prosaïques. Voyez l'art intime en Allemagne ; voyez ces
délicieux *intérieurs* de Bavière et de Westphalie ; con-
templez ces grand'mères et ces petits enfants, admirez
ces charmants visages. Dans chacun de ces petits cadres
des Meyerheim, des Kretzchmer, des Meyer, des Salentin,
se cache une bonne leçon morale, et même une grande
pensée. Je ris devant ces chers tableaux, ou je pleure :
quelquefois rire et pleurs se mélangent chez moi ou se

combattent d'une façon charmante; je suis ému, je désire devenir meilleur. Et je le demande, en terminant cette philippique contre les peintres hollandais, quel est celui de leurs tableaux à la vue duquel on se sent devenir meilleur? C'est pourtant là, sachez-le bien, le vrai but de l'Art.

Toutefois, il y a d'heureuses exceptions dont il convient de tenir compte. Parmi les peintres de cette troisième période, j'ai à peine besoin de citer Hobbema, Ruisdaël, Berghem, trois paysagistes comme il n'y en a jamais eu peut-être. Oui, l'air circule dans ces tableaux, dans ces arbres, dans ces buissons, dans ces forêts. Le peintre hollandais devient sur-le-champ plus élevé, plus grand, dès qu'il quitte son intérieur banal pour courir les champs. Suivant nous, la gloire artistique de la Hollande, ce sont ses paysagistes. Faut-il tout dire ? à *la Ronde de nuit* de Rembrandt je préfère *la Route du bois* d'Hobbema. Honni soit qui mal y pense ! Et sur ce dernier aveu je me tais; car il n'y a rien à dire sur la quatrième et dernière période de l'histoire de l'art hollandais. Les peintres de Rotterdam et de Dordrecht se mettent alors à imiter passionnément les Italiens, et les Italiens de la décadence. Ils descendent aux conceptions mythologiques qui ont déshonoré le siècle de Louis XIV et ont été la mort de l'art. De l'imitation à la copie servile il n'y a qu'un pas. Les derniers Hollandais ont été amenés à le faire : c'est le dernier degré de la décadence artistique.

III

L'auteur de l'*Histoire des peintres* dit, en terminant sa belle *Introduction* sur la Hollande artistique, que les trois « causes » de l'art hollandais ont été le protestantisme, la démocratie, l'indépendance nationale. Nous n'avons rien à objecter au sentiment de M. Blanc, et nous sommes, en particulier, très convaincu que le protestantisme a singulièrement rapetissé les idées de la Hollande. Les intérieurs où il y a un crucifix ne sont pas des intérieurs vulgaires ; un clocher catholique, entrevu à travers un vitrage, répand je ne sais quoi de grand dans la plus misérable chaumière : la grâce circule dans cette atmosphère ennoblie. Les personnages qui se meuvent dans les maisons proprettes de Gérard Dow et de Terburg, seraient infiniment plus beaux s'ils connaissaient l'Eucharistie, s'ils se nourrissaient de Dieu. Tout prendrait d'autres proportions. C'est l'opiniâtreté hérétique des Hollandais qui a arrêté net le développement de leur stature artistique. Des pinceaux catholiques n'eussent jamais peint la Vierge laide et le Christ difforme.

Et pour revenir, en finissant, sur une idée de M. Charles Blanc que nous avons exposée plus haut, il ne serait pas juste de dire, comme il le donne à entendre, qu'il n'y a que trois manières de concevoir l'Art : à savoir, comme les Grecs, qui réalisaient un type ; comme les Florentins, qui copiaient une individualité heureuse, un beau modèle; comme les Hollandais, enfin, qui imitaient prosaïquement la nature. Il y a un quatrième système, une quatrième théorie : le système et la théorie de l'Art chrétien. L'Art chrétien ne repoussa pas la théorie grecque, mais il idéalise tous les types matériels. L'Art chrétien ne repousse pas la théorie florentine, mais il idéalise tous les modèles. L'Art chrétien ne repousse même pas la théorie hollandaise, mais il idéalise l'imitation de la nature. L'Art chrétien, c'est l'idéalisation, c'est l'embellissement de toutes choses par le surnaturel.

VILLEMAIN

VILLEMAIN.

M. Villemain appartenait à la famille des esprits modérés et qui ont à l'excès le sentiment des nuances. Il n'a pas vu, soudain et face à face, la grande figure de Jésus-Christ ; il n'a pas été conduit, sans une longue préparation, devant la divine Lumière. Quelques rayons seulement du Christianisme ont été saisis par cette intelligence délicate ; elle les a retenus au passage, et elle a vécu dans cette lumière tempérée.

Néanmoins, les catholiques seraient ingrats de ne pas honorer, comme il convient, la mémoire de Villemain. Il faut en effet que nous sachions ne rien oublier, et la reconnaissance est un des signes auxquels on doit nous reconnaître. Lorsqu'il monta en chaire, lorsqu'il écrivit ses premiers livres où l'on admire outre mesure une élégance un peu trop « précieuse », on ne connaissait encore rien de la littérature chrétienne, ni de celle du Moyen-Age. C'est l'honneur de Villemain d'avoir suivi la généreuse impulsion donnée par Châteaubriand. Son *Éloquence chrétienne au quatrième siècle* est, somme toute, un livre courageux. Personne avant lui n'avait osé parler si littérairement des Pères de l'Église, et malgré un célèbre passage de La Bruyère, on s'obstinait à les considérer comme des théologiens aussi ennuyeux qu'édifiants. Aujourd'hui, sans doute, nous ne trouvons plus au talent de Villemain la même vigueur de coup d'aile ; mais, ne l'oublions pas, il a ouvert des voies nouvelles où de plus vigoureux esprits l'ont suivi, d'un pas plus vaillant. Pour un universitaire, Villemain fut extraordinairement audacieux.

Sa *Littérature du Moyen Age* a beaucoup plus souffert des injures du temps ; elle a été dépassée au point d'être effacée, et c'est un livre dont il est aujourd'hui malaisé de soutenir la lecture. Mais enfin, c'était la PREMIÈRE FOIS, en France, qu'un professeur daignait consacrer ses leçons de toute une année à la littérature « confuse » de cette époque « embryonnaire », à cette poésie qui vient seulement de conquérir son droit à l'existence. Voilà ce dont je félicite l'ancien Ministre, plus encore que de son ministère. Cette initiative sauvera son nom de l'oubli.

Quant à son rôle politique, je n'en saisis point très vivement la hauteur et ne suis pas fait, sans doute, pour comprendre les habiletés de ces esprits mitoyens. J'avoue qu'ils sont intelligents, sans trop voir où leur intelligence nous a conduits. Ils ne sont pas coupables des fautes de la monarchie de Juillet et du second Empire ; mais qu'ont-ils fait pour l'éternelle Vérité ? Ont-ils confessé Jésus-Christ ? Ont-ils proclamé sa divinité ? Se sont-ils inclinés devant la voix de l'Église ? Oui, sans doute, à la fin de sa vie, Villemain fut amené par les événements à comprendre la place que doit occuper, dans le monde moderne, la souveraineté du Souverain Pontife. Mais je n'approuve pas toutes les raisons, exclusivement politiques, que les politiques font valoir à l'appui de cette nécessité d'ordre providentiel. Je suis d'ailleurs convaincu que Villemain a noblement fini sa vie et qu'il est mort en bon chrétien.

Tous les dimanches, je le voyais à Saint-Germain-des-Prés, dans cette incomparable chapelle des Apôtres, qu'a illustrée le génie d'Hippolyte Flandrin. Sa fille le conduisait doucement à Jésus-Christ, à ce Dieu que sa jeunesse avait seulement entrevu et dans le baiser duquel il aura voulu mourir !

PAULIN PARIS

PAULIN PARIS.

I

Il est mort à plus de quatre-vingts ans, presque debout, et ne regrettant que deux choses au monde : ses enfants et le travail. Belle mort d'érudit.

Né avec le siècle, il a eu la joie d'assister à tout cet admirable mouvement qui a emporté la France vers l'étude de ses origines et de ses antiquités littéraires. Il a vu poindre l'aurore ; il a vu monter l'astre dans le ciel. Mais il n'a pas été seulement, comme tant d'autres, l'heureux témoin de cette révolution pacifique : il a été l'un de ses principaux acteurs. Ce qui distingue Paulin Paris, ce n'est peut-être pas cette acuité de sens critique qui est le caractère de l'érudition tout à fait contemporaine : c'est l'initiative. J'espère démontrer qu'il a eu, durant sa longue carrière, dix ou vingt initiatives diverses et, pour parler une langue moins sèche, qu'il a ouvert dix ou vingt chemins nouveaux. J'ai toujours eu du goût pour les ouvreurs de chemins, et me trouve ici en désaccord avec l'opinion publique qui les oublie trop aisément. Il convient d'ajouter qu'à travers tant de labeurs variés, Paulin Paris a trouvé le secret de donner une véritable unité à sa vie de savant, et c'est son amour pour la France qui est la dominante de toutes ses œuvres. Il y a eu des érudits plus sagaces et plus sûrs : il n'en est point de plus français. Quelques semaines avant sa mort, il m'entretenait, avec une chaleur juvénile, de la France du temps des croisades. Il me montrait le noble langage français parlé sur toutes les côtes de la Méditerrande ; il s'animait surtout à me parler de cet étonnant empire latin de Constantinople et de ce plus étonnant royaume de Jérusalem, abandonné par l'Occident ingrat au milieu de tant d'ennemis presque invincibles et de tant de périls presque insurmontables ; il me parlait, en termes sincèrement émus, de cette petite France de là-bas, si chevaleresque, si héroïque, et terminait ce discours vraiment éloquent par un panégyrique enflammé de son cher Villehardouin et de son cher Guillaume de Tyr. Ce fut la dernière fois que je l'entendis, et je me souviens encore de ces paroles où frémissait un amour si vif de la patrie française. Paulin Paris est là tout entier.

II

Paulin Paris mit un certain temps, selon le mot vulgaire, à « trouver sa voie ». Une traduction de Byron où il s'essaya lui servit d'occupation agréable et intelligente plutôt que de direction vers un but nettement déterminé. Le jour où sa vocation se déclara fut celui où le Moyen-Age lui apparut. Je ne saurais fixer cette date d'une façon plus précise, et ce fut sans doute, durant une de ces séances à la Bibliothèque royale, alors qu'il feuilletait quelque manuscrit poudreux de nos chansons de geste. Ce dernier mot, hélas ! était tellement tombé dans l'oubli, que l'on n'en savait plus le sens : certains mots chinois

étaient plus connus. Il convient de se rappeler ces igno-
rances, si l'on veut mesurer exactement le chemin que
Paulin Paris fit faire à la science de notre ancienne littérature. Le hasard voulut qu'il publiât d'abord une œuvre
de notre décadence épique, un *roman* plutôt qu'une
chanson ; mais il se trouva que *Berte aux grands pieds*
avait tout ce qu'il fallait pour charmer les lettrés de 1832
et pour les amener doucement à l'étude de nos antiquités
nationales. C'est un poème élégant, peu primitif et trop
littéraire, mais fort aimable au demeurant et vraiment fait
pour aller au cœur. Les malheurs de cette autre Geneviève
de Brabant perdue au fond d'un bois, innocente et persé-
cutée, condamnée et remise en gloire ; cette jeune femme
très pure et très pieuse qui devient un jour la mère de
Charlemagne ; ces aventures naïves et touchantes frappè-
rent plus d'un bon esprit. On n'avait pas encore eu l'idée
grotesque de contester, en un singulier transport de patriotisme, la gloire très française de notre Charlemagne, et ce
seul nom éveillait l'enthousiasme. On avait encore dans la
mémoire le fameux monologue d'*Hernani,* et les étudiants
le déclamaient volontiers dans le vieux quartier Latin.
Je l'ai là, sous mes yeux, cette première édition de *Berte*
qui fut le véritable début de Paulin Paris. Quelques juges
« austères » se sont gravement occupés à y relever un
certain nombre d'erreurs très réelles et que je n'ignore
point ; il en est d'autres qui leur ont échappé, et rien de
tout cela ne saurait atténuer le rare mérite de l'éditeur.
Je regarde, quant à moi, comme une petitesse d'entendement et comme une sécheresse de cœur, ces attaques diri-
gées, dans le plein midi de la science, contre ceux qui ont
contribué au lever de l'aurore. Il y a de ces critiques
qui remontent bravement le cours des temps et vont

déterrer, vingt-cinq ans avant eux, les erreurs commises par un débutant dans le premier de ses ouvrages. Ils se donnent la joie de les découvrir, et les étalent avidement à la lumière du jour. Ils ne se disent pas que le « débutant » vit encore; qu'ils vont lui décourager l'esprit et lui déchirer le cœur. Point : ils font leur besogne d'un œil sec et ne s'aperçoivent pas que sans ces ouvrages imparfaits dont ils triomphent si aisément, ils ne seraient peut-être capables ni d'écrire sur cette matière, ni de faire ainsi les difficiles. A tous ceux qui me citent narquoisement telle ou telle note naïve de la *Berte* de Paulin Paris, je ne saurais, en bonne justice, faire d'autre réponse.

Le succès de *Berte*, qui ne devait avoir et n'eut rien de bruyant, était fait cependant pour encourager le jeune érudit, qui se résolut à ne plus quitter ce noble chemin et le suivit, durant cinquante années, avec un victorieux entêtement. Il se forma, dès lors, un petit groupe de savants qui se prit d'amour pour la poésie de la vieille France. Dans les salles obscures de la Bibliothèque royale où l'on était un peu pressé les uns contre les autres, on se montrait avec recueillement les manuscrits où dormait l'épopée française. C'étaient des émerveillements candides, et des *ah !* dont je ne puis et ne veux point médire. Ces enthousiasmes irréfléchis et charmants ressemblent tout à fait à un premier amour : honni soit qui mal y pense ! *Berte* avait reparu à l'heure qui était peut-être la plus propice à la réhabilitation de nos vieux poèmes; mais *Berte* ne pouvait longtemps suffire aux exigences d'une passion qui était devenue impétueuse. On finit bientôt par trouver que c'était là « de l'eau sucrée », et par souhaiter un cordial plus actif. Paulin Paris le comprit rapidement et, sans autre transition que son *Essai sur les romans historiques*, publia *Garin le Loherain*. C'était hardi, mais on ne savait pas alors que l'on commettait une si grave hardiesse. Sauf *Raoul de Cambrai*, je ne connais pas de poème aussi franchement sauvage et primitif que *Garin*. C'est la première féodalité, dans toute l'intempérance de sa fougue germaine. C'est une société toute jeune et maîtresse de son avenir ; mais encore barbare et amoureuse des rixes et du sang répandu. Figurez-vous les sauvages de l'Océanie, récemment baptisés et commençant à créer en eux le sentiment de l'honneur. Des rivalités de tribus et de familles ; des guerres plus que civiles ; des torrents de sang. Puis, au milieu de tant d'horreurs, des scènes absolument sublimes, des tableaux de famille profondément vrais et touchants, des morts héroïques, de merveilleuses tendresses et des vers cornéliens comme celui-ci qui est si connu et mérite de l'être mille fois davantage : « Le cœur d'un homme vaut tout l'or d'un pays. » Il ne manque guère à cette épopée farouche que d'être attendrie par l'amour de la patrie ; mais c'est là, en vérité, le plus noble et le plus essentiel élément d'une poésie vraiment nationale, et il ne faut pas chercher ailleurs la raison de la supériorité incontestée de notre *Chanson de Roland*.

Il semble que la destinée de Paulin Paris était de nous initier successivement à la connaissance de toutes les formes de la poésie et de la littérature du Moyen-Age. Presque en même temps que *Garin*, la même année, parut le *Romancero français*. Je connais peu de livres aussi profondément intelligents, et, dût-on se scandaliser de ce mot, aussi charmants. Le plan de l'œuvre est des plus simples, et l'auteur s'y est uniquement proposé « d'écrémer » la poésie lyrique des premiers siècles du Moyen-Age français, ou, pour prendre une autre image, de nous offrir ce « dessus du panier ». Personne n'y pouvait mieux réussir en 1833 ; mais, chose plus étonnante, personne n'y a mieux réussi depuis lors, et l'on n'a pas encore publié une Anthologie plus ingénieuse, ni plus fraîche, ni plus vivante. Il est même à souhaiter qu'on la réimprime bientôt avec quelques corrections et additions, en l'illustrant de bons *fac-simile* d'après nos manuscrits lyriques. Le succès serait assuré. C'est là qu'on trouve ces petits chefs-d'œuvre de grand style et de sentiment délicat, que je me propose de traduire un jour pour les vulgariser davantage, « Belle Doette », « Belle Amelot », et tant d'autres. C'est là qu'après ces chants d'amour, on entend le cri de guerre d'un Quenes de Béthune et d'un Thibaut de Champagne : « Si, pen-« dant notre absence, nos dames en aiment d'autres « que nous, elles ne pourront aimer que des lâches : « car tous les vaillants seront là-bas, en Terre-Sainte. » C'est si fier, c'est si français ! J'avais l'autre jour entre les mains un petit volume exquis, imprimé et édité à Leipsik, et contenant cent cinquante chants populaires de l'Allemagne « pour les soldats, les ouvriers et les paysans. » Cette publication se vend tous les ans à plusieurs milliers d'exemplaires. Pourquoi n'en composerions-nous pas une toute pareille, en y faisant tout d'abord entrer les plus belles pièces du *Romancero* et de notre poésie lyrique des xiie et xiiie siècles? Nos fiers voisins ne bégayaient pas encore, quand déjà nous chantions si bien. Il importe de le leur rappeler.

III

L'histoire et la poésie de la France se sont partagé l'intelligence et les efforts de Paulin Paris. Trois ans après le *Romancero*, il publiait le premier volume des *Chroniques de Saint-Denis*, et c'est encore, à l'heure où j'écris ces lignes, la seule édition qu'il soit aisé de consulter. Elle est loin d'être définitive, je le sais autant que personne, et y pourrais signaler plus d'un défaut grave, plus d'une lacune importante. Mais, encore un coup, il faut tenir compte de la date de ces œuvres trop faciles à critiquer. Malgré les travaux de Jules Lair, de François Delaborde et d'Élie Berger, on n'est pas encore parvenu à débrouiller complètement le terrible écheveau des origines de ces Chroniques. On y viendra. Encore quelques années de labeur, et nous serons en pleine lumière. Nous suivrons, année par année, la destinée de cette compilation historique dans les cellules de l'abbaye de Saint-Denis ; nous saurons comment et pourquoi ces Annales sont peu à peu devenues officielles ; nous verrons de quels éléments se compose cette étrange mosaïque ; comment on a essayé d'y intercaler un beau jour les fables du faux Turpin et du voyage de Charlemagne à Jérusalem, et depuis quel temps enfin elles sont vraiment dignes de toute notre créance. Paulin Paris n'a pas fait ce travail ; mais il a inspiré le désir de le faire, mais il l'a provoqué, mais il l'a préparé. N'est-ce rien ?

Ses fonctions de bibliothécaire lui enlevaient une partie de ses loisirs : il les utilisa pour la science en analysant un grand nombre de manuscrits français. Quel est celui de nous qui ne se souvient d'avoir vu, sur les feuillets de garde de quelque Recueil de chansons ou de romans du XIII° siècle, cette petite écriture de Paulin Paris, si fine et pourtant si lisible ? Les *Manuscrits françois de la Bibliothèque du Roi* parurent de 1836 à 1848, et rendirent de véritables services à tous les travailleurs. Le plan est des plus simples et, quoi qu'en ait dit M. Daunou, des plus approuvables : c'est l'ordre même que les manuscrits occupaient dans l'ancien Catalogue de la Bibliothèque. Je suis loin d'approuver cet ordre aujourd'hui périmé et le numérotage très compliqué qui en était la conséquence ; mais, en réalité, Paulin Paris ne pouvait guère faire mieux que de le suivre. Un tel sujet, d'ailleurs, prêtait à tous les développements, et l'auteur s'y laissa entraîner volontiers, trop volontiers peut-être. Trouvait-il sur son passage une chanson de geste, un roman d'aventures ? Il les racontait tout au long. Il ne se contentait pas de la sécheresse des analyses, et n'avait pas pour les digressions toute l'horreur qu'on eût pu souhaiter. Traitant de tant de matières diverses, il lui arrivait parfois de se tromper ; mais rien n'égale la sincérité de ses *Errata*, si ce n'est la vivacité de ses ripostes. Il y avait en lui l'étoffe d'un polémiste, et il le fit bien voir dans ses luttes contre Daunou et Génin. J'ai toujours pensé que Paulin Paris serait aisément devenu un journaliste de grande valeur, et ne puis néanmoins regretter qu'il soit demeuré cet érudit original et fécond, dont j'essaie en ce moment d'esquisser le portrait.

Entre temps il était entré à l'Académie des Inscriptions, dont il fut un des membres les plus actifs. Il n'appartint pas à cette famille d'académiciens qui cherchent à l'Institut moins la table de travail que le fauteuil de repos. Paulin Paris fut admis de bonne heure dans la commission de l'*Histoire littéraire*, et écrivit, pour cette continuation de l'œuvre bénédictine, la valeur de plusieurs volumes. C'est en 1850 qu'il fut dans toute la force et la maturité de son talent, et je n'hésite pas à regarder comme son chef-d'œuvre ces excellentes Notices consacrées à nos chansons de geste dans le tome XXII du Recueil que je viens de citer. Je les ai lues vingt fois et les fais volontiers lire à tous ceux auxquels je veux communiquer l'amour de notre vieille poésie. Rien n'est moins pédant, ni plus clair, ni d'une lecture plus agréable. Ce n'est pas faire un grand éloge à l'auteur que d'avouer que j'ai puisé dans cette lecture l'idée de mes *Épopées françaises;* mais, à tout le moins, je satisfais par là le désir que j'ai de rendre ici justice à qui de droit. Paulin Paris a travaillé jusqu'à la fin de sa vie à ce complément de l'*Histoire litté-raire,* et les tomes XXVI et XXVII renferment encore des analyses de nos romans qui sont signées de son nom. Mais il s'est également souvenu de son *Romancero,* et a con-sacré une notable partie du tome XXIII aux trouvères ly-riques et à l'énumération de leurs œuvres. Nous ne possé-dons peut-être rien de plus complet sur la matière, et il y a là vingt beaux sujets de livres. Les auteurs manquent.

IV

C'est la France aux croisades qui, malgré tout, sédui-sait le plus vivement cet entendement très français. Dès 1848, il avait voulu publier le plus antique des poèmes « parvenus jusqu'à nous », qui composent le cycle histo-rique de la croisade. De là, cette *Chanson d'Antioche,* dont la lecture est faite pour nous rendre fiers. Cette armée française qui traverse héroïquement toute l'Asie, ces bataillons de nobles dames qui n'ont pas voulu se séparer de leurs barons en une entreprise si lointaine et si périlleuse, cet évêque qui bénit le camp, ce voisinage des lieux où le Christ a souffert, ces approches de Jérusalem, la vaillance des chevaliers, la charité des femmes, la foi de tous : il y a dans ce spectacle de quoi ravir le regard le plus difficile, et mouiller les yeux les plus secs. Notez que c'est de l'histoire, et non plus de la poésie. Peut-être même Paulin Paris a-t-il un peu exagéré la valeur historique de chacun de ces vers qu'il ne craint pas de préférer à la prose des chroniqueurs les plus accrédités. Peu de mois avant sa mort, il soutenait encore, à ce sujet, une polémique avec M. Pigeonneau et s'y montrait aussi jeune qu'à vingt ans. C'était là le point sensible, et il ne fallait pas songer à atténuer devant lui l'autorité d'*Antioche* ou de *Jérusalem*. Pour donner plus de lecteurs au premier de ces poèmes, il encouragea la marquise de Sainte-Aulaire à le traduire vers par vers « en français moderne ». L'idée vient-elle de lui ? Je l'ignore ; mais, sans son aide, elle eût été impraticable. C'est ce même procédé de vulgarisation qu'il appliqua plus tard à sa chère geste des Lorrains. Dans cette « Bibliothèque » d'Hetzel où *Monsieur, Madame et Bébé* devait, hélas ! avoir cent éditions, le courageux vulgarisateur fit un jour entrer une traduction complète de *Garin* et un abrégé de *Girbert* et d'*Anseïs*. C'était presque un tour de force, et Paulin Paris prouva de la sorte qu'il possédait à la fois ces deux nobles dons, si rarement réunis dans une intelligence : trouver et populariser. Ah ! je sais que l'on dédaigne en haut lieu cette dernière forme de l'activité intellectuelle, et qu'aux yeux de certains *trouveurs* les vulgarisateurs comptent pour peu de chose. Je le sais, et m'en étonne. C'est là de la mauvaise aristocratie, de l'aristocratie mal entendue, et il me semble très étroit, en vérité, de vouloir garder pour soi ce qu'il est si facile de communiquer aux autres.

Ce n'est pas le seul essai de vulgarisation dont Paulin Paris se soit rendu coupable, et il est descendu, dans cette voie, jusqu'à adapter notre vieille poésie à l'esprit des tout petits enfants. — Fi! l'horreur! — Ne vous indignez pas, classique, mon ami, et lisez plutôt la spirituelle préface dont il a fait précéder ses *Aventures de maître Renart et d'Ysengrin son compère*. Cette préface est une dédicace à sa petite-fille Paule : « Celui qui a fait le « livre ne parlait pas comme on parle aujourd'hui et on « n'entendrait plus ce qu'il disait. Mais vois-tu, mon « enfant, je comprends un peu ce qu'il a voulu dire et, « pour te faire plaisir, je changerai les anciens mots qu'il « écrivait pour en faire des histoires nouvelles que tout « le monde pourra lire ; quand on saura lire, s'entend. » Dans toute cette « mise en nouveau langage » Paulin Paris s'est montré homme d'esprit, délicatement salé et véritablement Gaulois, en donnant à ce mot le meilleur de ses sens. Je n'y regrette sincèrement qu'une chose : c'est le choix du texte traduit. Eh oui, je suis de ceux (*rari nantes*) qui admirent le *Renart*, mais ne sauraient l'aimer. J'aurai tout dit et soulagé mon cœur en disant que c'est, avec les fableaux et la *Rose*, l'œuvre la plus « boulevardière » de tout le Moyen-Age. En d'autres termes, c'est l'œuvre qui peint le moins exactement les mœurs et les idées du temps où elle fut écrite. Nous sommes une nation de boulevardiers. Depuis les origines de notre littérature, nous avons produit toute une série d'œuvres qui se flattent de représenter au naturel la société française et n'ont presque rien de commun avec elle. A l'heure actuelle, on nous juge d'après notre théâtre et nos romans, auxquels, par bonheur, nous ne ressemblons pas plus que la France, la vraie France du xviiᵉ siècle, ne ressemblait aux vers de Bernis et aux fadeurs de Watteau. Le *Renart* est, qu'on me passe le mot, une œuvre « voltairienne », écrite en un siècle qui n'a rien de voltairien. Quel sceptique ! quel railleur ! Lisez « Ysengrin dans le puits », et voyez jusqu'à quel point le boulevardier « blague » la confession, les saints, le Paradis... et le reste. Il n'épargne rien, et ne mérite pas d'être épargné.

Puisque j'en suis aux critiques, il me sera peut-être permis d'ajouter (je rougirais de ne pas être un juge équitable) que je regrette plus vivement encore la publication du *Tallemant des Réaux*, et il n'est pas besoin, je pense, d'insister sur un point aussi délicat. On alléguera que M. de Montalembert a encouragé la publication du Brantôme, et je répondrai, en parodiant un vieux mot trop ressassé, que « ce n'est pas ce qu'il a fait de mieux. » Je préfère en revenir à l'objet favori des études de Paulin Paris, et à ce qui sera sa caractéristique, sa dominante. Nous lui devons une édition de *Villehardouin* que la Société de l'histoire de France a publiée en un temps où les méthodes pour dresser les textes du Moyen-Age n'étaient pas encore suffisamment établies, ni vraiment vulgarisées. L'année même qui précéda sa mort, il éditait les deux volumes de cette antique traduction française de Guillaume de Tyr que son vieil ami, Ambroise Firmin Didot, s'était réjoui de placer à côté des admira-

bles éditions de Joinville et de Villehardouin, récemment
données par M. Natalis de Wailly. Villehardouin et Guillaume de Tyr ! Il y a là deux époques de physionomie
bien différente : Villehardouin, malgré la date de son
livre, appartient réellement à ce xii° siècle que Quicherat appelait « le grand siècle du Moyen-Age ». Les âmes
y sont plus roides, plus droites, plus héroïques, plus
vastes. Le xiii° siècle n'est plus que semi-héroïque. Comparez Quenes de Béthune, le poète et l'orateur de la
quatrième croisade, comparez-le à ce charmant Joinville.
Quenes a quelques coudées de plus.

Paulin Paris, comme nous l'avons vu, aimait les chansons de geste ; mais il savait tempérer sagement son
enthousiasme et ne le mettait pas, comme certains, au-
dessus de tout. Les romans de la Table ronde l'attiraient
presque aussi puissamment, et il leur donna plusieurs années de sa vie. Une Dissertation sur Nennius, publiée dans
les Mémoires de l'Institut ; un article beaucoup plus approfondi et plein d'hypothèses nouvelles, qu'il fit paraître
en 1872 dans le premier tome de la *Romania ;* cinq volumes enfin, où il résume les principaux et les plus anciens
romans de ce cycle obscur, telle a été sa contribution à
ces études difficiles. Elle a été utile, sans être décisive.
Le plan des *Romans de la Table ronde* (c'est le titre d'un
de ses derniers ouvrages) est loin d'être irréprochable et
limpide, et l'on n'y retrouve plus cette merveilleuse clarté
à laquelle l'auteur nous avait depuis si longtemps habitués. Si chacune des analyses de Paulin Paris avait été
accompagnée d'une *Notice bibliographique* très nettement
divisée et correspondant au texte sans jamais se confondre
avec lui, les lecteurs auraient peut-être été mieux éclairés
et plus satisfaits. Mais j'aurais mauvaise grâce à prolonger

une telle critique, et m'arrête. Somme toute, les études
sur la Table ronde n'en sont encore qu'à leur début, mais
Paulin Paris est un de ceux qui ont rendu possible la tâche
de ses successeurs. C'est beaucoup dire en peu de mots.

V

Vous le voyez : initiateur partout, initiateur toujours.
C'est son rôle constant, c'est la tournure de son esprit,
c'est l'honneur de sa vie.

Avec sa *Berte*, son *Garin*, son *Antioche* et ses admirables Notices du tome XXII de l'*Histoire littéraire*,
il a initié son temps à l'étude et l'amour de l'Épopée
nationale.

Avec son *Renart* et ses *Romans de la Table ronde*, il
nous a initiés à l'étude de nos romans d'aventures et de
notre poésie satirique.

Avec son *Romancero* et son tome XXIII de l'*Histoire
littéraire*, il nous a initiés à l'étude et à l'amour de notre
vieille poésie lyrique.

Avec ses *Chroniques de Saint-Denis*, son *Villéhardouin*
et son *Guillaume de Tyr*, il nous a initiés à l'étude et à
l'amour de nos antiques historiens.

Avec ses *Manuscrits français de la Bibliothèque du Roi*,
il nous a initiés à l'étude et à l'amour de toute la littérature du Moyen-Age.

Tant d'initiatives et de labeurs ont rempli sa vie, mais
ne l'ont pas usée. Comme nous le disions au commencement de cette étude, il est mort plein de jours, sans avoir
connu les défaillances de l'esprit, ni l'amoindrissement
de ses plus chères affections. Il est mort en chrétien so-

lide et vaillant, voyant approcher la mort pas à pas et ne la craignant point, allant pour ainsi parler au-devant d'elle, et jetant seulement un regard de regret sur ceux qu'il aimait, sur sa table de travail, sur ses chers livres. On aimerait mourir ainsi.

MONTALEMBERT

CHARLES DE MONTALEMBERT [1].

La nouvelle École historique, qui remonte obstinément aux sources et qui rend aux événements du passé leur véritable couleur, ne nous avait encore offert aucune œuvre importante où fussent racontées les annales des Ordres monastiques d'une façon vivante et en même temps conforme aux lois de la critique moderne. Cette lacune était singulièrement regrettable. Car enfin nous ne pouvions pas toujours nous contenter des vastes compilations latines telles que les *Acta sanctorum* des Bollandistes, telles que les *Annales* de Mabillon. D'un autre côté, pouvions-nous nous montrer plus satisfaits de ces œuvres médiocres, qui pullulent en notre temps, et où l'histoire des institutions monastiques nous est présentée sans critique, sans lumière et sans vie : œuvres écrites en français, il est vrai, mais que leur mysticisme ne préserve pas toujours de la fadeur et d'après lesquelles le lecteur ne saurait établir aucune distinction entre un monastère du sixième siècle et un couvent du temps de Louis XIV? Tout y est en effet revêtu de je ne sais quelle teinte grisâtre, de je ne sais quel méchant brouillard qui ne donne de relief à aucune figure. O médiocrité, voilà de tes coups! Nous gâter un tel sujet!

[1] *Les Moines d'Occident.*

Il y a longtemps déjà que M. de Montalembert avait conçu le généreux dessein de combler cette lacune et de nous donner une *Histoire des moines d'Occident*. Il a laissé à d'autres le soin plus délicat de nous faire assister aux péripéties, souvent lamentables, de l'histoire du monachisme oriental. Homme d'action, homme d'initiative, intelligence toujours en mouvement, M. de Montalembert était bien fait pour préférer les annales de ces Ordres religieux de notre Occident germanique et latin, qui ont développé dans le monde entier tant d'initiative généreuse pour défricher les terres et les esprits ; qui ont été si actifs pour la diffusion de la vérité, de la science et du salut ; qui n'ont pas cessé d'avoir un si noble et si fécond mouvement vers la lumière et vers la vie. Sans doute, les moines orientaux ont, eux aussi, fait l'œuvre de Dieu ; mais ils l'ont faite autrement, et, s'il m'était permis de faire un choix, je ferais comme M. de Montalembert. Je me tournerais vers ce vieil Occident, tant insulté aujourd'hui, couvert de tant de mépris, accusé de tant de décrépitude, qui cependant possède encore tant de jeunesse et tant d'avenir ; qui enfin, si l'on veut se placer au seul point de vue des institutions religieuses, est assez riche pour envoyer encore tant d'éléments de vie à ce nouveau monde que Montalembert a peut-être le tort d'admirer trop vivement !

Un coup d'œil d'ensemble sur l'histoire du mouvement monastique en Occident permettra sans doute à nos lecteurs de suivre avec plus d'intérêt les nouveaux récits de M. de Montalembert, et d'en avoir une intelligence plus profonde. Ils se convaincront par là qu'une belle variété s'épanouit au sein de la belle unité de cette histoire et que cette variété de physionomie est l'œuvre de la

Providence, qui approprie très délicatement chaque institution à chaque époque, à chaque besoin des hommes, à chaque maladie des sociétés. La bonté de Dieu court après notre libre arbitre et le poursuit, pour le conquérir, à travers tous les chemins qu'il peut prendre. C'est toujours la même bonté; mais l'aspect des chemins varie presque à l'infini, et il faut essayer de le connaître.

I

C'est par le grand saint Benoît que M. de Montalembert a voulu commencer son livre : il a eu raison. Avant l'illustre fondateur de Subiaco et du Mont-Cassin, les essais monastiques n'ont pas manqué en Occident ; mais ces ébauches, souvent magnifiques, n'ont pris nulle part la physionomie d'un véritable établissement social. Tout au contraire, saint Benoît a vécu dans un temps qui ne pouvait plus se passer des moines et durant lequel les moines ont dû, par la force des choses, devenir une institution fixe, consistante, immortelle. Je ne pense pas, en effet, que l'humanité ait souvent traversé une crise semblable à celle du cinquième siècle. Cette mer montante, cette marée de barbares qui menaçait de tout inonder sur la terre, dut avoir un caractère particulièrement effrayant. Victor Hugo, dans ses *Misérables*, a décrit l'attitude muette et sublime de l'infanterie anglaise à Waterloo, alors qu'elle entendait venir sur elle, sans le voir, le piétinement gigantesque des quatre mille cuirassiers de Napoléon. Quelque chose d'analogue dut se passer à l'époque des invasions, quand l'Église entendit venir la montée de la Barbarie. C'est alors qu'elle organisa,

comme autant de bataillons carrés, les couvents de Béné-
dictins. La Providence leur donna une mission spéciale,
et ce fut celle de plier au travail et d'habituer au devoir
les nouvelles nations qui allaient se partager l'Empire.
Telle fut l'utilité, dans le monde nouveau, du grand Ordre
fondé par saint Benoît, de cette règle austère qui a fait
oublier celle de saint Columban et tant d'autres. Atteint
par les malheurs du temps, cet Ordre étonnant se réforma
toujours lui-même. Saint Benoît d'Aniane, en 817, fut l'auteur d'une première réforme ; les noms de Cluny et de
Cîteaux demeureront attachés aux deux autres. A travers
tous les siècles, le Bénédictin est resté le vrai moine, donnant l'exemple de l'abnégation et du sacrifice aux peuples
qui possédaient le moins la notion de ces vertus si nécessaires. Lorsque, par une idée de génie, on voulut opposer
aux progrès menaçants des Infidèles des soldats qui
fussent en même temps des moines, lorsque l'on songea
à l'établissement des Ordres militaires, ce fut un Bénédictin, saint Bernard, qui écrivit la règle du plus illustre
de ces Ordres. Si les Templiers fussent restés fidèles à
leur mission, on pourrait les considérer comme des Bé-
nédictins armés.

Mais voici déjà venir une seconde époque de l'histoire
du monachisme occidental. De tous côtés se sont élevées
des paroisses rurales que le zèle des prêtres séculiers ne
suffit point toujours à desservir ; dans les villes mêmes, le
besoin se fait sentir d'avoir sous la main certains religieux qui puissent en même temps remplir des fonctions
séculières. Quelques hommes d'étude ont aussi le désir
d'une règle moins rigoureuse. De là, ces nombreuses
fondations de « communautés de chanoines réguliers, »
fondations qui sont le principal caractère du onzième et

du douzième siècle. A Rome, ce sont les chanoines réguliers de Saint-Jean de Latran ; en Angleterre, les Gil-
bertins ; en France, les Victorins, et, dans toute la chrétienté, les Prémontrés, dont la robe blanche a évangélisé
tant de campagnes.

Au treizième siècle, nouvelle révolution monastique.
La formidable secte des Albigeois avait affiché dans tout
l'Occident chrétien une fausse pauvreté et étalé des haillons qui laissaient percer l'orgueil ; mais enfin cette pauvreté et ces haillons avaient séduit les esprits faibles. Un
Ordre véritablement pauvre était devenu nécessaire au
sein de l'Église : ce furent les Frères Mineurs. Mais l'hérésie était belle parleuse, c'était une dupeuse d'oreilles,
et l'on commençait à ergoter partout contre la Vérité. Un
Ordre éloquent n'était pas moins désirable qu'un Ordre
pauvre : saint Dominique parut avec ses Frères Prêcheurs.
Et les nouveaux dangers furent conjurés par la robe grise
des Franciscains et la robe blanche des Dominicains. C'est
la troisième époque de cette longue histoire.

Trois siècles plus tard, l'erreur se constitue socialement
dans le vieux monde ; le protestantisme enlève la moitié
de l'Europe à l'unité romaine et menace de s'immortaliser
parmi nous. Comment résistera-t-on à cet ennemi puissant ? Il faut que l'Église possède une sorte d'armée permanente, où les soldats soient liés à leur chef par la plus
stricte obéissance, tout en conservant au dehors plus de
liberté que n'en avaient les anciens moines. Un Ordre nouveau est, encore une fois, nécessaire, Ordre qui devra être
nombreux, car nos ennemis sont nombreux ; qui devra
être savant, car ils s'armeront de la science ; qui devra
être militant, ou plutôt une véritable milice, car il s'agit
d'une véritable guerre. De là, la Compagnie de Jésus ; de

là aussi tant de « Congrégations de clercs réguliers » qui caractérisent cette quatrième période de nos annales monastiques qu'on ne saurait trop mettre en relief.

La cinquième, qui remplit les dix-septième et dix-huitième siècles, a pour caractère principal ces incomparables établissements charitables auxquels les prêtres de la Mission et les Filles de la Charité peuvent servir de type. Quant à la sixième et dernière époque, elle dure encore et est particulière à notre temps. On pourrait dire qu'elle se distingue de toutes les autres par la large part qu'y occupent fort légitimement les institutions et les œuvres ouvrières. Reste l'avenir, que Dieu seul connaît.

Le coup d'œil rapide que nous venons de jeter sur l'histoire des moines d'Occident ne saurait donner une idée de leur physionomie aux différentes époques et sur les divers théâtres de leurs annales. Rien n'est plus variable que cette physionomie. Sous l'effort triomphant du surnaturel, toutes les institutions monastiques ont revêtu, je le veux bien, le même caractère de sainteté ; mais chacune d'elles cependant a conservé un aspect particulier. Le surnaturel élève la nature, mais ne l'efface point. J'en trouve un exemple bien frappant dans l'œuvre nouvelle de M. de Montalembert. La première partie de son troisième volume est consacrée à saint Columba, la seconde à saint Augustin. Ces deux saints, certes, ont bien des traits communs : tous deux sont apôtres, tous deux évangélisent des races primitives et barbares, tous deux se meuvent à peu près au milieu des mêmes circonstances. Eh bien ! ils ont chacun leur physionomie distincte, j'allais dire leur « style ». Columba, que nous allons étudier de plus près, est un Irlandais, un homme du Nord, un poète, un barde, qui n'a rien reçu de Rome que sa foi ; c'est un barbare sanctifié, que la civilisation romaine ne semble pas avoir atteint. Augustin, au contraire, est un clerc, un savant, un Romain, qui apporte en Angleterre, dans les plis de sa robe apostolique, les traditions de la patrie romaine avec les révélations de la foi. Tous deux me plaisent également, ou plutôt me touchent au même point ; mais, sous le surnaturel vainqueur, leur nature est restée avec je ne sais quelle sève originale, et je me réjouis de cette belle variété que M. de Montalembert a si bien comprise et si bien rendue. Oui, il a voulu lui-même varier ses couleurs, et, sans exagération, sans tons criards, sans contrastes heurtés, il a peint une longue galerie de saints monastiques dont pas un ne se ressemble. Flandrin n'eût pas fait mieux avec ses immortels pinceaux.

Je voudrais bien pourtant faire saisir l'intérêt puissant de ce beau livre, et je sens qu'il ne s'offre à moi d'autre ressource que celle d'une analyse. Mais comment analyser ces pages substantielles et qui sont « si pleines de choses? » Je me suis arrêté à un seul épisode de ces longues annales, à la seule histoire de saint Columba. M. de Montalembert, d'ailleurs, semble avoir déployé dans cette partie de son œuvre toutes les richesses de son intelligence. On peut même affirmer que toutes ses qualités s'y montrent à plein, et je crois bien que ses défauts n'en sont pas toujours absents. Le lecteur jugera...

II

Saint Columba ou Columb-Kill naquit à Gartan, en 521. Sa famille était celle des Nialls ou des O'Donnells. « Il était issu de la race qui fut souveraine de l'Irlande pen-

dant six siècles et pouvait lui-même être appelé au trône. »
La grâce de Dieu (on ne l'a peut-être pas assez observé)
s'est plu dans ces siècles barbares à s'abattre de préfé-
rence sur des fils de princes ou sur des rois, dont elle a
fait des saints. C'est qu'aux yeux de ces peuples primitifs,
il importait singulièrement que l'exemple partît de haut,
et c'était le moyen de sauver un plus grand nombre
d'âmes. La Providence ne se propose point d'autre but.

On montre encore la pierre sur laquelle une tradition
touchante prétend que sa mère était couchée, quand
elle le mit au jour. Les pauvres Irlandais de notre temps
vont encore s'asseoir sur cette pierre miraculeuse qui,
disent-ils, a le don de les guérir de la nostalgie. Ils
s'embarquent ensuite, plus calmes et plus fermes. Saint
Columba, lui aussi, eut le courage de quitter sa chère
Irlande et la faiblesse légitime de la regretter amère-
ment. Ce sont sans doute ces dernières circonstances
qui ont donné naissance à la légende.

Il fallait laisser de côté d'autres légendes qui sont,
suivant nous, tout à fait apocryphes. Tel est le récit du
songe attribué à la mère de Columba et de cette apparition des trois vierges, Sagesse, Virginité et Prophétie.
Ce sont là, il faut bien le dire, des agréments de rhétorique qui ont été ajoutés après coup à l'austérité du
premier récit, du récit authentique. J'aime mieux suivre
M. de Montalembert dans ces grandes écoles de l'Irlande
chrétienne au sixième siècle ; j'aime mieux me convaincre
avec lui que, partout où pénètre l'Église, la science pénètre en même temps et par la même brèche. Quelques
missionnaires descendent dans une île et y fondent une
église : le lendemain, soyez sûr d'y trouver une école.

— Columba, remarquez-le bien, ne s'éleva pas, dès sa

première enfance, aux plus hauts sommets de la sainteté.
Il se forme dans le monde de singulières idées au sujet
de nos saints : on s'imagine qu'ils ont été, qu'ils sont essentiellement et froidement impeccables. Quand il s'est
agi de la canonisation de Jeanne d'Arc, certains esprits
naïfs se sont émus et ont cherché dans la vie de notre
chère héroïne s'ils ne découvriraient pas quelque faute
inaperçue. La sainteté, qu'on le sache bien, n'est point
l'impeccabilité; sinon l'Église n'honorerait pas tant d'illustres pénitents. Tout au contraire, il n'est point de
saints chez qui la nature mal endormie ne se réveille
quelquefois. Pour notre Columba, c'est surtout durant
son enfance et sa première jeunesse que se produisirent
ces réveils si faciles à expliquer et surtout à pardonner. Il
était ardent, emporté, violent. Une légende, entourée de
nuages épais, nous le montre entrant en lutte avec le roi
Diarmid, fondateur de Clonmacnois, à l'occasion de certain psautier qu'il avait copié de sa main, et ne voulait
pas rendre à son maître Finnian. Car c'était un grand,
un infatigable copiste que notre saint, et il transcrivit
jusqu'à *trois cents fois* les Psaumes et les Évangiles. La
sentence de Diarmid le jeta dans une colère qui ne pro-
mettait pas un saint à l'Église. Avec des cris de rage,
il parcourut tout ce pays, et souleva contre celui qui
venait de le condamner une guerre sans miséricorde.
Mais écoutez bien ce que fit l'Église. Le roi Diarmid fut
battu au combat de Cool-Drevrny par ceux que Columba
avait excités contre lui : le sang irlandais, le sang chrétien
coula à flots. Les prêtres se réunirent, et au synode de
Teilte, en 562, Columba, fils de tant de princes, Columba
le savant, Columba l'espoir de l'Église, fut énergiquement condamné. On l'excommunia, sans avoir égard au

triple sceau de sa race, de sa sainteté antérieure, de sa
science ; on l'excommunia, et on fit bien. Devant ces
races belliqueuses, il fallait nettement affirmer que la
guerre est d'origine satanique, qu'elle est le plus souvent
mauvaise, et qu'entre toutes les guerres, il n'en est pas
de plus abominable que la guerre civile. Si l'Église ne
faisait pas de ces exemples, toute civilisation, toute lumière seraient depuis longtemps bannies de cette terre !

D'ailleurs Columba comprit et aima son châtiment. Il
courba la tête. Un moine, du nom de Molaise, se montra
à son égard d'une étonnante rudesse : « Le seul moyen
d'expier ta faute, lui dit-il, c'est de quitter ton Irlande
pour toujours. » On ne pouvait infliger une plus dure
expiation au cœur très irlandais de Columba : il s'ouvrit
alors dans ce cœur une large plaie qui ne se cicatrisa
jamais. Il fut frappé, il gémit ; puis il obéit à la voix de
Dieu. C'est ainsi que l'on devient saint. Grâce à cette
héroïque soumission, la Calédonie allait être évangélisée.

C'est à partir de cet instant solennel de sa vie apostolique que notre Columba va enfin posséder un historien
digne de lui : nous voulons parler de son successeur
Adamnan. Jusqu'ici tout était brumeux dans sa vie ; mais
tout va s'éclairer. A l'apocryphe va succéder l'authentique. Toutefois, ce qu'il y a de vrai dans la première
partie de cette belle vie, c'est sa physionomie générale.
Oui, nous croyons la voir, cette Irlande du sixième siècle,
où l'extrême barbarie touche parfois à l'extrême lumière;
où les chefs de famille luttent sur un sol toujours ensan-
glanté ; que traversent en chantant mille bardes, mille
poètes qui ne sont pas encore tous chrétiens ; où s'élèvent d'immenses écoles, fréquentées par des centaines de
jeunes gens avides de savoir ; où les manuscrits conquiè-

rent une valeur presque invraisemblable, et où on les
transcrit avec une rage qui est vraiment admirable. Columba est le résumé vivant de ce noble pays : il est belli-
queux, il est amoureux des manuscrits, il est poëte enfin.
M. de Montalembert nous a traduit de lui quelques vers
charmants et d'un patriotisme que nous ne trouvons pas
exagéré : « O Arran, mon soleil ; mon cœur est à l'Occi-
« dent avec toi. Dormir sous ton sol immaculé vaut autant
« que d'être enseveli dans la terre de saint Pierre et de
« saint Paul. Vivre à la portée de tes cloches, c'est vivre
« dans le bonheur. O Arran, mon soleil, mon amour gît
« à l'Occident et en toi ! » Je suis heureux de citer ces
vers à ceux qui s'imaginent platement que les vers sont
inutiles ici-bas et que la poésie est un passe-temps. Je
regrette de voir certains catholiques partager ce dédain
inintelligent. La poésie, comme le montre si bien l'auteur
des *Moines d'Occident*, a été ici l'auxiliaire de l'Évangile ;
les bardes chrétiens de l'Irlande en ont été les apôtres.
La beauté, en cette circonstance comme en tant d'autres,
a conduit vers la vérité ; le rayon, vers l'astre.

Soudain, tout change dans la vie de Columba. Tout à
l'heure, il était dans la verte Irlande ; le voilà maintenant dans ces tristes et sauvages Hébrides dont M. de
Montalembert nous donne une merveilleuse description.
Ceux qui se sont réjouis de trouver dans la *Vie de Jésus*
de beaux paysages peints au naturel, trouveront d'aussi
belles pages dans les *Moines d'Occident,* s'ils ont l'impartialité de les chercher. « Qui n'a pas vu les îles et les
golfes de la côte occidentale de l'Écosse, qui n'a pas
vogué dans cette sombre mer des Hébrides, ne saurait
guère s'en représenter l'image. Rien de moins séduisant,
au premier abord, que cette âpre et solennelle nature. Le

pittoresque y est sans charme et la grandeur sans grâce. On parcourt tristement un archipel d'îlots déserts et dénudés, semés comme autant de volcans éteints sur des eaux mornes et ternes, mêlées parfois de courants rapides et de gouffres tournoyants. » Il est, je le sais bien, des critiques austères qui ne voudraient pas qu'on introduisît de tels tableaux dans la sévérité de l'histoire. Pourvu qu'ils soient exacts, je les trouve charmants. Ils nous reposent des dates et des faits, et ont même une valeur scientifique incontestable. Je comprendrais moins bien saint Columba si je n'avais dans les yeux le panorama des Hébrides.

Notre saint s'établit dans l'île d'Iona. Ce fut là son quartier général; c'est de là que partit ce conquérant pour soumettre les Pictes du Nord. Ces Pictes n'étaient rien moins que des Sarmates ou des Scythes, et, pour dire le vrai mot, des sauvages nus, tatoués, sanglants. La tâche de Columba était presque surhumaine : « Il lui fallait prêcher, convertir, et, au besoin, braver ces peuplades redoutables, en qui Tacite reconnaissait les plus reculés des mortels et les derniers champions de la liberté : *terrarum ac libertatis extremos;* ces Barbares qui, après avoir glorieusement résisté à Agricola, avaient chassé les Romains épouvantés de la Bretagne, dévasté et désolé toute l'île jusqu'à la venue des Saxons, et dont les descendants, après avoir rempli l'histoire d'Écosse de leurs exploits sanglants, ont donné, sous le nom de *highlanders,* aux Stuarts déchus leurs plus indomptables défenseurs et à l'Angleterre moderne ses plus glorieux soldats.» Le voyageur qui, aujourd'hui, parcourt les sites incomparables de l'Écosse, étendu dans un wagon confortable, n'ayant sous les yeux que le spectacle charmant de villes opulentes, de riches campagnes et d'honnêtes visages ; ce touriste délicat ne se dit point qu'il y a douze ou treize cents ans, ces beaux lieux étaient habités par de véritables sauvages, presque comparables à ceux de l'Afrique centrale. Il ne se dit point surtout que toute la civilisation, la lumière et le bonheur dont il est entouré lui viennent d'un *vieux moine du sixième siècle qui* apporta dans ces contrées l'Évangile, la notion du devoir, le beau, le vrai, le bien, l'espoir de la vie immortelle et tout ce qui fait un peuple civilisé. En vérité, il faut, suivant l'énergique parole de Johnson, « plaindre l'homme qui ne sentirait pas son patriotisme s'enflammer à la vue de Marathon et sa piété se rallumer au milieu des ruines d'Iona. »

Faisons-nous donc une idée exacte de cette terre où vécut Columba. C'était un îlot plat, laid, sans charme, et que le saint avait choisi, parce qu'il ne pouvait pas apercevoir de là sa chère Irlande. L'amour de la patrie tourmentait toujours cette grande âme : « Mon cœur « est brisé dans ma poitrine ; si la mort subite vient me « surprendre, ce sera à cause de mon amour pour les « Gaels. » Paroles qui nous montrent comment les saints eux-mêmes peuvent avoir certaines défaillances, et qui attestent aussi la légitimité de l'amour de la patrie. Mais Columba savait comprimer ces élans vers l'Irlande pour se consacrer tout entier à sa Calédonie. Ce petit coin de terre présentait un étrange spectacle. Tous les jours, sur les rives des îles voisines, on entendait de grands cris : c'étaient les nombreux pèlerins qui venaient se précipiter aux pieds de Columba. Une barque allait les chercher, conduite par les moines d'Iona. Puis le saint sortait de sa solitude, et se lançait au milieu des Barbares comme

une flèche destinée à percer la barbarie. Il s'aventurait
sur les fleuves du nord de l'Écosse, en pleine contrée
païenne. Un jour, il arriva dans le pays où l'on voit
aujourd'hui la ville d'Inverness, et qui était alors occupé
par le roi des Pictes, Bruidh, fils de Malcolm : on lui
ferma les portes de ce palais qui devait ressembler à un
antre. Columba, calme et souriant, se contenta de faire
le signe de la croix sur les portes de fer, qui s'ouvrirent
toutes grandes et laissèrent passer le messager de Jésus-
Christ... Tantôt seul, tantôt entouré de quelques compagnons choisis, il traversa ainsi toute la Calédonie, prêchant et baptisant. Il avait surtout pour ennemis les prêtres
païens qu'Adamnan appelle « des mages » et qui étaient
au demeurant les pharisiens de l'idolâtrie. Cependant il
était plein de miséricorde et de douceur. On a quelquefois
accusé l'Église de ne point faire estime des vertus naturelles ; rien n'est moins fondé qu'un tel reproche. Le
moine d'Iona disait un jour à ses collaborateurs : « Mar-
« chons vite et allons au-devant des anges; ils nous
« attendent auprès d'un Picte qui a fait le bien selon la
« loi naturelle, » et l'on trouve dans cette vie toute sur-
naturelle plusieurs traits analogues où la nature est es-
timée à son juste prix. Il employait néanmoins tous les
moyens surnaturels que Dieu mettait à sa disposition.
Et, véritablement, quand on lit le récit d'Adamnan, quand
on étudie profondément la physionomie de cette race des
Pictes, on se demande comment *sans miracles* un homme
tel que Columba lui-même aurait pu venir à bout de cette
conquête évangélique. Nous prions les historiens naturalistes de consacrer leur attention à ce problème.

Columba pensait à tout. Il n'oubliait pas les *Scots*, les
Irlandais établis dans le nord de la Calédonie, et voulait

sacrer lui-même leur roi Aidan : c'était fonder dans ces pays demi-barbares les traditions sacrées de la royauté chrétienne. Il était l'âme du synode de Drunceill où fut consacrée par son influence l'indépendance de la royauté écossaise. Il tendait sa main libératrice aux bardes, que le roi Aedh voulait détruire et, en sauvant cette caste puissante, conquérait à l'Église une foule de voix amies et bientôt apostoliques. Tandis qu'il n'est pas rare de rencontrer encore au dix-neuvième siècle des âmes vulgaires qui considèrent la musique comme un « art d'agrément », le grand Columba la regardait comme un auxiliaire admirable de l'Évangile, et en répandait l'usage parmi ses religieux : « Parmi les reliques des « saints, dit M. de Montalembert, on vénérait surtout la « harpe dont ils avaient joué durant leur vie. » Le saint d'Iona semblait être partout à la fois. Se tournant vers les rois, il leur prêchait la concorde et, chose bien nécessaire à ces sauvages, le pardon des injures. Il multipliait ses invasions pacifiques parmi les Pictes, dont il acheva la conversion. Dans son monastère, il était la discipline vivante, la règle visible et tangible. D'ailleurs le couvent d'Iona essaimait çà et là : Columba, selon la légende, fonda jusqu'à trois cents églises. L'érudition consent déjà à reconnaître cent de ces fondations ; mais l'érudition, vous le savez, n'a jamais dit son dernier mot. Cependant ces moines navigateurs, qui savaient manier la voile et l'aviron aussi bien que le Psautier et l'Évangile, allaient tous les ans *reconnaître* les îles voisines dans l'espoir d'y apporter la Vérité : c'est ainsi que les pieds de ces apôtres connurent tour à tour les îles de Fer, l'Islande même et les Orcades. Puis ils revenaient dans leur pauvre îlot entouré de grands rochers dentelés, sans culture, sans arbres, sans attrait, mais qui possédait la présence glorieuse de leur maître Columba. Celui-ci, penché sur toutes les misères, encourageant les laboureurs, caressant les enfants, réconciliant les époux, se dépensait tout entier et se partageait entre les Scots et les Pictes. Si j'étais peintre, je voudrais le représenter entre un Picte et un Irlandais, qui tous deux lèveraient sur lui des yeux reconnaissants et sembleraient lui dire : « C'est à toi que nous devons la foi en Jésus-Christ. » Ou bien encore, je le peindrais au moment de sa mort, donnant à l'île d'Iona et à ses moines la dernière de ses bénédictions, du haut de ce char rustique où des bœufs traînaient le saint désormais trop âgé pour marcher, sur le bord de cette mer d'où l'on ne voyait pas l'Irlande, berceau de cet énergique apôtre ; mais d'où l'on apercevait la Calédonie, sa conquête.

III

Telle est la vie de saint Columba ; mais ce froid résumé ne peut, hélas ! donner aucune idée de la chaleur et de la vie que l'on sent frémir dans toute l'œuvre de M. de Montalembert. Est-ce que le dessin d'un débutant peut faire comprendre la couleur du Titien ? Le Titien ! non, je me trompe ; le style de M. de Montalembert ne saurait être comparé aux tons brûlants de ce peintre, l'honneur de l'École vénitienne. L'auteur des *Moines d'Occident* est plus tempéré, et c'est aux peintres florentins que j'aimerais à comparer ce talent si pur et si vivant. Cependant de grands éclats trahissent çà et là une nature violemment ardente : telle est cette page qu'il a consacrée à l'un des plus beaux traits de la vie de son héros, quand il nous le montre entrant courageusement dans la mer, pour s'accrocher à l'embarcation d'un brigand et l'empêcher de commettre une spoliation révoltante. Écoutez surtout, écoutez la conclusion de M. de Montalembert : « Nous avons tous appris dans les *Commentaires* de César comment, lors de son débarquement sur les côtes de la Bretagne, le porte-aigle de la dixième légion se jeta à la mer pour encourager ses camarades et s'enfonça dans l'eau jusqu'à mi-jambes. Grâce à la perverse complaisance de l'histoire pour tous les exploits de la force, ce trait est immortel. César ne venait cependant que pour opprimer, au profit de son ambition dépravée, une race libre et innocente en la courbant sous le joug odieux de la tyrannie romaine, dont elle n'a heureusement rien gardé. Devant toute âme, je ne dis pas chrétienne, mais simplement honnête, combien n'est-il pas plus grand et plus digne de mémoire le spectacle que nous offre, à l'autre extrémité de la grande île Britannique, ce vieux moine entrant aussi dans la mer jusqu'aux genoux, y poursuivant le farouche oppresseur au profit d'une obscure victime, invoquant et obtenant la vengeance divine, et revendiquant ainsi, sous son auréole légendaire, l'éternelle grandeur et les droits éternels de l'humanité, de la justice et de la pitié ! » Tout M. de Montalembert est dans cette page, qui est une des plus belles de la langue française. Quelle fierté, quel amour de l'homme et de la dignité humaine, quelle chaleur légitime, et quel bonheur dans l'expression !

Faut-il le dire? Ces beaux éclats sont peut-être trop rares dans le livre de M. de Montalembert. Puis, le reste est un peu trop pâle à côté de ces éclairs. J'aurais désiré une chaleur plus constante : oui, plus de couleur locale,

plus de paysage encore, plus de rayonnement, plus de
vie. Il me faut bien (c'est là le noble et triste devoir d'un
critique) faire encore un autre reproche à l'auteur des
Moines d'Occident : celui-ci est plus grave. Je ne trouve
pas que le savant historien ait fait preuve d'une critique
assez sévère dans le choix de ses textes. Adamnan mérite
une confiance à peu près entière ; mais les autres chroniqueurs méritaient-ils seulement d'être cités? Je sais bien
que M. de Montalembert nous met en garde contre leur
témoignage, mais il n'a pas dit assez souvent, il n'a pas
dit assez haut à ses lecteurs : « Ceci est du domaine de la
« légende, et cela du domaine historique ; ceci est faux,
« cela est vrai. » Il aurait fallu que l'on distinguât dans
son récit les deux éléments légendaire et réel, aussi facilement que si les faits authentiques eussent été imprimés
dans son livre en encre rouge et les faits douteux en encre
noire. Il est du devoir des historiens catholiques de se
montrer sur ce chapitre plus intraitables que tous les
autres. En ce qui concerne les moines d'Occident, les
Bollandistes nous avaient solennellement avertis dès le
premier volume de leurs *Acta :* « Il faut, disait Bolland,
nous défier des *Actes* des saints irlandais et bretons : ils
fourmillent de fables. » M. de Montalembert s'est défié,
mais pas assez. Pour me servir d'un mot de Victor Hugo,
il n'a pas assez *échenillé* ses textes.

Son livre n'en demeure pas moins un chef-d'œuvre de
science vulgarisatrice, de science élevée. C'est un livre
plein de *sursum* et qu'on ne peut lire sans devenir plus
fièrement chrétien. On nous jette souvent à la tête la
trop fameuse *Histoire de la littérature anglaise,* œuvre
sensuelle de M. Taine. Les catholiques ont pris leur revanche avec les *Moines d'Occident.*

Si M. de Montalembert jette aujourd'hui un coup d'œil sur l'ensemble de ses œuvres, il peut en concevoir une satisfaction légitime. Par sa *Vie de sainte Élisabeth,* il a ouvert la voie à la nouvelle école historique et réhabilité le Moyen-Age; par son *Vandalisme dans l'art,* il a contribué largement à fonder l'archéologie chrétienne; par ses *Discours,* il est un de ceux qui ont vaillamment conquis parmi nous la liberté de l'enseignement; par ses *Moines d'Ocident,* il couronne dignement une vie si bien employée. Faut-il ajouter que, dans les treize volumes de ses *Œuvres complètes,* il est peut-être cinquante ou cent pages que nous voudrions pouvoir effacer. M. de Montalembert les connaît, et ne les effacera point. Nous serions heureux de lui prouver que, parmi les catholiques, il peut avoir des adversaires, mais non pas des ennemis.

MICHELET

MICHELET.

Il nous semble aisé de parler aujourd'hui de Michelet avec une respectueuse indépendance. Nous avons eu lieu de l'attaquer souvent durant sa vie, et l'indignation ne nous a pas fait défaut contre celui qui s'était pris pour la sainte Église d'une haine acerbe, violente, enragée et littéralement satanique. Nous n'avons voulu laisser passer sans réponse aucun de ses factums plus que passionnés, et certes, nous le ferions encore si nous avions à le faire. Mais la mort, sans rien enlever à notre légitime indignation, lui donne je ne sais quelle sérénité. Les catholiques savent respecter les morts.

Nous étudierons dans Michelet l'historien, le poète, le naturaliste et le pamphlétaire. Ce sont bien là, si nous ne nous trompons, les principales activités d'une intelligence qui fut si bien douée et qui abusa si coupablement de dons si lumineux.

I

On se rappelle encore le succès des premiers volumes de l'*Histoire de France*[1]. Ce fut un véritable enchantement.

---

[1] Ils parurent en 1833 et années suivantes.

Ces infortunés collégiens, voués depuis si longtemps à des Manuels d'une sottise ou d'une sécheresse désespérantes, furent soudainement ravis et transportés, lorsque leur professeur d'histoire se prit à leur lire quelques-unes de ces pages colorées et vivantes. J'étais sur les bancs quand ce bonheur m'arriva, et durant de longs mois on ne parla que de cette passionnante lecture. Nous sortions de Cayx, hélas! et dormions de tout notre cœur quand nous fûmes ainsi réveillés. Tout d'abord, nous ne vîmes pas les graves défauts de ce livre charmant : nous n'en sentîmes que le charme. Il ne faut pas s'en étonner. Cette *Histoire* n'avait pas seulement l'attrait incontestable de la poésie : l'auteur n'avait pas craint de remonter aux sources. A tout le moins, il avait tenu entre ses mains des chartes « pour de vrai. » Une heureuse fortune l'avait conduit aux Archives [1], qu'il appelait irrespectueusement « une vaste nécropole. » Je ne pense pas qu'il en ait bien connu toutes les ressources. Il n'était vraiment pas fait pour être érudit, et nous aurons lieu de constater tout à l'heure que l'imagination fut sa faculté maîtresse et gâta toutes les autres. Rien ne refroidit autant l'imagination que les chartes : Michelet y prit seulement, comme dans les Chroniques, ce qu'elles offraient de pittoresque : car le pittoresque est le caractère de toutes ses œuvres. Il n'approfondit pas : il effleure. Il ne raconte pas : il peint. Ce n'est pas un historien : c'est un poète.

Si quelques parties de son œuvre doivent survivre, ce seront certainement les quatre ou cinq premiers volumes

---

[1] C'est grâce à ces études qu'il fit paraître, en 1837, ses *Origines du droit français cherchées dans les symboles et les formules du droit universel*; en 1841-1851, son *Procès des Templiers*, dans la « Collection des documents inédits, » etc., etc.

de l'*Histoire de France*, où les belles pages abondent. Néanmoins, je leur préfère cet humble *Précis*[1], qui a été longtemps le livre classique à l'usage de tous les Collèges ou Lycées. Combien de fois n'avons-nous pas lu et relu cette page splendide où il compare l'antique Royauté française à ces eaux de Versailles, et en particulier à ce bassin de Latone dont il fait une si admirable description! Ce *Précis* était composé de quelques chapitres poétiques ou plutôt de quelques chants assez mal reliés entre eux, et les dates ne se trouvaient qu'en note. Nous le goûtions fort, et délaissions pour lui Burette, Ansart et tous les autres. Cependant, il était aisé de prévoir que cet esprit brillant n'était pas solide. Une chose a manqué à Michelet comme à Victor Hugo et à tant de grands esprits de notre temps : le frein. Ce siècle est, en vérité, le siècle de l'imagination toute-puissante. Or, rien n'est plus dangereux, rien n'est plus malsain qu'une telle omnipotence, et nous l'allons bien voir.

Il y avait alors chez Michelet quelques tendances catholiques, ou, comme l'on disait alors, « néocatholiques ». Nos lecteurs se souviennent peut-être de cette page tant de fois citée où le célibat religieux fut si poétiquement, si vigoureusement défendu par celui qui devait un jour en faire l'objet de si violentes attaques. L'historien avait aussi, par intuition plutôt que par étude, compris plus d'un côté du Moyen-Age. Les cathédrales l'avaient fortement ému[2], et il ne se sentait pas de haine contre

---

[1] *Précis de l'Histoire moderne*, 1833 (vingt ou trente éditions).

[2] « Le Drame éternel se joue chaque jour dans l'Église. C'est un Mystère pétrifié, une Passion de pierre; ou plutôt c'est le Patient. L'édifice tout entier, dans l'austérité de sa géométrie architecturale, est un corps vivant, un homme. La nef, étendant ses deux bras, c'est l'Homme sur la

l'Église, à laquelle il a plus d'une fois rendu très noblement justice. Nous sommes amenés par là à observer
qu'il y eut deux phases bien distinctes dans cette vie que
nous essayons de peindre. C'est l'année 1842 qui semble
les séparer.

II

En 1841, parut le cinquième volume de l'*Histoire de
France*, qui commence par un éloge enthousiaste de
l'*Imitation de Jésus-Christ*. Le caractère de ce livre, dit
Michelet, « c'est la mesure et la sagesse. L'âme y marche
entre les deux écueils : matérialité, mysticité. Elle y
touche et n'y heurte pas. Elle passe comme si elle n'y
voyait point le péril ; elle passe dans sa simplicité.
Prenez garde : cette simplicité-là n'est pas une qualité
naïve ; c'est bien plutôt la fin de la sagesse [1]. » Et il
ajoute un peu plus loin : « L'Imitation de Jésus-Christ,
la Passion reproduite par la Pucelle, telle fut la rédemption de la France. » Après quoi, l'historien aborde
le récit de la vie et de la mort de Jeanne d'Arc, qui est
peut-être l'épisode le mieux traité de tout son grand
ouvrage. Il y a dans ces pages ardentes de nobles soupirs
jetés vers Jésus-Christ ; mais déjà on y trouve les premiers
symptômes de la maladie qui devait ronger l'intelligence
de Michelet. Un certain nombre de passages de ce volume,

croix. La crypte, c'est l'Homme au tombeau. La flèche, c'est encore Lui,
mais debout et montant au ciel. Dans ce chœur, incliné par rapport à la
nef, vous voyez sa tête penchée dans l'agonie ; vous reconnaissez son sang
dans la pourpre ardente des vitraux. » *Histoire de France*, tome V, p. 661.

[1] *Hist. de France*, V, p. 8.

publié en 1841, nous expliquent les *Jésuites* qui parurent en 1843[1].

Le premier symptôme, c'est la haine du prêtre. Elle éclate partout. L'*Imitation* même lui sert de prétexte à attaquer les clercs, et il ne craint pas de dire que « le clergé catholique, croyant sentir dans l'*Internelle consolation*[2] une sorte d'avant-goût du protestantisme, l'a ôté peu à peu aux pauvres religieuses dont il avait dû être la douce nourriture. » Voilà une de ces accusations sans preuve comme on en trouvera vingt par page en tous ses livres ultérieurs. Il n'a jamais su s'élever à cette hauteur d'où l'historien dégage nettement une institution des abus auxquels elle a pu donner lieu et surtout des hommes qui l'ont pu déshonorer. Dans l'histoire du Moyen-Age, il n'a pas eu de peine à relever plus d'un scandale et à rencontrer un certain nombre de prêtres qui ont été infidèles à leur vocation. Là-dessus, son cœur s'est indigné et son imagination s'est enflammée ; mais sa raison, hélas ! n'est pas intervenue pour corriger ce qu'il y avait d'excessif dans ces transports : « Mon ami, lui eût dit la Raison, je déteste autant et plus que toi les mauvais prêtres ; mais il en est de bons que tu oublies, et il y en a eu un fort grand nombre, crois-le bien, à toutes les époques de notre histoire. Puis, ce sont là des accidents qui ne touchent pas à l'essence. Il faudrait étudier davantage, faire un peu plus de statistisque, et surtout voir bien lucidement quelle est la *dominante* d'une époque. A cet effet, il te serait peut-être utile de consulter plus de textes et d'en croire un

---

[1] En 1844, parut le fameux livre : *Du Prêtre, de la Femme et de la Famille* ; en 1846, *Du Peuple* ; en 1847 et années suivantes, l'*Histoire de la Révolution française.*

[2] C'est le titre de la version française d'une partie de l'*Imitation.*

peu moins ton imagination, qui est crédule. » Cette voix-
là, Michelet l'a souvent entendue, mais il ne l'a jamais
écoutée.

Déjà, dans son *Histoire de France*, je trouve tous les
caractères de ses futures erreurs, et je les voudrais faire
nettement saisir à mes lecteurs. La pire de tous ses
défauts, c'est cette exaltation de l'imagination, c'est cet
échauffement cérébral que nous avons déjà signalé tout à
l'heure. Prenons quelques exemples.

Un jour, Michelet lit, dans je ne sais quelle compilation, que les livres de chœur, dans l'église de Saint-
Jacques-la-Boucherie, étaient « ENCHAINÉS et attachés en
étagères. » Rien n'est plus naturel : les prêtres venant
tous les jours célébrer l'office et ne voulant pas tous les
soirs emporter leurs livres, les attachaient ainsi pour qu'ils
ne fussent pas dérobés. Le même fait a pu être constaté
dans certaines bibliothèques, comme à l'Ambrosienne de
Milan. Bref, c'était uniquement une précaution contre le
vol, et l'on s'en est parfois bien trouvé. Mais il s'en faut
de beaucoup que tous les livres fussent ainsi traités, et
aux douzième, treizième et quatorzième siècles, on peut
affirmer que les dix-neuf vingtièmes des manuscrits ne
portaient pas de chaînes. Qu'importe ? L'imagination de
Michelet se monte sur ce seul mot : « *enchaînés,* » et le
voilà qui s'exalte jusqu'à faire de ce fait insignifiant le
caractère de toute une époque. Écoutez plutôt : « Les manuscrits, jusqu'alors enchaînés dans les églises, dans les
couvents, AVAIENT ROMPU LA CHAINE ET COURAIENT DE MAIN
EN MAIN [1]. » Tel est un des procédés dont Michelet a fait
involontairement le plus déplorable abus. D'un fait, d'un

---

[1] *Histoire de France*, V, p. 14.

seul fait, cette imagination tire sans crainte les conclusions les plus générales, et encore ce fait unique n'est pas toujours bien observé. Nous nous faisons fort de citer cent exemples analogues.

Il est vraiment curieux d'étudier psychologiquement ces procédés de l'esprit : signalons-en un autre, où l'imagination joue un rôle encore plus dévergondé. Au commencement du tome II de son *Histoire*, Michelet a écrit toute une géographie pittoresque de la France. Il y procède trop souvent par exagération et par hypothèse, et ce sont là les deux plaies de son intelligence. Lorsqu'il en arrive par exemple à décrire Montpellier, il ne manque pas de dire que cette ville « a près d'elle et sous elle une terre malsaine, couverte de fleurs, tout aromatique ET COMME PROFONDÉMENT MÉDICAMENTÉE : ville de médecine, de parfums et de vert-de-gris. » Ces quelques lignes sont caractéristiques, et je vous prie, ami lecteur, d'observer le chemin qu'a parcouru l'imagination de l'auteur : « Il y a une Faculté de médecine à Montpellier ; donc, cette terre est médicamentée. » Bref, il n'avait pas tort, cet ami sincère de Michelet qui s'écriait un jour : « Michelet a été le poète de l'histoire. Poète, c'est-à-dire créateur. » Créateur de l'histoire, hélas ! oui, et beaucoup trop créateur. Cet éloge de M. Vacquerie pourrait aisément s'aiguiser en critique. En réalité, rien ne saurait être plus dangereux en histoire que la méthode de Michelet, et, pour dire toute la vérité, que l'imagination, la poésie et la « création ». L'historien constate : il ne crée pas.

Et voyez comment les choses se sont passées dans l'histoire intime de l'entendement de Michelet. En étudiant la Révolution, cette imagination a senti soudain cet échauffement étrange dont nous parlions. Elle a commencé sans doute par en admirer seulement certains traits auxquels on pourrait appliquer le mot célèbre : « Toute erreur contient une vérité, et n'est souvent qu'une vérité dont on abuse. » Mais, de cette admiration partielle et irréfléchie, l'imagination de Michelet en est rapidement venue à tout admirer ; oui, tout, jusqu'à 1793. C'est sur cette impression qu'a commencé la seconde partie de la vie de l'historien, et nous ne faisons ici que constater un fait bien connu. « La Révolution française, c'est le soleil, » tel est l'axiome qui l'a désormais guidé. Alors il s'est produit en lui cet étrange et redoutable phénomène que nous appellerons « la logique dans l'imagination. » Personne, en effet, parmi nos adversaires, n'a été plus logique que Michelet. N'ayant point tardé à s'apercevoir que les théories de 1793 sont diamétralement opposées aux principes de l'Église, il n'a plus accepté aucun de ces principes. Il a été plus loin : il est remonté d'un bond jusqu'à l'Antiquité pour trouver un temps qui fût digne de ses sympathies et, abandonnant la vieille doctrine du progrès indéfini, il a proclamé dans tous ses livres que le Christianisme a été une « reculade » de l'humanité, une reculade de quinze cents ans. C'est net, et voilà où l'imagination nous peut conduire. De là, cette *Bible de l'humanité*, où il a condensé toutes ses doctrines philosophiques et où il aboutit à l'athéisme. Ce livre pourrait être éternellement cité comme le type d'une œuvre passionnée, et, pour dire le vrai mot, injuste. Il y est à peine consacré quelques pages à Jésus-Christ, et cinq cents y sont données à ces trois « Foyers de lumière » : l'Inde, la Perse, la Grèce. Malgré tous les travaux de l'érudition moderne que nous avons naguère essayé de résumer, Michelet a résolu ce problème de trouver uniquement la lumière et la beauté dans les religions hindoues, persanes, pélasgiques et helléniques. Tout en est bon, tout y est vrai. La laideur, le mensonge, le vice, la nuit et la mort, c'est l'Église, c'est toujours et partout l'Église, à la face de laquelle Michelet a fini par jeter la *Sorcière* comme le suprême outrage.

C'est là son œuvre la plus logique, la plus violente, la plus profondément infernale : je ne pense pas qu'il soit aisé d'aller plus avant, et nous sommes bien loin des premiers tomes de l'*Histoire de France*. Le style lui-même a changé. Ce n'est plus cette prose saine, cette belle et noble phrase rhythmée, ces images solennelles, cette vie quelque peu contenue, que nous admirions tout à l'heure en relisant ce deuxième volume plein de beautés si vives et qui se termine par ce magnifique aveu mêlé de quelque erreur : « Seigneur, le christianisme a cru, il a aimé, il a compris : en lui se sont rencontrés Dieu et l'homme. Il peut changer de vêtement ; mais périr, jamais. Il se transformera pour vivre encore. Il apparaîtra un matin aux yeux de ceux qui croient garder son tombeau, et ressuscitera le troisième jour. » Ne demandez pas un style aussi net, aussi sain, aussi classique à la *Sorcière*. La phrase y est hachée, l'image y est forcée. Quand un poète vieillit et sent les approches de sa décadence, il veut prouver à lui-même et au monde qu'il n'en est rien et que son talent rajeunit. A cet effet, il exagère toutes ses qualités, qui deviennent des défauts. Michelet n'a pas agi autrement. Rien n'est plus fatigant que la lecture de ses derniers livres : rien n'était plus « élevant » que la lecture des premiers. O puissance malsaine d'une imagination déréglée !

III

Les dégâts, par malheur, ne se sont pas bornés à ces œuvres dogmatiques. Le cerveau a été plus entamé : la maladie y a gagné du terrain. Nous avons quelque scrupule et quelque honte à rappeler seulement le titre de ces deux livres dont le succès nous a si cruellement attristé : l'*Amour*, la *Femme*. Ils sont le résultat de la même maladie intellectuelle, et l'on a pu dire qu'ils constituaient un cas pathologique. Nous n'insisterons pas. S'étant passionné à ce point contre l'Église, Michelet a été saisi d'une horreur ardente contre l'idée que l'Église s'est faite de la femme. Il a cru, il s'est « imaginé » que le secret du véritable amour avait été perdu depuis l'antiquité, et que la chasteté prêchée par le Christ n'est qu'une hypocrisie dangereuse. Il s'est fait l'avocat de l'amour net et franc. On sait, par malheur, à quel singulier raffinement de sensualité poétique il en est rapidement arrivé, et tel sera le sort de tous ceux qui voudront résoudre cette auguste question de la femme et du mariage, en se passant de Jésus et de son Église. Il nous reste à constater douloureusement que la forme elle-même de ces derniers livres de Michelet est absolument médiocre. Toute cette dernière partie de sa vie ne saurait être caractérisée que par le mot « maladif ». Et c'est même ce qui nous doit remplir de miséricorde à son égard, en nous laissant peut-être quelque souveraine et délicieuse espérance.

Encore ici, d'ailleurs, il nous offre les défauts de ses qualités. Il était fait, plus que personne dans ce siècle, pour décrire la nature avec une admirable et poétique exactitude. Je dirai en deux mots qu'il avait le sens de la nature, et il l'a bien prouvé dans l'*Oiseau*, dans l'*Insecte*, dans *la Mer*. C'est là qu'il est tout à fait lui. Chose curieuse ! cette même imagination qui synthétisait si volontiers et si rapidement les résultats de quelques observations, la voilà qui se prend ici d'amour pour l'analyse, pour le détail, pour l'infiniment petit. Fatigué de cette haine farouche qui se donne carrière dans les derniers volumes de son *Histoire ;* épuisé par les spasmes d'une intelligence qui est indignée de tout le spectacle des vieux siècles ; dégoûté de tout un passé où il ne voit que scandales et sang, ce pauvre esprit dévoyé ne trouve enfin de repos que dans la contemplation de la nature. Il se met à observer les oiseaux avec cette précision qu'il aurait dû employer à observer les hommes. De là, des pages tout à fait aimables et des paysages tout à fait ravissants. En ce moment, j'ai sous les yeux cette Introduction de l'*Oiseau*, que Michelet a si bien intitulée : *Comment l'auteur fut conduit à l'étude de la nature*. Ce n'est pas loin d'être un chef-d'œuvre, et j'en voudrais citer de longues pages. Ce qui me ravit, c'est que j'y rencontre encore çà et là le nom de mon Dieu. Comment Michelet l'entendait-il alors ? Je ne sais, mais je ne puis m'empêcher d'être ému toutes les fois que je lis cette divine Syllabe. Donc, ce n'est pas en vain que Michelet a terminé cette préface de l'*Oiseau* par ces belles paroles : « J'aime à tire d'aile, du nid au nid, de l'œuf à l'œuf, de l'amour à l'amour de Dieu. » Ce n'est pas en vain qu'il a eu quelquefois la notion et le désir de l'Unité. Ce n'est pas en vain qu'il a écrit ces mots étonnants, en son chapitre de l'aile, au sujet de la croyance en l'autre vie : « Rêves ailés, si vous étiez pourtant ! Si d'étoiles en étoiles, réunis, élancés dans un vol éternel, nous suivions tous ensemble un doux pèlerinage à travers la Bonté immense ! On le croit par moment. Quelque chose nous dit que ces rêves ne sont pas des rêves, mais des échappées du vrai monde, des lumières entrevues derrière le brouillard d'ici-bas, des promesses certaines, et que le prétendu réel serait plutôt le mauvais songe. » Je ne puis m'empêcher, en finissant, de rapprocher ces paroles si vagues, hélas ! de ces mots plus précis de l'*Histoire de France*, alors que Michelet décrit en grand style les cathédrales du Moyen-Age : « Tous ces humbles maçons travaillaient pour la Vierge. Leurs cathédrales, exhaussées à peine d'une toise par génération, lui adressent leurs tours mystiques. Elle seule sait tout ce qu'il y a là de vies humaines, de dévouements obscurs, de soupirs d'amour et de prières. *O Mater Dei !* »

Ce dernier cri est-il vraiment sorti du cœur de Michelet, ou se contente-t-il de le placer poétiquement sur les lèvres des ouvriers du Moyen-Age ? Laissez-moi rester dans le doute. Je n'ai jamais dédaigné une seule aspiration, je n'ai jamais raillé un seul soupir de mes frères vers la Miséricorde divine. Mais Dieu, qui est la Bonté même, en tient infiniment plus de compte que nous ne pouvons le faire. Il n'oublie pas un seul de nos soupirs, et sa Miséricorde a plus de mémoire que sa Justice.

TABLE DES MATIÈRES

Imprimerie Notre-Dame des Prés. — Ern. DUQUAT, Directeur.
Montreuil-sur-Mer (Pas-de-Calais).

PORTRAITS

DU

XIXᵉ SIÈCLE

PAR

LÉON GAUTIER

MEMBRE DE L'INSTITUT DE FRANCE

I. — POÈTES ET ROMANCIERS

LAMARTINE. — VICTOR HUGO. — MISTRAL. — GŒTHE. — JASMIN. — PONSARD.
BRIZEUX. — AUG. BARBIER. — ANDRÉ CHÉNIER.
JULES SANDEAU. — GUSTAVE FLAUBERT. — ERCKMAN-CHATRIAN.
ED. OURLIAC. — Mᵐᵉ CRAVEN. — ÉMILE ZOLA. — FRANCIS WEY.

II. — HISTORIENS ET CRITIQUES

OU TAINE. — RENAN. — ABOUT. — E. LITTRÉ. — VICTOR HUGO.
LENAIN. — MONTALEMBERT. — MICHELET. — OZANAM.
CHARLES BNO. — G. BOISSIER. — CAMILLE ROUSSET. — G. DE SCHREER.
RIO. — C. CANTU. — PAULIN PARIS.

III. — ÉCRIVAINS CATHOLIQUES ET APOLOGISTES

CHATEAUBRIAND. — LOUIS VEUILLOT.
Mgr BERTEAUD, ÉVÊQUE DE TULLE. — MONTALEMBERT. — Mgr GERBET. — ERNEST HELLO.
AUG. NICOLAS. — DOM GUÉRANGER.
HENRI LASSERRE. — LE PÈRE FABER. — Mgr FREPPEL.
LE CARDINAL MANNING. — RAYMOND BRUCKER.
LE P. MONSABRÉ. — E. DE GUÉRIN. — A. COCHIN. — GUIZOT.

Trois magnifiques volumes in-8° raisin, 25 1/2 × 17 c., de 360 pages

ILLUSTRÉS I DE 19, II ET III DE 17 PORTRAITS HORS TEXTE

Chaque volume, couverture illustrée en 3 couleurs. Broché.   4 50
Broché, couvert. souple, papier maroquin, plaque spéciale.   5 »
Relié, percaline, plaque spéciale, tranches dorées.   6 50

www.ingramcontent.com/pod-product-compliance
Lightning Source LLC
Chambersburg PA
CBHW071632270326
41928CB00010B/1891